대불정여래밀인수증요의제보살만행수능엄경

대불정여래밀인수증요의제보살만행수능엄경

천축 사문 반라밀제 역 · 천명일 해설

首楞嚴經

수능엄경 · 中

지혜의나무

서문

먼 시간 속에 무여열반하신 여러 부처님이나 이 세상에 왔다 가신 석가세존도, 그리고 앞으로 오실 많은 부처님들도 모두 한 그루의 깨닫는 나무라는 보리수 아래 앉아서 성도를 하신다고 합니다. 그래서 앞으로 오십육억 칠천만 년 후에 오실 미륵세존彌勒世尊도 용화수龍華樹라는 나무 밑에서 성도를 하신다고 하셨습니다. 곧 이 보리수의 기적과 신비의 비밀이 무엇이겠습니까?

그것은 삼세제불이 앉아서 깨달음의 꽃을 피우신 보리수나무입니다. 그 보리수의 뿌리와 같은 온갖 비밀스런 내용을 그대로 기록한 경經이 수능엄경首楞嚴經입니다.

수능엄경 상권 서문에서 필자는 경문 해설에 있어서 의역의 불가피성을 참꿀에 50번째 물탄 사람의 비유로 들어 그 무례함과 경솔함에 대하여 심심한 양해를 구했습니다. 하지만 지금 이 중권을 이루고 있는 4권에서 7권까지는 내용도 기가 막히지만 그 어마어마한 만법의 철리를 오늘날 인류의 사고로 어떻게 전달해야만 서로가 마음이 편할지 참으로 모르겠습니다.

 일찍이 부처님께서는 어리석은 중생을 위하여 최대한 중생의 상식선에서 설명을 하셨습니다. 그러므로 필자가 심한 의역을 했다 해도 의미의 알맹이는 부처님의 뜻에서 멀리 벗어나지 않았을 것입니다. 이에 독자 여러분들께서 편안하게 읽고 주의 깊게 음미해 보시면 필자의 의미 해설에 공감을 하실 것입니다.

 만고에 풀 수가 없었던 물리와 성리의 근본 뿌리를 명쾌히 밝히신 대각자의 말씀을 읽어 보시면 멀고 가까운 역사 속에 깊이 잠들어 있던 종교와 철학과 과학이 앞 다투어 뛰어와서 춤을 출 것입니다.

 필자가 수능엄경에 대한 해설을 집필해 감에 있어 제 곁에서 지도 편달을 잘 해주시는 두 분의 큰 스승님이 계십니다. 한 분은 운허 큰스님이시고 한 분은 백의거사로 한길로 선생님이십니다. 이 두 선지식의 안내가 없었다면 필자는 눈먼 소경과 다름없었을 것입니다. 그래서 두 분 스승님께 깊은 감사의 절을 늘 올립니다.

 마지막으로 믿어 의심치 않는 바는 후세의 수행자들이 이 수능엄경을 본다면 분명 부처님을 바로 친견할 수 있는 지혜의 눈을 얻으리라는 것입니다.

뿐만 아니라 오늘날 온 인류의 첨단지식으로도 까맣게 알 수 없었던 앎의 숨통이 여기 이 수능엄경 본문 해설을 통해 모두 확 터질 것이므로 머지않아 본묘각에 뿌리를 내린 깨달음의 꽃을 활짝 피울 그날이 꼭 올 것입니다.
감사합니다.

2012년 정월 초하루
천명일 합장

차례

서문 | 5

수능엄경 제4권

14. 세계와 중생이 생긴 까닭 | 13
15. 인연因緣이라는 의심을 풀다 | 77
    삼마제三摩提를 말하여 일문一門으로 들어가게 하다 | 86
16. 두 가지 결정決定한 뜻 | 86

수능엄경 제5권

17. 맺힌 것을 푸는 일 | 137
    법인法忍과 법인法印과 법인法因은 어떻게 같고 다른가? | 157
18. 원통圓通을 얻다 | 159
    ① 육진원통六塵圓通 | 159
    ② 육근원통六根圓通 | 171
    ③ 육식원통六識圓通 | 178
    ④ 칠대원통七大圓通 | 186

수능엄경 제6권

　　⑤ 관세음보살觀音菩薩의 이근원통耳根圓通 | 205

　　⑥ 문수보살의 선택 | 228

19. 도량道場 차리고 수행하는 일 | 247

　　① 네 가지의 율의律儀 | 247

수능엄경 제7권

　　② 다라니陀羅尼 외우는 일 | 269

　　③ 다라니의 공덕 | 302

　　④ 신장들이 보호함 | 314

14. 세계와 중생이 생긴 까닭

爾時 富樓那彌多羅尼子 在大衆中 卽從座起 偏袒右肩 右
膝著地 合掌恭敬 而白佛言, 大威德世尊 善爲衆生 敷演如
來 第一義諦。世尊常推 說法人中 我爲第一 今聞如來 微
妙法音 猶如聾人 逾百步外 聆於蚊蚋 本所不見 何況得
聞? 佛雖宣明 今我除惑 今猶未詳 斯義究竟 無疑惑地。
世尊! 如阿難輩 雖則開悟 習漏未除 我等會中 登無漏者
雖盡諸漏 今聞如來 所說法音 尚紆疑悔。
世尊! 若復世間 一切根塵 陰處界等 皆如來藏 淸淨本然
云何忽生 山河大地 諸有爲相 次第遷流 終而復始?
又如來說 地水火風 本性圓融 周遍法界 湛然常住 世尊!
若地性遍 云何容水 水性周遍 火則不生 復云何明 水火二性
俱遍虛空 不相陵滅? 世尊! 地性障礙 空性虛通 云何二俱
周遍法界? 而我不知 是義攸往 惟願如來 宣流大慈 開我迷
雲 及諸大衆 作是語已 五體投地 欽渴如來 無上慈誨。

그때 부루나미다라니자가 대중 가운데 있다가 자리에서 일어나 오른쪽 어깨를 벗어 올려 메고 오른 무릎을 땅에 꿇고 공경하는 마음으로 합장하고 부처님께 사뢰었습니다.

"거룩한 위덕을 두루 갖추신 세존이시여, 중생들을 위하시어 여래의 제일가는 높은 뜻을 모두 담고 있는 제일의제第一義諦를 잘 설명해 주셨나이다.

세존께서는 항상 저를 칭찬하시기를 부처님의 법을 잘 설명하는 사람들 중에서 제일第一이라고 말씀하셨나이다. 하지만 이제 여래의 미묘한 진리의 말씀을 듣고 보니 마치 저는 귀 어두운 사람이 백 보 밖에서 모기의 소리를 듣는 것 같아 아득하여 아무것도 모르겠나이다. 본래로 보지도 못한 것을 어찌 들어서 알 수가 있겠습니까?

부처님께서는 저희들이 품고 있는 의혹을 분명하게 말씀하시어서 저희들의 많은 의심을 풀어 주셨습니다. 하지만 저는 아직도 그 깊고 오묘한 뜻을 자세하게 알 수가 없어서 몇 가지 의혹이 남아 있습니다.

세존이시여, 아난 같은 이들은 비록 깨달았다고는 하지만 아직도 수만 생을 살아오면서 익힌 번뇌의 흐름이 다 없어진 것은 아니옵니다. 또한 이 회중에서 이미 생멸심을 소멸시켜서 샘이 없는 무루無漏에 오른 이들도 비록 모든 번뇌의 흐름을 여의었다고 하지만 지금 여래께서 밝히시는 진리의 말씀을 듣고는 오히려 회의에 얽혀 있나이다.

세존이시여, 만약 몸의 육근六根과 그 육근이 안과 밖으로 상대해서 비춰진 12처의 진(色塵)과 그 12처로 생긴 색진을 생각하고 분별하는 오음의 18계界 등이 모두가 본래 그대로 청정한 여래장如來藏이라면 어찌하여 홀연히 산하대지山河大地와 모든 현상적인 것들이 생기어서는 점차로 변천을 하고 마침내 없어졌다가 다시 시작하곤 하나이까?

그리고 세존이시여, 부처님께서 말씀하시기를 '지地·수水·화火·풍風의 본성은 서로 화합되어 시방 세계에 두루 가득히 융합되어서 항상 그대로 맑고 고요히 머문다'고 하셨습니다. 세존이시여, 만일 그렇다면 흙(地)의 성품이 허공계에 두루 가득히 충만하다면 어떻게 물의 성품을 받아들일 수가 있겠습니까? 또한 물의 성품이 세계에 두루 가득하다면 불의 성품이 용납될 수가 없을 것인데, 어떻게 물과 불 두 성품이 허공에 함께 두루하면서 서로 이기고 없애고 하지 않나이까?

세존이시여, 흙의 성품은 그 근본이 탁하고 막히는 성질이 있고 저 허공의 성품은 본래로 투명하여 통하는 성질입니다. 그런데 어떻게 막히고 통하는 그 두 가지 성품이 함께 법계에 두루할 수가 있겠습니까? 제가 아무리 생각을 해 보아도 이 도리가 도무지 어떻게 돌아가는 이치인지 알 수가 없습니다. 원컨대 부처님께서는 대자비를 베푸시어 저의 마음을 덮고 있는 어두운 의심을 풀어 주옵소서."

부루나미다라니자는 대중 가운데서 부처님께 이렇게 말씀을 올리고는 온몸을 땅에 엎드려 위없는 부처님의 가르침을 목마르게 흠모하며 기다렸습니다.

[해설]

여래장如來藏이란?

현대물리학에서 밝히고 있는 바로는 미립자라는 극소의 세계 속에 수십억 개의 은하계가 나오고 들어가고 한다고 합니다. 이같은 우주의 무량의를 알면 불경에서 궁극의 묘각의 자리를 여래장이라 이름하는 원리를 이해하기가 쉬울 것입니다. 여래장설如來藏說을 불법대로 표현하면 깨달음의 각성覺性이 들어가고 나오는 창고라는 뜻입니다. 마치 대지大地가 일체 만유의 밑바탕이 되는 것과 한가지의 뜻입니다. 그래서 여래如來란 단어의 참 뜻은 일체 모든 것이 들어가고 나오는 것과 같다는 의미입니다.

여기서 장藏이란 모두를 다 담고 있는 창고라는 의미로도 해설합니다. 하지만 필자는 밑바탕 장藏자로 읽습니다. 그렇다면 불법에 합당한 해설의 여래장은 무엇일까요?

성불成佛을 하는 전 과정을 살펴보면 가장 먼저 초지 보살이라고 하는 첫 단계가 있습니다. 성불의 과정에는 이 지위로부터 올라가는 열 단계의 지위가 있습니다. 이를 2지地 3지 등이라 하고, 이 열 단계를 지나면 등각等覺과 마지막 경계가 되는 구경의 묘각妙覺에 이르게 됩니다. 이 묘각에서 다시 초지로 내려갔다가 다시 올라오고 또 내려가고 올라오기를 열두 번을 해서 마침내 청정묘각을 얻습니다. 이 청정묘각에서 또 십호十號를 구족해야만 여래장如來藏이 됩니다. 여래장이 되어야만 만법의 왕이 됩니다.

여래장이 되는 십호의 첫 번째 이름을 여래라 합니다. 여래가 되어야만 만법에 자재함을 얻습니다. 다음으로 응공應供이 되어야만 합니다. 응공이 되면 일체 모든 중생계와 제불세계까지도 무엇이든 두루 베풀 수가 있습니다. 세 번째로 정변지正徧智가 되어야만 일체종지를 이루는 자연지自然智·연각지緣覺智·무사지無師智·불지佛智·여래지如來智를 시방 법계와 일체 중생에게 두루 베풀 수가 있습니다. 네 번째로 명행족明行足이 되어야만 합니다. 그래야만 제불의 앎과 행이 일치되어 일체 모든 성현과 중생들로 하여금 깨닫는 지혜를 얻게 합니다. 다섯 번째로 선서善逝가 되어야만 일체 제불세계의 모든 불보살과 시방세계의 중생들로 하여금 성불할 수 있도록 선도를 할 수가 있습니다.

여섯 번째로는 세간해世間解가 되어야만 일체 중생으로 하여금 득도를 해서 해탈하도록 할 수가 있습니다. 일곱 번째로는 무상사無上師가 되어야만 일체 모든 존재로 하여금 최상의 공덕을 얻게 하고 더 이상 없는 깨달음과 덕망 높은 스승이 되게 합니다. 여덟 번째는 조어장부調御丈夫가 되어야만 일체 중생과 모든 구도자와 성불할 부처님도 자기 마음을 항복받고 정각을 이루게 합니다. 아홉 번째로는 천인사天人師가 되어야만 수준 높은 하늘 사람과 천박한 중생들에게 완전한 인격자가 되는 성불의 도를 가르쳐 인도할 수가 있습니다. 마지막 열 번째로는 불세존佛世尊이 되어야만 묘법연화경妙法蓮華經을 설하고 저 보살들과 일체 중생들에게 성불의 수기를 줄 수가 있습니다.

그래서 여래장의 구체적인 성리를 10여시十如是라고도 합니다. 바로 이 10여시를 구족하면 반드시 묘각세존妙覺世尊이 됩니다. 이렇게 열 가지의 무량한 공덕과 무량한 지혜와 무량한 신통을 두루 다 갖춘 그 밑바탕을 한마디로 여래장如來藏이라 합니다.

爾時世尊 告富樓那 及諸會中 漏盡無學 諸阿羅漢, 如來今
이시세존 고부루나 급제회중 누진무학 제아라한 여래금

日 普爲此會 宣勝義中 眞勝義性 今汝會中 定性聲聞 及諸
일 보위차회 선승의중 진승의성 금여회중 정성성문 급제
一切 未得二空 廻向上乘 阿羅漢等 皆獲一乘 寂滅場地 眞
일체 미득이공 회향상승 아라한등 개획일승 적멸장지 진
阿練若 正修行處 汝今諦聽 當爲汝說。富樓那等 欽佛法音
아련야 정수행처 여금체청 당위여설 부루나등 흠불법음
黙然承聽。
묵연승청

그때 세존께서 부루나와 모임 가운데 이미 식심을 소멸시켜 번뇌 망상의 흐름이 끊어지고 더 이상 배울 것이 없는 무학의 아라한들에게 말씀하셨습니다.

"여래가 오늘 이 모임의 대중을 위하여서 뛰어난 중에서도 가장 뛰어난 진실한 이치의 성품을 밝히겠다. 그 이치를 밝히어서, 소승으로 굳어진 성문들과 비었다고 하는 공空도 공한 그 두 번째 제이공第二空을 얻지 못한 자와 등각等覺의 상승上乘으로 돌아가려고 그 공한 마음을 돌이킨 아라한들로 하여금 일불승一佛乘의 적멸장지寂滅場地로 돌아가는 것이 참수행의 옳은 도량인 아련야阿練若가 되고 있음을 깨닫게 하리라. 너희들은 이제 잘 들어라."

부루나와 대중들이 깨달음이 일어나는 부처님의 법음法音 듣기를 흠모하며 간절히 기다렸습니다.

[해설]

제일공第一空과 제이공第二空

아라한과와 벽지불과를 이승과二乘果라 합니다. 이승과에서 아라한과는 중생들이 갖고 있는 신심身心의 반연으로 생긴 식심識心은 없어졌으나 근본무명인 마음은 아직 멸하지 못했습니다. 벽지불과는 근본무명인 마음이 소멸되었습니다. 그러므로 이승과는 아공我空이라 하는 제일공第一空을 얻었습니다. 하지만 묘각을 성취하는 일불승一佛乘으로 올라가자면 두 번째 공이라 이름하는 법공法空을 얻어야만 합니다.

무엇을 법공이라 하느냐 하면, 소승과에서는 제일공을 얻었기 때문에 아집의 뿌리가 되는 식심과 마음은 없어졌습니다. 하지만 이미 그 마음으로 창조된 저 우주 공간에는 자신의 업연으로 얽히고설킨 인연의 고리가 그대로 뒹굴고 있습니다. 이 우주의 인연의 고리가 다 소멸되어야만 제이공을 얻은 보살이 됩니다. 하지만 소승들은 법계法界라고 하는 우주 공간에 깊이 뿌리를 내린 인연의 고리를 다 벗어나지 못했습니다.

그래서 제일공은 얻었으나 제이공을 얻지 못한 성문·연각을 소승小乘이라 합니다. 공간의 복잡한 연대 고리의 성리를 법성法性이라 합니다. 저 우주 공간의 성리를 벗어나자면 보살도를 닦아야만 합니다. 그래야만 제이공을 얻습니다. 제일공의 단계를 넘어 저 보살도로 올라가는 단계를 등각지等覺地라 합니다. 등각지부터는 이미 제이공을 성취한 보살들이 닦아 올라가는 불토장엄의 육바라밀이 되고 있습니다.

쉽게 말하면 안으로는 마음을 밖으로는 우주 공간을 다 소멸시켜서 얻은 이공도 완전히 벗어나야만 성불로 가는 일불승一佛乘이 됩니다.

하지만 저 소승으로 굳어진 아라한들은 흡사 범부들이 잠을 즐기듯이 자신이 해탈하고 나면 만사가 태평한데 무얼 더 닦고 말고 할 것이 있느냐는 식의 착각입니다. 마치 세상에 어리석은 중생들이 자신이 죽고 나면 아무것도 없다고 함부로 망언을 하다가 죽고 보니 제 자신이 스스로 죽은 줄도 모르는 몰지각과 같습니다. 스스로 몰지각 속에 빠져서 온갖 꿈의 세계가 별도로 있음을 생각지도 못 해본 경우가 소승으로 굳어진 이승입니다.

물론 수행을 해서 영적으로 득도를 한 이승과 앞에서의 비유는 차원이 영 다릅니다만 정황이 비슷합니다. 그래서 부처님은 이를 애석하게 여기시고 묘각의 대도로 가는 이치를 설명하고 계십니다.

적멸장지寂滅場地와 아련야阿鍊若란?

성불하신 부처님의 앉은 자리만은 온갖 것이 자신의 내면에서 소멸해 버린 고요의 적멸장지寂滅場地입니다. 제불은 일체 중생을 저마다 자기 자신의 적멸장지로 인도하십니다.

하지만 저 외도들은 허구의식으로 만들어 놓은 신상 앞에 종교 제국을 건설해 놓고 어리석은 중생들을 맹신의 노예로 만들고 있습니다.

우리의 몸과 마음은 촌분도 가만히 있지 못합니다. 그와 마찬가지로 시방세계도 잠시도 그냥 있지 않습니다. 이를 고요한 침묵의 적멸장지로 몰입시키는 각성으로 주시하는 세 가지 관법觀法인 삼매三昧가 있습니다.

첫 번째는 일체 만법이 종을 치면 종소리가 일어나서 서서히 고요해지는 것과 같음을 주시하는 적관寂觀입니다.

두 번째는 만법이 일어났다가 필히 소멸되어 없어짐을 주시하는 멸관滅觀입니다.

세 번째는 일체가 텅 빈 공으로 몰입되는 현상을 주시하는 공관空觀으로, 이 세 가지 관법을 통칭 삼매三昧라 합니다.

이렇게 안팎으로 일체를 고요한 공으로 증발시키고 깊은 침묵으로 몰입시키는 정신의 연금술의 자리를 적멸장지라 합니다. 그러므로 고요 적寂자는 물이 증발하듯 한다는 뜻이고, 또

멸할 멸滅자는 탁한 물그릇을 오래 가만히 두면 자연히 오물이 가라앉아 맑은 물이 청정한 것과 같은 의미의 침몰할 멸滅자로 보면 이해가 쉽습니다.

여기서 장지場地란 다름 아닌 여래장을 말합니다. 적멸의 도량은 곧 여래장입니다. 여래장은 있고 없음이 멸해 버린 그 밑바탕이 되고 있습니다. 그 적멸의 장지場地는 우리의 머리로는 도저히 생각할 수 없는 불가사의입니다.

이 여래장의 밝음을 중생 시각으로 말하면 태양의 십조 배나 밝다고 할 수 있습니다.

또 아련야阿鍊耶란? 흔히 말하는 정신수련을 정신 공학적 의미로 서술하는 정신 연금술이란 의미의 법명입니다.

佛言, 富樓那! 如汝所說 清淨本然 云何忽生 山河大地 汝常不聞 如來宣說 性覺妙明 本覺明妙? 富樓那言, 唯然世尊! 我常聞佛 宣說斯義。

"부루나야, 네 말대로 본래 청정한 그대로가 청정한 묘각妙覺이라면 청정한 그 묘각에서 어찌하여 저 산하대지가 홀연히 생기게 되었을까 하는 의혹이 생길 것이다. 그러나 너는 일찍이 여래가 항상 말하기를, 깨닫는 성품인 성각性覺은 묘하게 밝아 묘명妙明하고 본래로 깨닫고 아는 본각本覺은 명묘明妙하다고 한 말씀을 듣지 못하였더냐?"

부루나가 말하였습니다.

"들었습니다. 세존이시여, 부처님께서 항상 말씀하시기를 성각性覺은 묘명하고 본각本覺은 명묘하다는 말씀을 저는 항상 들었나이다."

[해설]

세존께서는 본묘각本妙覺의 명묘함과 성각性覺의 묘명함을 그대로 다 성취하셨기 때문에 우리가 태양을 보듯 환하게 본연의 실상을 다 보시고 말씀을 하십니다. 그러나 우리들은 묘각이 무엇이고 명묘와 묘명이 무엇인가를 전연 짐작도 못합니다. 하지만 어림유추는 가능합니다. 흡사 맹인들이 태양이나 밝은 달의 실상을 실제로 보지는 못해도 밤과 낮을 분명히 느낄 수 있는 것과 같습니다.

우리들도 본 묘각에 관한 한 저 맹인들과 하나도 다를 바가 없습니다. 그래서 필자는 생을 두고 본각의 실상을 어떻게 하면 조금이라도 이해시켜 볼까 부단히 애를 써 왔습니다. 그 좋은 비유로 맹인들이 묘한 느낌으로 밤과 낮을 판별하듯 우리들도 평소에 쓰고 있는 마음을 가지고 마음의 저 밑바탕에서 은밀히 비추고 있는 각성覺性의 훤한 그림자를 분명히 느낄 수 있습니다. 그런데 막연히 깨치고 볼 일이라 해서 불립문자不立文字를 자랑하거나 경문의 의미를 깊이 음미해 보지도 않고 우이독경牛耳讀經 식으로 치부한다면 정말 곤란합니다. 그러므로 부처님의 말씀인 모든 경문의 의미를 우리가 평소에 느끼는 심리에 맞추어 보도록 노력해야 합니다.

모든 경문의 뜻은 우리의 본심 가운데 분명히 다 있습니다. 만약 부처님에게만 있고 우리들에게 없는 진실이라면 부처님께서는 절대로 말씀하시지 않습니다. 그러므로 모든 경문의 뜻을 우리들이 항상 쓰고 있는 마음 가운데서 찾아야 하고 살펴서 확인하도록 부단한 노력을 해야 합니다.

위의 경문 중에서 깨닫는 성품을 가진 성각性覺은 묘명하다 했습니다. 어떻게 깨닫는 성품은 묘하게 밝을까요? 실로 우리들의 각성覺性은 묘하게 깨닫기 때문에 알고 모르고를 다 압니다. 참으로 깨닫고 아는 성각이 실로 묘하기 때문에 있고 없음도 알고, 있지도 없지도 아니한 것도 잘 압니다. 또한 밝고 어두운 명암의 양면성뿐만 아니라 밝지도 어둡지도 아니한 중성의 성질도 밝게 깨닫고 압니다. 이렇게 만법의 양면성과 그 중립적인 중성이나 더 나아가 그것도 저것도 아닌 것까지도 두루 다 깨닫고 압니다.

부처님은 이러한 본묘각의 속성을 일컬어 본각本覺은 명묘하고 깨닫는 성품인 성각性覺은 묘명하다고 했습니다.
　그러므로 묘妙자의 뜻은 모든 존재계의 양면성과 그 중립적인 중성을 걸림 없이 꿰뚫어 투시해 보인다는 의미의 묘妙자로 읽어야 합니다.
　그리고 본각本覺은 명묘하다 했습니다. 앞에서 말한 성각性覺의 묘명한 속성을 환하게 다 드러내어 보인다는 뜻입니다. 비유하면 태양 그 자체는 명묘한 묘각입니다. 그래서 태양은 빛의 덩어리로 실로 그 자체는 밝음이 묘합니다. 밝은 빛 그 자체가 묘하기 때문에 묘각의 실체는 대광명장大光明藏입니다. 대광명장을 여래장이라 하고 여래장 안에서는 무량한 제불세계가 다 드러나 보입니다. 그래서 본각은 명묘하다고 했습니다. 달리 표현하면 본각은 광명한 태양 그 자체이고 그 태양에서 발산되는 무량광의 빛을 성각이라 했습니다.
　이 뜻을 불지佛地의 경계로 대비해 보면 본각의 명묘는 부처님이고 성각의 묘명은 보살들의 경계입니다. 그래서 일체 보살들은 부처님의 경계를 보지 못한다고 합니다. 그래서 『법화경』「묘음보살품」을 보면 묘음보살 같은 대보살마하살도 석존과 함께 앉아 계시는 다보여래多寶如來를 전연 볼 수가 없었습니다. 그래서 묘음보살이 석존께 다보부처님을 친견하고 싶다고 간절히 청원을 합니다. 그때 석존이 다보여래께 묘음보살이 뵙고자 함을 청하여 부처님의 가피력으로 다보여래를 친견할 수가 있었습니다.

바로 이와 같은 형편이 우리들에게도 있습니다. 저마다 제 눈으로 앞은 환하게 보면서도 제 스스로 보는 제 눈은 전연 볼 수가 없습니다. 이와 똑같은 이치가 본각의 명묘와 묘명한 성각의 차원입니다.

佛言, 富樓那! 如汝所言 淸淨本然 云何忽生 山河大地 汝常不聞 如來宣說 性覺妙明 本覺明妙? 富樓那言, 唯然世尊! 我常聞佛 宣說斯義。佛言, 汝稱覺明 爲復性明 稱名爲覺? 爲覺不明 稱爲明覺? 富樓那言, 若此不明 名爲覺者 則無所明! 佛言, 若無所明 則無明覺 有所非覺 無所非明 無明又非 覺湛明性。

부처님께서 말씀하셨습니다.

"네가 각覺이라 명明이라 말하는 까닭이 각의 성품이 본래로 밝아서 각이라 한다고 생각하느냐, 아니면 각이 밝지 않으므로 밝혀야 할 각이라고 생각하느냐?"

부루나가 말씀드렸습니다.

"만일 밝힐 것 없는 것을 각이라 한다면 밝힐 바가 없겠나이다."

부처님께서 말씀하셨습니다.

"만일 밝힐 것 없는 것을 각이라 이름한다면 밝혀야 할 각이 없겠다고 할 수 있다. 하지만 밝힐 바가 있으면 각이 아니요 밝힐 바가 없으면 밝은 것이 아니다. 각에 밝은 명이 없다면 깨닫는 각은 본래로 담담하여 밝은 성품은 아니니라."

[해설]

태양 그 자체는 밝은 것이지만 밝은 빛 그 자체가 곧 태양은 아니란 뜻입니다.

性覺必明 妄爲明覺。覺非所明 因明立所 所旣妄立 生汝
성각필명 망위명각   각비소명   인명립소   소기망립   생여
妄能 無同異中 熾然成異。異彼所異 因異立同 同異發明
망능 무동이중 치연성이   이피소이   인이입동   동이발명
因此復立 無同無異
인차부립 무동무이

"각의 성품인 성각性覺은 반드시 밝건마는 허망하게 밝혀야 할 각명覺明이 되었느니라. 각은 본래로 밝기 때문에 밝히고 말고 할 성질이 아니다. 하지만 각이 밝은 까닭으로 오히려

그 밝음이 허물이 되어서 허망하게 밝혀야 할 바가 되었다. 그래서 너희들은 본래로 밝힐 바가 없는 가운데서 밝혀야 할 바가 생긴 까닭으로 본디 묘각에서는 같고(同) 다름(異)이 없다. 없는 그 가운데서 같고 다름이 치열하게 대립되면서 꼭 밝혀야 하는 다름(異)을 이루게 되었다.

그리고 저 다른 것을 다르다 하는 까닭으로 본성과 같고 다름을 발명하고는 이렇게 같고 다름으로 인하여 다시 같을 것도 없고 다를 것도 없는 동이同異의 속성을 가진 곧 그것이 그것이요, 그것도 저것도 아니란 뜻의 시시비비是是非非란 중도中道를 세웠느니라."

[해설]

묘각妙覺에서는 본래로 밝혀야 할 바가 전혀 없습니다. 없는 그 가운데서 밝히지 아니하면 아니 되는 애매모호한 경우를 예를 들어서 설명해 보면 이와 같습니다.

눈 밝은 사람이 공중의 밝은 달을 오래 보다 보면 자연히 눈이 피로해집니다. 밝은 눈이 피로해지면 뜻밖에 본래의 달에서 한 개나 두세 개가 겹쳐 보이는 환시 현상이 생깁니다. 본래의 달에서 겹쳐서 보인 한 개의 달마저도 짐짓 눈이 피로해지면 흐르는 물에 비친 달의 그림자와 같아서 본래 달의 참

모습을 찾을 수가 없게 됩니다. 이런 경우를 본문 중에서는 허망虛妄이라 했습니다. 지금 우리들이 쓰고 있는 마음이 이 모양입니다.

이 망妄이 생긴 까닭과 같은 이치로 중생들의 마음이 생겼습니다. 그러므로 마음도 본각本覺과 같은 것 같기도 하고 다른 것 같기도 합니다. 이러한 이치로 같고 다른 동이同異의 현상이 생겼습니다. 여기서 무엇을 동同이라 하고 무엇을 이異라 하는가 하는 문제에 대하여 그 깊은 뜻을 잘 이해해야만 합니다. 이 동이설同異說을 바르게 이해하지 못하면 모든 경전은 끝없는 혼란과 오리무중의 늪이 되고 맙니다.

동同이라 하는 것은 묘각의 성품을 닮은 측면을 말함이지 묘각 그 자체와 같다는 의미는 절대로 아닙니다. 그리고 묘각의 본성과 근본적으로 다른 점을 이異라 합니다. 예를 들면 밝고 맑고 고요하며 또한 부동성을 가진 적멸의 상태는 묘각의 성품과 유사하므로 동同이라 합니다. 절 법당의 이름에 광명전光明殿이니 혹은 대적광전大寂光殿, 적멸보궁寂滅寶宮 하는 등은 모두 묘각의 성품과 비슷한 의미의 이름으로 기록하고 있습니다. 반대로 추하고 어둡고 혼란스럽고 유동적인 것은 영구불멸의 부동성인 묘각과 영 다르므로 이異라 했습니다.

보다 중요한 동이同異의 허망의 철리가 있습니다. 이 허망의 철리를 잘 이해해야 합니다. 불법의 교리를 어렵다고 하는 이유가 바로 여기에 있습니다.

쉬운 비유로 손뼉을 치면 분명한 소리가 납니다. 나무를 서로 비벼대면 불이 일어납니다. 맛 나는 음식을 보면 입안에 군침이 돕니다. 이와 같은 현상들은 다반사로 일어나는 일인데, 그것의 허망한 이치를 밝힌 부처님의 말씀은 모두 어렵다고들 말합니다. 그러면 그 소리나, 불이나, 입안의 군침이나 이들이 과연 어느 쪽에서 생겼느냐 했을 때 이쪽도 저쪽도 그 중간도 아니요 아닌 것도 아니라고 말을 하면 답은 됩니다.

그런데 만약 이쪽저쪽 그 중간이란 세 곳(三處)을 어느 쪽이든 바로 여기다 하고 긍정을 하면 국집이 됩니다. 만약 꼭 여기라고 국집을 하게 되면 제 스스로가 소리든 불이든 입맛이든 바로 그곳에서 나와야 하는데, 어찌하여 삼처가 서로 화합을 해서 모든 것이 나왔느냐? 하면 답이 없습니다. 그렇게 되면 곧 모순에 빠집니다.

그러므로 그 어느 쪽이든 긍정을 하면 국집이 되고 부정을 하면 망언이 됩니다. 그렇기 때문에 이쪽도 저쪽도 그 중간도 아니요 아닌 것도 아니다라고 대답을 하면 허망의 실상을 밝히는 정답이 됩니다. 왜냐하면 삼합으로 인해서 허망한 마음이나 만물이 생겼기 때문입니다. 이런 허망한 이치를 의미유

추의 논리학에서는 '그것도 저것도 아니요 아닌 것도 아니다'라는 뜻에서 시시비비是是非非란 용어를 씁니다.

동이설同異說도 매양 한가지입니다. 밝은 달을 보다가 눈의 피로에 의하여 한 개의 달이 겹쳐서 두 개나 세 개의 달로 보입니다. 그래도 두 번째 달은 본래의 달과 매우 유사성이 있으므로 동同이라 했습니다. 하지만 달의 환영은 실제 달과는 영 닮지를 않았는데 어떻게 참 달에 비유가 되겠습니까? 그래서 이질異質이란 뜻에서 이異라 했습니다.

동이의 이치도 두 번째 달이 본묘각에서 나왔느냐, 피로한 눈에서 나왔느냐, 묘각과 눈의 중간에서 생겼느냐 했을 때 그 어느 쪽도 긍정도 부정도 아니 됩니다. 그래서 삼세제불이 만법은 모두 허망이 근본이라고 밝히고 계십니다. 이를 깊이 이해하지 못한 세속의 논사들이나 저 이단자들은 말할 것도 없고 율곡 같은 동양의 석학도 지금 이 수능엄경을 보다가 엎었다 제쳤다 하는 삼처三處(안과 밖과 중간) 삼단부정의 긍정사, 시시비비의 논리학에서 얼마나 혼이 났는지 대각석존을 심하게 모욕하는 망언의 기록이 지금도 전해지고 있습니다.

명묘한 묘각과 묘명한 각성의 상대성에서는 같고 다르다는 동이설이 있을 수 없습니다. 비유하면 둥근 달을 말한 것과 그 달의 빛을 얘기한 것과 같기 때문입니다. 곧 그것이 그 자체이기 때문입니다.

묘각에 비유되는 본래의 달이나 그 달의 빛에 비유되는 각성은 같고 다를 것이 없습니다. 그러나 피로한 눈에 의해서 생긴 환영의 달은 근본적으로 본래의 달과는 다릅니다. 물론 환영이기 때문입니다. 각성에서 생긴 우리들의 마음이 꼭 이와 같습니다. 본묘각의 빛인 각성의 달에서 피로한 눈에 의하여 생긴 환영의 그 첫 번째 달이 곧 우리들의 마음摩陰이기 때문입니다. 그래서 각성은 본각과 같고(同) 마음은 각성과는 다른 이성異性입니다.

저 묘명한 각성의 빛은 이미 서산으로 넘어가고 그 빛의 환한 여명으로 마음이 생겼기 때문에 본각과는 다른 이성異性일 수밖에 없습니다. 바로 이 묘명한 각성의 여명인 매昧에서 마음의 속성 가운데 의식意識이 생겼습니다. 또 점차로 어둑한 혼昏에서는 잠재의식潛在意識이 나왔습니다. 그리고 마침내 캄캄한 암暗에서는 무의식無意識이 나왔습니다. 저 중성의 잠재의식이 의식과 무의식을 묘하게 교감시키면서 중생들의 몸에는 세 개의 각성의 터널이 생기게 되었습니다. 이를 고전 침구학에서는 삼맥三脈이라 합니다. 이 삼맥은 오늘날 유전자 이론에서는 DNA가 되고 있습니다. 그리고 동양 고전의 침구학에서는 삼맥을 독맥督脈, 대맥帶脈, 임맥任脈이라 합니다. 이를

의식의 차원으로 연결하여 살펴보면 의식의 독맥(D)과 잠재의
식(N)의 대맥과 무의식(A)의 임맥이 됩니다. 물론 이 삼맥은
각성의 여명으로 물든 마음의 속성입니다.

마음의 본성인 각성이 유통되고 있는 저 삼맥은 인체의 신
비를 창조하게 되었습니다. 그 신비의 요체는 중성의 잠재의
식입니다. 이것이 독맥과 임맥의 사이에 묘하게 교감이 되면
서 삼음三陰과 삼양三陽으로 분류되었습니다. 이 삼음 삼양을
중성의 대맥이 배꼽을 중심으로 상하좌우로 반전을 했습니다.
두정頭頂으로 용트림을 한 삼맥이 나선형으로 돌면서 무의식
쪽으로는 무명초란 두발을 비벼 내고 의식의 안면으로는 육근
이란 화이트홀을 만들어 냈습니다. 저 배꼽의 대맥을 중심으
로 하여 하단전으로 회오리친 삼맥은 음성의 블랙홀인 성기의
신비를 창조해 냈습니다.

마침내 상하좌우로 유주한 삼맥의 음양이 동반이합을 하면
서 삼맥이 육경이 되고, 육경이 상하로 교감되면서 12신경계
를 내었습니다. 그 12신경계를 안팎으로 휘감아 역전 반전의
조화로 오장五臟 오부五腑가 배치되고 만맥이 상하좌우로 박
동搏動을 합니다. 그래서 만맥은 뛰고 돌면서 생주이멸을 합
니다.

아 보라, 저 마음의 속성인 삼맥이 상하로 뛰고 수평으로 돌

면서 시방세계를 그대로 둘둘 말아서 온갖 신비를 다 먹었다 토했다 합니다.

알라, 저 묘각의 빛 각성覺性의 터널인 삼맥은 중성의 잠재의식의 속성으로 삼음 삼양을 휘감아 돌면서 면부에는 여섯 개의 구멍이 생겼습니다. 이 뚫린 여섯 개의 구멍에는 각성의 파편인 식정識精이 머물게 되었습니다. 이 식정이 맑고 청정한 사대를 말아서 안과 밖을 유통시키는 육근六根이 생기게 되었고, 이 육근의 안에는 식정의 파편인 육식六識이 머물면서 안팎을 지각해서 판별하는 식심識心이 생겼습니다. 이 식심의 종합을 옛부터 심心이라 하고 있습니다.

이러한 이치는 상기의 본문 중 동이설에서 같지도 다르지도 않음을 세운다고 한 삼단부정의 긍정사 시시비비의 허망한 속성을 가진 잠재의식의 재롱을 밝히신 말씀입니다.

언설문자가 전연 용납될 수 없는 구경의 묘각을 밝힘에 있어서도 묘각의 여래장설이 없다면 깨달음의 길을 밝히고 있는 불법을 전연 설명할 길이 없습니다.

그래서 묘각장을 밝히는 과정에서 여래장설로 긍정했다가 부정하고, 부정했다가 다시 그 부정을 긍정합니다. 이렇게 긍정과 부정을 거듭했다가 그것도 저것도 아니고 아닌 것도 아니라고 하는 절대부정의 긍정사 시시비비의 참뜻을 알면 팔만

대장경의 의미가 조금 보입니다.

 이 수능엄경에서 제일 난해한 대목이 동이설同異說과 여래장설如來藏說입니다. 경문經文의 내용에서 동이설과 여래장설을 우리가 평소에 보고 느끼는 상식으로 이해를 돕겠습니다.

 먼저 같다는 동同의 비유입니다. 태양을 본묘각으로 비유하겠습니다. 태양 그 자체는 묘각妙覺입니다. 태양에서 발산되는 밝은 빛은 곧 깨닫고 아는 성품인 성각性覺입니다. 필자는 성각을 각성이라 적고 있습니다. 명묘한 묘각과 묘명한 각성은 밝다는 측면에서는 같습니다. 동同입니다.

 다르다는 이異의 비유는 다음과 같습니다. 묘각의 빛인 각성의 여명으로 생긴 마음의 경우는 본묘각의 각성과는 영 다릅니다. 또한 마음의 경우도 그렇습니다. 의식은 양성으로서 각성의 여명과 유사하므로 동同이 되고 잠자는 것과 같은 무의식은 밝은 의식의 반대가 되므로 이異가 됩니다.

如是擾亂 相待生勞 勞久發塵 自行渾濁 由是引起 塵勞煩
여시요란 상대생로 노구발진 자행혼탁 유시인기 진로번
惱。起爲世界 靜成虛空 虛空爲同 世界爲異 彼無同異 眞
뇌 기위세계 정성허공 허공위동 세계위이 피무동이 진
有爲法。
유위법

"이렇게 요란함이 상대相待하여 피로함이 생기고 피로함이 오래되어 사념망상(塵)을 발하고 망상의 티끌로 인하여 본래로 맑고 밝은 자성이 스스로 혼탁하게 되었다. 이로 말미암아 티끌 같은 피로와 번뇌를 일으켰느니라. 번뇌가 일어나서는 세계가 되고 고요하여서는 허공이 되었다. 그래서 허공은 한결같고(同) 세계는 각별하게 다르니라(異). 저 동이同異가 없는 것이 참으로 유한한 진리(有爲法)가 되느니라."

[해설]

요란함이 상대하였다는 말씀은 우리들의 마음이 의식과 무의식이 서로 상대가 되면서 의식과 무의식의 그 가운데서 중성의 잠재의식이 묘하게 이쪽저쪽을 밀고 당기는 동반이합同反異合을 하는 행위가 일어나게 되었습니다. 이 과정에서 분별하는 식심이 생기고 그 식심으로 말미암아 번뇌 망상이 일어나게 되었으며 그 번뇌 망상의 티끌들이 서로 엉켜서는 세계가 되고 고요한 정 쪽으로는 무변 허공계가 되었다는 설명입니다.

저 허공은 항상 같다고는 하지만 허공 그 자체도 필경 쇠멸하는 것입니다. 허공도 쇠멸하는데 항차 허공을 의지해서 존재하는 세계야 말해 무엇 하겠습니까? 이렇게 모든 유한한 섭리(有爲法)는 반드시 시한이 있는 법입니다.

覺明空昧 相待成搖 故有風輪 執持世界。
각 명 공 매　상 대 성 요　고 유 풍 륜　집 지 세 계

"각覺의 명明과 공空의 매昧가 상대하여 요동함이 생기게 되었다. 그러므로 풍륜風輪이 있어서 세계를 집지執持하느니라."

[해설]

바로 이 대목에서 불교의 묘법이라 하는 12연기 가운데 그 시원인 무명無明(마음)에서 행行이 생성되는 그 뿌리가 설명되고 있습니다.

각의 명과 공의 매라는 이 대목이 필자가 상권에서 밝힌 마음의 생원설에서 묘각의 빛인 각성의 여명으로 마음이 생겼다는 그 내용의 본문입니다. 또한 음양陰陽이 어떻게 해서 생기게 되었는가 하는 음양의 생원설이기도 합니다.

각명覺明은 양성이고 공매空昧는 음성으로 이것이 마음의 시원이 됩니다. 이렇게 해서 일어나게 된 양성과 음성이라는 두 양극의 성이 세계와 중생계를 두루 품고 있으면서 온갖 종성을 창조해 내고 있습니다. 각의 명과 공의 매가 서로 상대하는 가운데서 일어난 행위로 말미암아 시방세계도 끊임없이 돌아가고 일체 중생의 생사의 근본이 되고 있는 마음이란 무명도 12연기로 연연상속을 합니다.

각의 명(陽)과 공의 아득한 매(陰)가 서로 오래 상대하는 가운데서 요동이 일어났습니다. 그 까닭은 밝은 양성은 따뜻하여 온溫하고, 빛이 없는 음성의 암暗은 냉冷한데, 이 온냉은 서로 같은 것은 밀어내고 다른 것은 끌어당기는 속성이 있기 때문입니다.

이를 필자는 동반이합同反異合이라 합니다. 이러한 음양의 속성으로 말미암아 요동搖動하는 바람이 생겼습니다. 이를 풍동風動이라 하고 오행에서는 목木이라 일컫습니다. 이 풍동의 바람이 시방세계를 감싸 돎으로 해서 저 무변 허공은 공전을 하고 세계는 자전을 하게 되었습니다. 이 풍동의 자전과 공전을 시키는 바람의 바퀴를 풍륜風輪이라 합니다. 저 풍륜이 시방세계를 감싸 돎으로 말미암아 세계가 중심을 잡고 안전하게 자전을 한다고 해서 오행에서는 목木이 세계를 보지執持한다고 기록하고 있습니다.

因空生搖 堅明立礙 彼金寶者 明覺立堅 故有金輪 保持國土。
인공생요 견명입애 피금보자 명각입견 고유금륜 보지국토

"허공虛空을 인하여 요동이 생기고 명明을 굳혀서 걸림(礙)이 되나니 저 금보金寶는 명각明覺이 견애堅礙하여진 것이다. 그러므로 금륜金輪이 있어 세계를 보지保持하느니라."

[해설]

텅 빈 허공을 인하여 요동함이 생기고 그 허공은 각의 밝은 빛을 받아 굳혀서 걸리는 자기장(礙)이 생기게 되었다는 설명입니다. 그래서 누구나 허공을 손바닥으로 부채질해 보면 허공이 물처럼 손바닥에 미치어 걸리는 기분을 느낍니다. 실제 보물로 취급이 되고 있는 금보金寶는 본묘각의 밝은 명각明覺의 빛이 허공에 배어 굳어서 생긴 것이라고 밝히셨습니다. 이는 자기장과 같은 것으로 만약 허공에 걸리는 견애堅礙의 성품인 금보가 없다면 오늘날 우주선이나 비행기가 허공을 날 수 없을 것입니다.

각覺의 밝은 빛이 굳어서 금보가 되었다는 사실을 실증적 예로써 증명한다면, 흰종이를 태양빛에 오래 두면 자연히 흰종이가 누렇게 변색되는 현상을 우리는 쉽게 볼 수가 있습니다.

그러한 예로써도 실제의 금이 생기게 된 그 생원의 뿌리가 묘각의 빛인 각성의 여명이 허공계를 비추어서 굳어진 원기가 되고 있음을 추리해 볼 수 있습니다.

각명覺明의 빛이 허공을 굳혀서 금보金寶가 된 이것을 금륜金輪이라 합니다. 이 금보를 필자는 저 무변 허공계를 두루 머금고 있는 자기장으로 확신합니다. 저 자기장인 금륜이 시방세계를 두루 머금고 있음으로 해서 허공계와 세계는 윤택하게 보호가 되고 유지가 되고 있습니다. 그러므로 경문에서는 금보가 시방세계를 보지保持하고 있다고 밝히고 있습니다. 바로 이 학설이 오행에서 말하는 금金의 생원설이 되고 있습니다.

堅覺寶成 搖明風出 風金相摩 故有火光 爲變化性。
견각보성 요명풍출 풍금상마 고유화광 위변화성

"깨닫고 아는 각覺을 굳혀서 금보金寶가 되고 밝음을 흔들어 바람이 일어나서는 바람이 금金을 마찰함으로 해서 화광火光이 일어나 변화하는 성性이 되었느니라."

[해설]

오행에서 화火가 어떻게 해서 생기게 되었는가 하는 원초적인 문제를 해설한 경문입니다.

음성 양성의 온냉이 서로 상대하는 가운데서 일어나게 된 바람(木)이 우주의 자기장인 금성金性을 마찰함으로 해서 전깃불이 일어나게 되었습니다. 이 전기의 화광이 일어나서는 만물과 만생명을 변화시키는 성품이 되었다고 밝히고 있습니다. 시방세계에 가득한 저 전기 에너지가 이렇게 해서 생겼음을 밝힌 경문입니다.

寶明生潤 火光上蒸 故有水輪 含十方界。
보명생윤 화광상증 고유수륜 함시방계

"금보金寶의 밝은 빛은 반짝이는 윤기를 내고 화광은 짐짓 위로만 치솟는 성질이 있다. 그 성질로 말미암아 짐짓 금보를 찌게(蒸) 되나니 그러므로 수륜水輪이 있어 시방세계를 머금고 있느니라."

[해설]

오행의 물 수水가 과연 어떻게 해서 생기게 되었는가 하는 설명입니다.

금金은 본디 차고 반짝이는 밝은 윤기를 냅니다. 이 금보인 자기장을 오행의 목木인 바람이 마찰을 함으로 해서 일어난 화광의 불꽃은 위로만 치솟는 성질이 있습니다. 그 치솟은 불꽃이 찬 금보를 찌게(蒸) 됨으로 해서 자연히 차고 윤택한 금보에서 축축한 수증기가 생기게 되었다는 설명입니다. 그 수증기가 모여서 마침내 물이 되었습니다. 이러한 인연으로 수륜水輪이라 하는 수소가 시방세계를 두루 머금고 모든 존재를 윤택하게 한다고 하셨습니다.

火騰水降 交發立堅
화등수강 교발입견

"불(火)은 위로 치솟아 오르고 물(水)은 밑으로 흘러내리는 속성으로 물과 불은 서로 밀치는 반작용이 생겼다. 이로 말미암아 시방세계에는 엄청난 반작용의 중력장重力場이 생기게 되었다. 이것이 분진들을 굳혀서 흙(土)이 되었다."

[해설]

오행의 토土가 어떻게 해서 생기게 되었는가를 밝히신 경문입니다.

토土는 물과 불이 서로 밀치는 중력장의 기압으로 말미암아 시방세계에 가득한 번뇌 망상의 티끌들을 둘둘 말아 굳혀서 저 우주에 가득한 천체를 만들었고, 지금 우리가 사는 지구도 그렇게 해서 생겼습니다. 그러므로 저 대륙의 흙인 토土는 자기장인 금金인 쇠나 풍목風木이란 바람이나, 그리고 전기 에너지인 불(火)이나 시방세계를 윤택하게 하고 있는 물(水)은 흙인 토 앞에서는 꼼짝을 못합니다. 절대로 토를 이길 수가 없습니다.

음양오행의 생원설을 다시 정리해 보겠습니다.

각명覺明은 양이 되고 각성의 여명으로 생긴 공空의 매昧는 음이 됩니다. 이 음양이 서로 같은 성질은 밀어내고 다른 성질은 끌어당기는 가운데서 바람인 목木이 생겼습니다. 이 풍동風動이란 목木이 각覺의 묘명한 빛으로 허공계를 굳혀서 견애堅礙의 금보가 된 자기장인 금金을 마찰함으로 해서 오행의 화火를 내고, 이 화광火光이 상승하여서는 그 금보를 찌게 됨으로 해서 오행의 물(水)을 얻게 되었습니다. 그런데 같은 금보金寶에서 나온 화火와 수水가 서로 반목을 하며 밀치는 과정에서 우주 공간에는 엄청난 중력장이 형성되었습니다. 이 우주의 중력장이 저 무변 허공에 가득한 사념 망상의 입자인 티끌(塵)들을 응축시켜서 오행의 토가 생기게 되었습니다.

그러므로 시방세계가 생주이멸하게 되는 우주 물리의 모체는 바로 이 불(火)과 물(水)입니다. 저 불과 물의 조화로 빚어진 것이 흙인 토입니다.

濕爲巨海 乾爲洲潭 以是義故 彼大海中 火光常起 彼洲潭
습 위 거 해　　간 위 주 단　　이 시 의 고　　피 대 해 중　　화 광 상 기　　피 주 단
中 江河常注。水勢劣火 結爲高山 是故山石 擊則成燄 融則
중　　강 하 상 주　　수 세 열 화　　결 위 고 산　　시 고 산 석　　격 즉 성 염　　융 즉

成水。土勢劣水 抽爲草木 是故林藪 遇燒成土 因絞成水。
성수 토세열수 추위초목 시고임수 우소성토 인교성수

交妄發生 遞相爲種 以是因緣 世界相續。
교망발생 체상위종 이시인연 세계상속

"그러므로 젖은 편으로는 거해巨海가 되었고 마른 편으로는 육지와 섬(洲潭)이 되었다. 이런 까닭으로 대해 중에는 항상 화산이 일어나고 대륙과 섬에는 항상 계溪, 천川, 강江, 하河가 쉴 새 없이 흐르게 되었다.

만약 수(水)의 세력이 불(火)보다 약하면 엉키고 굳어서 고산(高山)이 된다. 그래서 산석山石은 서로 마주치면 불꽃이 일어나고 돌이 고열에 녹으면 물이 된다. 또 저 토土의 세력이 물보다 약하면 물이 밀어 올려서 초목이 된다. 그래서 나무와 수풀은 타면 흙이 되고 쥐어짜면 물이 나온다. 이렇게 본래로 근본이 없는 곳으로부터 허망하게 생긴 조건들이 발생하여서는 서로 번갈아 종자가 되나니 이런 인연으로 세계가 끝없이 상속하게 되었다."

[해설]

부처님은 이렇게 시방세계를 창조한 그 원기元氣와 원소元素들을 기가 막히게 밝혀 놓으셨습니다. 저 음양의 속성을 가진 원기와 원소가 정반합을 하면서 우주 물리를 짓는 그 이치를

음양에서 비롯된 5대원소(金·木·火·水·土)가 서로 상보相補·상극相剋·상생相生을 하면서 기세간의 진리가 되고 있음을 통쾌하게 밝히셨습니다.

세존께서 인류 태초로 마음과 우주 물리의 근본 뿌리를 밝히신 음양오행의 생원설을 다시 정리해 보겠습니다. 묘각妙覺의 빛인 각성覺性의 여명으로 마음이 생길 때의 예로 누구나 보아온 일몰 현상을 떠올리면 쉽게 이해될 것입니다. 밝은 태양이 서산으로 넘어갈 때의 정황을 미루어 생각해 보면 됩니다.

묘각에 비유되는 광명한 태양은 서산으로 이미 넘어갔습니다. 해는 벌써 서산으로 넘어가서 태양의 밝은 빛을 볼 수는 없습니다. 밝은 빛은 볼 수 없지만 황홀한 석양의 여명으로 생긴 저녁노을은 많이 보았을 것입니다. 비록 한시적이나마 황홀하게 훤합니다.

이렇게 훤하다가 서서히 어둑해집니다. 잠시 어슴푸레하다가는 마침내 캄캄해집니다. 바로 이 석양의 상황이 곧 우리들이 항상 쓰고 있는 마음의 생기설 비유가 되고 있습니다. 이런 까닭으로 마음으로 사는 중생들은 명묘한 묘각의 광명장은 생각할 수도 없거니와 어떻게 볼 수 있겠습니까?

큰 이유는 서산으로 이미 넘어간 해와 같은 사정 때문입니다. 큰 어둠이라 이름하는 마음 때문입니다. 그 큰 마음의 저 뒤쪽에 대광명장이라 이름하는 여래장이 있기 때문입니다.

이상의 설명과 같이 묘각의 묘명한 각성의 여명으로 마음이 생길 때에 훤하다가 어둑해지고 다시 캄캄한 명암의 삼차원 때문에 마음의 속성으로 세 종류의 각성의 의식계가 성립되었습니다. 세간법이나 출세간법에서도 삼위일체라 하여 삼三이란 숫자가 만법의 철리로 설정된 까닭이 바로 여기 마음의 생원설에서 비롯되었습니다.

마음이 생길 때에 각성覺性의 여명으로 훤한 매昧의 영역은 의식계意識界가 됩니다. 그리고 어둑해져서 어슴푸레한 영역은 곧 마음의 속성 가운데서 중성자와 같은 성격의 잠재의식계潛在意識界가 됩니다. 또한 마침내 캄캄한 영역의 암울한 쪽은 마음의 속성 가운데서 무의식계無意識界가 됩니다. 이러한 이치로 중생들의 마음을 일컬을 때 클 마摩와 그늘 음陰자를 써서 마음摩陰이라고 부르게 되었습니다.

바로 이러한 이치로 마음의 속성 가운데서는 양성의 의식계와 중성의 잠재의식계와 음성의 무의식계가 존재하게 되었습니다. 역시 우주 물리에서도 같은 맥락의 음성과 중성과 양성의 재롱으로 만생과 만물이 뒹굴고 있습니다.

중생들이 마음으로 만법의 행위를 더듬는 음양오행학설의

궁극적 의미로는 묘각이 양이 되고 그 묘각의 빛인 각성은 중성이 됩니다. 그 중간자와 같은 각성의 여명黎明으로 생긴 마음이 곧 음이 됩니다. 그래서 우리들이 쓰고 있는 마음은 그 근본이 음성입니다.

비록 성격상으로 보면 음성이지만 음에도 양성과 중성의 음이 있습니다. 그래서 마음도 중간자와 같은 잠재의식의 재롱으로 크게 두 쪽으로 분리가 되었습니다. 흔히들 양심兩心이라 하는 이유가 여기 있습니다. 양심이기에 우주에도 흑백이 있습니다. 그 흑백의 우주를 최대공약수로 둘둘 말아서 생긴 중생들의 머리도 반쪽은 희고 반쪽에는 검은 머리카락이 자라고 있습니다. 마음을 그대로 닮은 하얀 얼굴에는 육근의 식심이 생멸하고 있으며, 반쪽의 검은 머리로는 무의식의 잡초라는 무명초가 쉼 없이 생주이멸을 합니다. 그래서 깨달음을 위해 출가하는 스님들은 삭발을 합니다.

復次富褸那! 明妄非他 覺明爲咎 所妄旣立 明理不踰 以
부 차 부 루 나   명 망 비 타 각 명 위 구   소 망 기 립   명 리 불 유   이
是因緣 聽不出聲 見不超色 色香味觸 六妄成就 由是分開
시 인 연 청 불 출 성   견 불 초 색   색 향 미 촉   육 망 성 취   유 시 분 개
見覺聞知 同業相纏 合離成化。
견 각 문 지   동 업 상 전   합 리 성 화

"부루나야, 밝음(明)이라 하는 허망(妄)이 다른 것이 아니라

밝게 깨닫고 아는 각의 명이 허물이 된 것이다. 밝게 깨닫고 아는 마음이 이미 성립되고 나면 본래로 밝게 깨닫고 아는 각성이 허망한 마음을 뛰어넘지 못한다. 이러한 관계로 듣는 성품은 소리가 없으면 듣지를 못하므로 청각은 소리를 뛰어넘지 못하고, 보는 성품은 색상色相이 없으면 보지를 못하니 보는 시각은 색상을 뛰어넘지 못하느니라. 이렇게 빛깔(色)·소리(聲)·냄새(香)·맛(味)·닿임(觸)·앎(識) 등 여섯 가지 감각을 두루 다 깨닫고 아는 본래의 밝은 각성이 식심의 감성을 뛰어넘지 못한다. 이로 말미암아 여섯 가지 감성을 지각知覺하는 육근이 생기게 되었다. 이 여섯 가지 허망한 육감계가 이루어짐으로 말미암아 육감에 반연된 현상을 보고 듣고 깨닫고 아는 견見·문聞·각覺·지知로 나누어지게 되었다. 지각하는 감각계가 나누어짐으로 해서 빛은 눈으로 보기만 하고 소리는 귀로 듣기만 하며 깨닫고 아는 지각知覺으로 분류가 되었다. 이렇게 각별한 기능들이 서로 얽혀 합하고 여의면서 온갖 식심분별을 하게 되었느니라."

[해설]

 일체 중생들이 항상 쓰고 있는 감각기관이 과연 어떻게 해서 생기게 되었는가 하는 문제에 관해 설명하신 경문입니다.

見明色發 明見想成 異見成憎 同想成愛 流愛爲種 納想爲
견명색발 명견상성 이견성증 동상성애 류애위종 납상위
胎 交遘發生 吸引同業 故有因緣 生羯囉藍 遏蒲曇等。胎
태 교구발생 흡인동업 고유인연 생갈라남 알포담등 태
卵濕化 隨其所應 卵唯想生 胎因情有 濕以合感 化以離應
란습화 수기소응 난유상생 태인정유 습이합감 화이리응
情想合離 更相變易 所有受業 逐其飛沈 以是因緣 衆生相
정상합리 갱상변역 소유수업 축기비침 이시인연 중생상
續。
속

"밝게 깨닫고 아는 각성이 만상의 형색을 밝게 드러내어 보임으로 해서 눈은 온갖 색상을 밝게 보게 되고 만상을 봄으로 해서 온갖 생각(想)을 이룬다. 만약 보는 주관적 개념이 서로 다르면 공연히 미워하고, 제 생각에 맞으면 사랑을 한다. 사랑인 정을 흘러 넣어서는 씨가 되고 사랑하는 생각을 받아들여서는 태胎를 이룬다. 이렇게 남성과 여성이란 이성異性이 서로 만나 교접을 함으로 생명이 태어날 때에 성격이 같은 성질을 흡수하여 끌어들인다. 이런 인연으로 누에 알 같은 갈라람揭囉藍과 개구리 알 같은 알포담遏蒲曇 등의 유전자가 생기게 되었느니라.

이러한 생명의 유전자들이 네 갈래로 태어나게 되었다. 태로 나고 알(卵)로 나고 축축한 습기(濕)로 나고 변화해서 나는 화생化生이 있다. 이러한 종성들은 제각기 인연을 따라서 어울리는데 알로 낳는 난생卵生은 상상想像만 하는 생각으로 생기고, 태로 낳는 태생胎生은 애정을 인하여 생기게 되며, 축축한 습기로 생기는 습생濕生은 감성이 합하는 감응으로 생기고, 변화를 해서 생기는 화생化生은 여의는(離) 습성에 적응함으로써 생기게 되느니라.

이렇게 사생四生(胎卵濕化)이 애욕의 정情과 연상聯想의 상상과 어울림의 합合과 멀리 여읨의 이離로 생존을 하는데, 이 정情·상想·합合·이離는 항상 서로서로 뒤바뀌어 변화를 짓는다. 이것을 항상 뒤바뀌어 변화를 짓는 변역變易이라 한다. 이 사생은 스스로 지은 행위의 습관인 업業으로 인해 생기게 되는데 그 생태의 현상이 모두 각별하다. 어떤 것은 날고 어떤 종류는 깊이 잠긴다. 이 종성들은 스스로 지어온 습관의 업식을 따른다. 이런 인연으로 중생이 상속을 하느니라."

[해설]

위 경문의 내용은 육근의 지각이 일어나서 안팎으로 받아들이는 식심의 감성으로 말미암아 사생으로 존속하는 일체 중생의 생기설을 설명하신 경문입니다.

富樓那! 想愛同結 愛不能離 則諸世間 父母子孫 相生不
부루나   상애동결 애불능리 즉제세간 부모자손 상생부
斷 是等則以 欲貪爲本。貪愛同滋 貪不能止 則諸世間 卵
단 시등즉이 욕탐위본   탐애동자 탐불능지 즉제세간 난

化濕胎 隨力强弱 遞相吞食 是等則以 殺貪爲本。
화 습 태　수 력 강 약　체 상 탄 식　시 등 즉 이　살 탐 위 본

"부루나야, 생각하는 상想과 애착하는 애愛가 함께 맺혀서 생각이 애착을 쉽게 여의지 못함으로 해서 모든 세간의 부모와 자손이 서로 낳아 끊이지를 않는다. 이것들은 모두 탐욕貪慾이 근본 뿌리가 되고 있기 때문이다.

탐하고 애착하여 좋아하는 자미滋味가 한통속이 되어 탐애를 쉽사리 그치지 못하므로 모든 세간에서 생존하고 있는 난생, 화생, 습생, 태생들이 힘의 강약에 따라 서로 번갈아 잡아서 먹는다. 이러한 까닭은 죽이고자 하는 탐욕의 살탐殺貪이 근본이 되고 있기 때문이다.

以人食羊 羊死爲人 人死爲羊 如是乃至 十生之類 死死生
이 인 식 양　양 사 위 인　인 사 위 양　여 시 내 지　십 생 지 류　사 사 생
生 互來相噉 惡業俱生 窮未來際 是等則以 盜貪爲本。
생　호 래 상 담　악 업 구 생　궁 미 래 제　시 등 즉 이　도 탐 위 본

만약 사람이 양을 잡아먹으면 양은 죽어 사람이 되고 사람은 죽어 양이 된다. 이렇게 열 종류의 생명들이 죽고 죽고 나고 나면서 번갈아 와서는 서로 잡아서 먹는다. 이 모두가 악업으로 함께 나서 미래제가 다해도 끝이 없다. 이것들은 모두 훔쳐 먹는 도탐盜貪이 근본이 되고 있기 때문이다.

汝負我命 我還汝債 以是因緣 經百千劫 常在生死 汝愛我心 我憐汝色 以是因緣 經百千劫 常在纏縛。唯殺盜淫 三爲根本 以是因緣 業果相續。

너는 나에게 생명을 빚지고 나는 너에게 생명의 빚을 갚는다. 이런 인연으로 백천겁을 지내면서 항상 나고 죽는 생사에 있게 된다. 너는 나의 마음을 사랑하고 나는 너의 얼굴을 사랑하는 인연으로 백천겁을 지내면서 항상 얽히고 묶이는 전박纏縛에 걸려 있느니라.

얽히고 묶이는 전박의 원인은 살殺·도盜·음淫 이 세 가지가 근본 원인이 되고 있다. 약자를 죽이고 남의 것을 훔치고 음흉한 탐욕으로 거듭되는 행위의 죄업으로 받게 되는 과보가 상속하게 되었느니라.

富樓那! 如是三種 顚倒相續 皆是覺明 明了知性 因了發相 從妄見生 山河大地 諸有爲相 次第遷流 因此虛妄 終而復始。

부루나야, 이와 같이 살생하고, 도적질하고, 음란한 이 세 가지 행위가 서로 뒤바뀌면서 계속되는 그 원인은 모두가 밝게 깨닫고 아는 각명覺明에 있다. 각의 밝음이 명료하게 모든 것을 분명히 분별하여 아는 성품에서 비롯되었다. 이로 인하여 망령된 소견이 따르고 그 망령된 소견의 습속으로 산하대지와 모든 현상적인 것들이 순차적으로 변천을 하느니라. 이렇게 허망함을 인하여 세계와 중생이 일어났다가는 마치고 다시 세계와 중생계가 시작되느니라."

富樓那言, 若此妙覺 本妙覺明 與如來心 不增不減 無狀忽
부루나언   약차묘각 본묘각명 여여래심 부증불감 무상홀
生 山河大地 諸有爲相 如來今得 妙空明覺 山河大地 有爲
생 산하대지 제유위상 여래금득 묘공명각 산하대지 유위
習漏 何當復生?
습루 하당부생

부루나가 말씀드렸습니다.

"이 묘한 깨달음인 묘각은 본래로 여래의 마음과 같아서 늘지도 않고 줄지도 않으며 변하지도 않는데 어떻게 그 명묘한 묘각 가운데서 까닭 없이 산하대지와 모든 현상적인 것들이 홀연히 생겼습니까?

여래께서는 지금 묘하게 공한 밝은 명각明覺을 이미 성취하셨습니다. 그런데 이 산하대지와 부질없는 번뇌가 언제 다시 생기겠나이까?"

佛告富樓那, 譬如迷人 於一聚落 惑南爲北 此迷爲復 因迷
불고부루나 비여미인 어일취락 혹남위북 차미위부 인미
而有 因悟而出 ?
이유 인오이출

부처님께서 말씀하셨습니다.

"부루나야, 마치 방향감각을 잃은 사람이 어떤 도시에서 남쪽을 잘못 알고 북쪽이라 했다면 이 사람이 미혹해서 남을 북으로 잘못 안 것이냐, 아니면 스스로 아는 알음알이로 인하여 생긴 착각이냐?"

富樓那言, 如是迷人 亦不因迷 又不因悟。何以故 迷本無
부루나언 여시미인 역불인미 우불인오   하이고 미본무
根 云何因迷 悟非生迷 云何因悟 ?
근 운하인미 오비생미 운하인오

부루나가 말하였습니다.

"이 방향감각을 잃은 미迷한 사람은 미를 인하지도 않았고 자각을 하는 오悟로 인하여 생긴 것도 아닙니다. 왜냐하면 망각의 미가 본래로 어디에 뿌리를 내린 본바탕이 없는데 어떻게 미로 인하였다고 할 것이며, 또한 스스로 자각하는 앎(悟)에는 망각妄覺이라는 미迷가 생기는 것이 아닙니다. 그런데 어떻게 깨닫는 오悟가 원인이 되었다고 하겠습니까?"

佛言, 彼之迷人 正在迷時 倐有悟人 指示令悟 富樓那! 於
意云何 此人縱迷 於此聚落 更生迷不? 不也世尊! 富樓
那! 十方如來 亦復如是。 此迷無本 性畢竟空 昔本無迷
似有迷覺 覺迷迷滅 覺不生迷。 亦如翳人 見空中華 翳病若
除 華於空滅 忽有愚人 於彼空華 所滅空地 待華更生 汝觀
是人 爲愚爲慧?

부처님께서 말씀하셨습니다.

"저 방향감각을 잃은 미한 사람이 한창 어리둥절해서 길을 잃고 있을 때 길을 잘 아는 어떤 사람이 방향을 알려 주어서 깨닫게 한다면 부루나야, 그 길이 복잡한 마을(聚落)에 들어가서 다시 길을 잊어먹는 미혹이 생기겠느냐?"

"아니옵니다, 세존이시여."

"부루나야, 시방의 여래도 또한 그렇다. 이 미혹한 마음도 근본이 없어서 그 성품은 어디까지나 텅 비어 공하니라. 본래로 예전부터 미혹하지 않았던 곳에서 미혹한 착각이 생긴 듯 하지마는 미혹해서 잊어버렸든 망각을 하여 미혹했든 어리석음이 소멸되고 나면 밝은 각(覺)에서 다시 미혹한 어리석음이 생기지 않느니라.

또 눈에 백태가 생겨서 예막(翳膜)이 있는 사람이 허공에 별빛 같은 이상한 번쩍임을 보다가도 백태의 막(翳膜)이 눈에서 없어지면 허공에서 다시 번쩍이는 빛이 없느니라. 그런데 어떤 어리석은 사람이 저 허공에서 빛이 사라진 그 자리에서 다시 헛꽃이 일어나기를 기다린다면 네가 보기에 이 사람을 어리석다 하겠느냐, 지혜롭다 하겠느냐?"

富樓那言, 空元無華 妄見生滅 見華滅空 已是顚倒 救令更出 斯實狂癡 云何更名 如是狂人 爲愚爲慧?
부루나언 공원무화 망견생멸 견화멸공 이시전도 칙령갱출 사실광치 운하갱명 여시광인 위우위혜

부루나가 말하였습니다.

"허공에는 원래로 헛꽃이 있는 것이 아닙니다. 허망하게 헛꽃이 생멸하는 것을 보는 것부터 벌써 뒤바뀐 착각입니다. 그런데 그 헛꽃을 다시 허공에서 기다린다면 이런 사람은 실로 어리석은 사람입니다."

佛言, 如汝所解 云何問言 諸佛如來 妙覺明空 何當更出 山河大地? 又如金鑛 雜於精金 其金一純 更不成雜。如木成灰 不重爲木 諸佛如來 菩提涅槃 亦復如是。
불언 여여소해 운하문언 제불여래 묘각명공 하당갱출 산하대지 우여금광 잡어정금 기금일순 갱불성잡 여목성회 부중위목 제불여래 보리열반 역부여시

부처님께서 말씀하셨습니다.

"네 견해가 그렇다면 어떻게 모든 부처님께서 묘하게 밝은 묘각을 성취하신 밝은 명공明空에서 언제 다시 산하대지가 생기느냐고 물을 수가 있느냐? 또 비유를 하면 금을 찾는 광석(金鑛石)에는 순금이 될 수 있는 정금精金이 섞여 있다. 그 정금을 모아 순금을 한번 만들고 나면 다시는 그 순금에는 광석이 섞이지 않는다. 마치 나무가 불에 타서 재가 되고 나면 다시 나무가 되지 않는 것과 같다. 저 제불여래의 보리와 열반도 그와 같으니라."

[해설]

저 숱한 고사성어 중에서 우문현답의 사례로 지금 여기 부루나가 묻고 세존께서 답변을 하신 이 이상의 통쾌한 문답은 없습니다.

부루나가 어리석게 묻기를 언제 다시 세존께서는 세계를 만들어 그 세계 속에서 중생이 되시겠느냐는 질문을 했습니다. 왜 이러한 어리석은 의문이 생겼느냐 하면, 본래로 명묘하고 묘명한 묘각에는 세계와 중생계가 있을 수도 없는데 그렇다면 그렇게도 청정무구한 여래장 가운데서 어째서 세계와 중생이 생겼으며, 더욱이 석존은 이미 묘각을 성취하셨는데도 지금 이 세계의 산하대지와 중생은 여전히 험악하고 온갖

추악한 중생들이 우글거리고 있으니 이것은 필시 세존께서 성도하시기 전에 지으신 업연으로 창조된 것이 아닐까? 그렇다면 이제 석존은 더 이상 없는 묘각을 성취하셨으니 세계와 중생이 맑고 청정해져야 할 것이 아닌가 하는 의문과 아울러 석존은 언제 다시 이와 같은 세계와 중생계를 창조하실까? 하는 질문을 했던 것입니다.

 이와 같은 부루나의 엉뚱한 질문을 받으신 세존께서는 부루나와 대중들에게 "너희들이 나의 세계를 보아라." 하시고는 한 발을 땅바닥에 내려놓으시고 엄지발가락으로 땅바닥을 누르시니 찰나에 시방세계가 온통 대광명장이 되면서 캄캄한 어둠이 밝은 빛 속에 자취를 숨기듯 세계와 중생계는 온데간데없어졌습니다. 그리고 저 무변 허공계는 무량광으로 눈부시고 유리같이 평평한 무변 대지는 투명하여져서 백억의 일월이 밑에서 비추는 듯하였습니다. 세존께서는 잠시 저 불가사의한 부처님의 세계를 보여 주시고는 어마어마한 놀라움으로 경배하고 있는 부루나와 대중들에게 물어보셨습니다.

 "이제 너희들이 나의 국토를 보았느냐?"

 부루나와 대중들은 아무 대답도 못하고 스스로 눈이 멀어서 부처님의 국토를 보지 못하는 슬픔에 빠져 있었습니다.

富樓那！ 又汝問言 地水火風 本性圓融 周遍法界 疑水火
부루나   우여문언 지수화풍 본성원융 주변법계 의수화
性 不相陵滅 又徵虛空 及諸大地 俱遍法界 不合相容
성 불상능멸 우징허공 급제대지 구변법계 불합상용

"부루나야, 또 네가 물은 것과 같이 지수화풍地水火風의 본성이 융합되어 법계에 두루 가득하였다면 물과 불의 경우를 생각해 볼 때 수성水性과 화성火性은 서로가 상극인데, 상극이라면 물과 불은 상대를 능멸하여 서로를 밀어내지 않겠느냐는 의심이 들 것이다. 그리고 또 너는 저 허공과 대지가 다같이 법계에 두루 가득히 충만하였다면 허공과 대지는 서로 용납이 되지를 못하는데 어떻게 한가지로 두루 가득할 수가 있을까 하고 의심을 했다.

富樓那！ 譬如虛空 體非群相 而不拒彼 諸相發揮。所以者
부루나 비여허공 체비군상 이불거피 제상발휘 소이자
何 富樓那！ 彼太虛空 日照則明 雲屯則暗 風搖則動 霽澄
하 부루나   피태허공 일조즉명 운둔즉암 풍요즉동 제징
則清 氣凝則濁 土積成霾 水澄成映 於意云何 如是殊方 諸
즉청 기응즉탁 토적성매 수징성영 어의운하 여시수방 제
有爲相 爲因彼生 爲復空有？
유위상 위인피생 위부공유

부루나야, 허공의 실체實體는 비록 어떠한 모양을 갖추고 있지는 않으나 여러 가지 모양이 허공 가운데 나타남을 허공이 막지 않음과 같다. 왜냐하면 부루나야, 저 무변 허공에 햇빛이

비치면 밝고 구름이 끼면 어둡고 바람이 불면 허공이 흔들려 움직이고, 구름이 끼어 비가 내리다가 비가 개면 맑고, 대기의 기운이 엉기면 흐리고, 허공에 먼지가 끼면 흙비가 되고, 물이 맑으면 저 허공이 그 물에 비친다. 이러한 현상들을 너는 어떻게 생각하느냐?

 이렇게 허공에 나타나는 모든 현상들은 저 모든 존재들로 인하여 생긴 것이냐, 아니면 허공에 본래부터 그러한 현상들이 있었던 것이냐?

若彼所生 富樓那! 且日照時 旣是日明 十方世界 同爲日色 云何空中 更見圓日 若是空明 空應自照 云何中宵 雲霧之時 不生光耀? 當知是明 非日非空 不異空日。

 부루나야, 만약에 저것들이 본래부터 허공에 있어서 생긴 것이라면 해가 비칠 적에는 그것들이 해의 빛을 받아서 시방의 세계가 한가지로 같은 빛이 되어야 할 것이다. 그런데 어찌하여 공중에 다시 둥근 해를 보게 되느냐? 만일 그것이 허공의 밝음이라면 허공 스스로 밝게 비칠 것인데 어찌하여 밤중이나 구름이 끼었을 적에는 빛을 내지 못하느냐?

 그러므로 이 밝음은 해 때문도 아니요 허공 때문도 아니요

허공이나 해와 다른 것 때문도 아니라는 것을 너는 알아야
한다.

觀相元妄 無可指陳 猶邀空華 結爲空菓 云何詰其 相陵滅
관상원망 무가지진 유요공화 결위공과 운하힐기 상능멸
義 觀性元眞 唯妙覺明 妙覺明心 先非水火 云何復問 不相
의 관성원진 유묘각명 묘각명심 선비수화 운하부문 불상
容者? 眞妙覺明 亦復如是 汝以空明 則有空現 地水火風
용자 진묘각명 역부여시 여이공명 즉유공현 지수화풍
各各發明 則各各現 若俱發明 則有俱現。
각각발명 즉각각현 약구발명 즉유구현

  드러난 현상으로 보면 원래로 허망하다. 허망한 이것을 가지고 굳이 분별하여 어떻다고 말할 것이 없다. 마치 허공에 나타난 헛꽃에 열매가 달리기를 기다리는 어리석음과 같다. 어떻게 저 허공 가운데서 지수화풍들이 서로 등을 돌리고 서로 밀어버려서 소멸시키지 아니 하는 그 뜻을 알지 못하고 트집을 잡아 말장난을 하겠느냐? 지수화풍을 물질로 보면 서로는 각별하다 하지마는 그들의 성품을 들여다보면 한가지로 원래부터 참된 진공이다. 다만 묘각의 밝음 앞에 드러나 보인 것뿐이다. 묘하게 깨닫고 아는 묘각의 밝은 각성의 마음은 본래 수水도 화火도 그 무엇도 아니다. 그런데 어찌 그것들이 서로 용납을 못하리라고 묻느냐?

  참으로 묘한 각覺의 밝음도 역시 그와 같다. 네가 텅빈 공空

으로 밝히려고 하면 공이 나타나고, 지수화풍 등으로 밝히려고 하면 각각 그렇게 나타나고, 지수화풍을 한꺼번에 다 나타내려고 하면 그렇게 다함께 나타나느니라.

云何俱現？ 富樓那！ 如一水中 現於日影 兩人同觀 水中
운하구현   부루나   여일수중 현어일영 양인동관 수중
之日 東西各行 則各有日 隨二人去 一東一西 先無準的 不
지일 동서각행 즉각유일 수이인거 일동일서 선무준적 불
應難言 此日是一 云何各行 各日旣雙 云何現一 宛轉虛妄
응난언 차일시일 운하각행 각일기쌍 운하현일 완전허망
無可憑據。
무가빙거

부루나야, 다 함께 나타남이라 함이 무엇이냐 하면 예를 들어 같은 물속에 해의 그림자가 나타난 것을 두 사람이 그 물속에서 하나의 해를 함께 보는 것과 같다. 두 사람이 함께 해를 보다가 한 사람은 동쪽으로 가고 또 한 사람은 서쪽으로 가게 되면 물속의 하나의 해도 두 사람을 각각 따라간다. 이렇게 본래 모든 존재는 표준이 없는 것이다. 저 해는 본래로 하나인데 어찌하여 각각 하나의 해가 따라서 가느냐고 의심을 하거나 두 사람을 따라가는 해는 분명히 둘인데 어찌 해가 하나라고 할 수 있겠느냐고 하는 따위의 의구심은 완연히 허망한 생각이어서 이렇게도 저렇게도 예를 들어서 설명을 할 수가 없는 것이다.

富樓那! 汝以色空 相傾相奪 於如來藏 而如來藏 隨爲色
부루나 여이색공 상경상탈 어여래장 이여래장 수위색
空 周遍法界 是故於中 風動空澄 日明雲暗 衆生迷悶 背覺
공 주변법계 시고어중 풍동공징 일명운암 중생미민 배각
合塵 故發塵勞 有世間相
합진 고발진로 유세간상

부루나야, 네가 모든 현상인 색色과 비어 있는 공空이 서로 밀고 당기고 하는 줄로 알면 아니 된다. 왜냐하면 만법이 들어가고 나오는 여래장如來藏에서는 색이 곧 공이 되고 공이 곧 색이 되기도 한다. 이렇게 여래장은 색과 공을 서로 뒤집거나 (相傾) 서로 따르기도 하면서 서로 주고 뺏기(相奪) 때문이다. 이와 같이 여래장은 중생들 소견을 따라서 허상인 색도 되고 텅 비어 있는 공도 되면서 진리의 세계인 법계에 두루 가득 차서 돌고 있느니라.

그러므로 저 법계 가운데서는 바람은 동動하고 허공은 맑고 해는 밝고 구름은 어둡다. 이러한 현상들은 모두 중생들의 허망한 마음이 마치 밝은 달을 가린 구름처럼 명묘한 각을 등진 탓이니라. 밝게 깨닫고 아는 각성을 돌이켜 보지 못하고 마음의 티끌인 식심 분별에 깨닫고 아는 성품인 각성이 계합된 탓이니라.

이러한 까닭으로 티끌 같은 번뇌 망상을 일으켜서 세상 만상의 온갖 고뇌를 다 받고 있는 것이다.

我以妙明 不滅不生 合如來藏 而如來藏 唯妙覺明 圓照法
界 是故於中 一爲無量 無量爲一 小中現大 大中現小 不動
道場 遍十方界 身含十方 無盡虛空 於一毛端 現寶王刹 坐
微塵裡 轉大法輪。

 묘각을 성취한 나는 묘하게 밝기만 한 명묘한 부동의 묘각에 항상 그대로 머물고 있기 때문에 너희 중생들의 마음 같은 생멸심이 없다. 오로지 불생불멸하는 묘명한 여래장에 계합하여서 대광명장을 이루고 있다. 오직 묘하게 깨닫고 밝게 아는 묘각명의 여래장이 되어서 진리의 세계인 법계를 두루 밝게 비추느니라.

 그러므로 저 광명의 통일장인 여래장 가운데서는 하나가 무량수가 되기도 하고 무량이 하나가 되기도 한다. 아주 작은 가운데서 어마어마하게 큰 것을 나투기도 하고 또한 큰 가운데서 작은 것을 나투기도 한다. 그러므로 지금 머물고 있는 이 자리(道場)를 움직이지 않고서도 이 도량을 시방세계에 두루 가득하게도 한다. 이 몸에다가 시방의 끝없는 허공을 다 머금어 받아들이므로 호리 끝에다가 보왕찰寶王刹인 시방 무량 제불세계를 다 나타내고, 미진微塵의 입자 속에 앉아서 끝없이 돌고 도는 진리의 대법륜인 깨달음의 말씀을 전하느니라.

滅塵合覺 故發眞如 妙覺明性
멸 진 합 각　고 발 진 여　묘 각 명 성

　이와 같이 불가사의한 경계는 어떻게 하겠다고 해서 일어나는 것이 아니다. 이와 같은 불가사의 대신통은 식심인 진塵을 증발시켜서 묘각의 광명장으로 몰입이 되었기 때문이다. 번뇌 망상인 진을 멸하여 묘각에 이미 계합시켰기 때문에 묘각의 밝은 참성품의 여래장은 진여를 그대로 드러내 보이는 것이니라.

而如來藏 本妙圓心 非心非空 非地非水 非風非火 非眼
이 여래장　본 묘 원 심　비 심 비 공　비 지 비 수　비 풍 비 화　비 안
非耳 鼻舌身意 非色非聲 香味觸法 非眼識界 如是乃至 非
비 이　비 설 신 의　비 색 비 성　향 미 촉 법　비 안 식 계　여 시 내 지　비
意識界 非明無明 明無明盡 如是乃至 非老非死 非老死
의 식 계　비 명 무 명　명 무 명 진　여 시 내 지　비 노 비 사　비 노 사
盡 非苦非集 非滅非道 非智非得 非檀那非尸羅 非毗梨
진　비 고 비 집　비 멸 비 도　비 지 비 득　비 단 나 비 시 라　비 바 리
耶, 非羼提, 非禪那, 非般剌若, 非波羅蜜多 如是乃至 非
야　　비 찬 제　　비 선 나　비 반 자 야　　비 바 라 밀 다　여 시 내 지
怛闥阿竭 非阿羅訶 三耶三菩 非大涅槃 非常非樂 非我
달 달 아 갈　비 아 라 하　삼 야 삼 보　비 대 열 반　비 상 비 락　비 아
非淨
비 정

　본래로 묘하게 두루 원만한 여래장의 마음摩陰은 식심識心으로 분별하는 심心도 아니고, 텅 비어 있는 공空도 아니며, 지地도 아니고, 수水도 아니며, 풍風도 아니고, 화火도 아니며, 안眼

도 아니고, 이耳·비鼻·설舌·신身·의意도 아니며, 색色도 아니고, 성聲·향香·미味·촉觸·법法도 아니며, 눈으로 보아 의식하는 안식계眼識界도 아니고, 더불어 머리로 분별하는 의식계意識界도 아니니라.

밝은 명明도 빛이 없는 무명無明도 아니고, 밝고 어둠이 다 없어진 것도 아니고, 마침내 늙음(老)도 아니고, 죽음(死)도 아니고, 늙음과 죽음이 다 없어진 것도 아니며, 괴로움인 고苦도 아니고, 끌어들여 모둠인 집集도 아니고, 증발시켜 버리는 멸滅도 아니고, 내적 공백으로 몰입을 시키는 도道도 아니며 체험적 영험인 지智도 아니고, 잃고 얻어지는 득得도 아니니라.

조건 없이 베푸는 보시인 단나檀那도 아니고 순리를 따르는 계율인 시라尸羅도 아니요 정진하는 비리야毘梨耶도 아니요 참는 인욕 찬제羼提도 아니요 깊이 사유하는 선나禪那도 아니요 돌이켜 보는 지혜인 반야般若도 아니요 헌신의 길인 바라밀다波羅密多도 아니며, 마침내 여래 다타가타怛闥阿竭도 아니요 모든 것을 베풀어 주는 응공이신 아라하阿羅訶도 아니요 한없는 세월 동안 무량한 난행고행에서 얻어지는 대각인 삼먁삼보리三藐三菩提도 아니요 구경열반인 대열반大涅槃도 아니고 영원한 상常도 영원한 편안함인 낙樂도 아니요 나라고 할 아我도 아니요 청탁을 여읜 정淨도 아니니라.

以是俱非 世出世故 卽如來藏 元明心妙 卽心卽空 卽地卽
이시구비 세출세고 즉여래장 원명심묘 즉심즉공 즉지즉
水 卽風卽火 卽眼卽耳 鼻舌身意 卽色卽聲 香味觸法 卽
수 즉풍즉화 즉안즉이 비설신의 즉색즉성 향미촉법 즉
眼識界 如是乃至 卽意識界 卽明無明 明無明盡 如是乃至
안식계 여시내지 즉의식계 즉명무명 명무명진 여시내지
卽老卽死 卽老死盡 卽苦卽集 卽滅卽道 卽智卽得 卽檀
즉노즉사 즉노사진 즉고즉집 즉멸즉도 즉지즉득 즉단
那, 卽尸羅, 卽毗梨耶, 卽羼提, 卽禪那, 卽般刺若, 卽
나, 즉시라 즉비리야 즉찬제 즉선나 즉반자야 즉
波羅蜜多 如是乃至 卽怛闥阿竭 卽阿羅訶 三耶三菩 卽大
바라밀다 여시내지 즉달달아갈 즉아라하 삼야삼보 즉대
涅槃 卽常卽樂 卽我卽淨。
열반 즉상즉락 즉아즉정

 이렇게 모든 인연의 조화로 생긴 세간과 인연을 초월한 출세간이 모두가 부정된 절대부정의 자리가 되므로 원래로 밝고 묘한 거울과 같이 두루 다 비추어 드러내 보이는 여래장이 되고 있다. 그러므로 모든 존재가 있는 그대로 다 긍정적으로 드러내 보인다. 그러므로 여래장에서 비추어진 묘한 마음은 곧 심心이요 곧 공이요 곧 지며 곧 수요 곧 풍이며 곧 화며 곧 안이요 이·비·설·신·의며 곧 모든 물질인 색이며 성·향·미·촉·법(앎)이며 곧 두루 비추어 보는 안식계며 마침내 머리로 사유 분별하는 의식계니라. 이렇게 밝게 아는 명과 무의식한 무명이며 이 명과 무명을 다 여읨이다. 곧 늙음(老)이요 죽음(死)이다. 결국에는 노와 사가 다함이며 곧 고요 곧 집이며 곧 멸이요 곧 도요 곧 지요 곧 득이니라.

 곧 단야요 시라요 비리야요 찬제며, 곧 선나요 반야요 바라밀다며 내지 다타가타요 아라하요 삼먁삼보리요 곧 대열반이요 곧 상이요 낙이요 아요 정이니라.

以是俱卽 世出世故 卽如來藏 妙明心元 離卽離非 是卽非
이시구즉 세출세고 즉여래장 묘명심원 이즉리비 시즉비
卽 如何世間 三有衆生 及出世間 聲聞緣覺 以所知心 測度
즉 여하세간 삼유중생 급출세간 성문연각 이소지심 측도
如來 無上菩提 用世語言 入佛知見。
여래 무상보리 용세어언 입불지견

이렇게 모두가 인연 화합의 세간이요 인연 초월의 출세간이다. 그러므로 원래부터 여래장 가운데 묘한 마음은 곧 이것이다, 이것도 아니란 것도 초월해 있다. 그러므로 곧 그것이면서도 그것도 아니다. 이것을 어떻게 세간의 삼계로 떠돌아다니는 삼유중생三有衆生이나 출세간의 성문과 연각들이 마음으로 분별하는 알음알이를 가지고 어떻게 여래의 더 이상 없는 깨달음의 경계를 이해하겠는가. 곧 그것이요 그것도 아니며 이것도 저것도 아니요 아닌 것도 아니면서 곧 그것인 여래장 가운데서 생멸하는 마음으로 사유하는 세간의 언어로써 어찌 부처님이 보시는 지혜의 눈, 불지견으로 들어갈 수가 있겠느냐?

譬如琴瑟 箜篌琵琶 雖有妙音 若無妙指 終不能發 汝與衆
비여금슬 공후비파 수유묘음 약무묘지 종불능발 여여중

生 亦復如是 寶覺眞心 各各圓滿 如我按指 海印發光 汝暫
擧心 塵勞先起 由不勤求 無上覺道 愛念小乘 得少爲足。

　비유하면 마치 거문고(琴)와 큰 거문고인 슬(瑟)과 피리 종
류인 공후箜篌와 음정을 높게 낮게 하는 활 비파琵琶에는 비록
묘한 음이 거기에 있으나 만일 묘한 손가락과 묘한 입술이 없
으면 마침내 묘한 소리를 낼 수 없는 것과 같이 너와 일체 중
생들도 마찬가지다.

　저 여래의 보배로운 묘각(寶覺)인 진심眞心을 저마다 두루 원
만히 다 갖추고 있건마는 너희들은 저 묘한 음을 가진 악기들
을 가지고는 있으나 묘음을 내지 못하는 것과 같다. 여래인
나는 손가락을 짚으면 바다의 무량한 파도가 햇빛을 받아 반
짝이는 해인海印같이 무량광을 발산하는데 너는 잠깐만 마음
을 써도 티끌 같은 번뇌 진로塵勞가 먼저 일어난다. 이렇게 된
까닭은 다 더 이상 없는 묘각의 도를 부지런히 구하지 않고
식심분별을 따르는 소승小乘을 사랑하면서 적은 것을 얻고 만
족하게 여기는 탓이니라."

富樓那言, 我與如來 寶覺圓明 眞妙淨心 無二圓滿 而我昔
遭 無始妄想 久在輪廻 今得聖乘 猶未究竟 世尊諸妄 一切

圓滅 獨妙眞常。 敢問如來 一切衆生 何因有妄 自蔽妙明
원멸 독묘진상 감문여래 일체중생 하인유망 자폐묘명
受此淪溺?
수차윤닉

부루나가 말하였습니다.

"지금 여래께서 성취하신 보배로운 묘각과 같은 마음인 참된 밝은 마음을 우리 모두가 두루 다 원만히 갖추고 있다고 말씀을 하시지만 저는 예전부터 시작도 끝도 없는 망상을 만나 오랫동안 생사의 윤회 속에 있었습니다. 그러다가 지금 성스러운 대승의 가르침을 듣고는 있으나 아직도 구경의 묘각을 깨닫지 못하겠습니다. 세존께서는 이미 모든 망상을 두루 원만히 멸하셨기 때문에 홀로 진실로 영원한 묘각을 이루셨나이다. 제가 이제 감히 여래께 여쭈옵나이다. 일체 중생들은 무슨 까닭으로 허망하게 어두운 망상이 생겨서 본래로 묘한 밝음을 스스로 가리우고 이 생사의 바다에 빠지게 되었습니까?"

佛告富樓那, 汝雖除疑 餘惑未盡 吾以世間 現前諸事 今復
불고부루나 여수제의 여혹미진 오이세간 현전제사 금부
問汝。 汝豈不聞 室羅城中 演若達多 忽於晨朝 以鏡照面
문여 여개불문 실라성중 연야달다 홀어신조 이경조면
愛鏡中頭 眉目可見 瞋責己頭 不見面目 以爲魑魅 無狀狂
애경중두 미목가견 진책기두 불견면목 이위리매 무상광
走 於意云何 此人何因 無故狂走?
주 어의운하 차인하인 무고광주

부처님께서 부루나에게 말씀하셨습니다.

"네가 비록 식심으로 분별하는 의심은 제하였으나 의혹을 품는 마음은 아직 다 없어지지 못하였구나. 내가 세간에 지금 있는 사실로써 네게 묻겠다. 너도 들었을 것이다. 실라벌 성에 살고 있던 연야달다라는 사람이 새벽에 일어나 무심코 거울을 보다가 그 거울 속에 비친 자신의 얼굴을 보니 눈썹과 눈은 그대로 있는데 제 머리에는 얼굴도 눈썹도 눈도 보이지를 않자 홀연히 자신이 이매귀魑魅鬼라는 도깨비가 되었다고 무단히 미쳐서 달아났다고 한다. 너는 어떻게 생각하느냐? 이 사람이 무슨 인연으로 까닭 없이 미쳐서 달아난 것이겠느냐?"

富樓那言, 是人心狂 更無他故。
부 루 나 언   시 인 심 광   갱 무 타 고

부루나가 말씀드렸습니다.
"이 사람은 마음이 미친 것이고 다른 까닭은 없나이다."

佛言, 妙覺明圓 本圓明妙 旣稱爲妄 云何有因 若有所因 云
불언 묘각명원 본원명묘 기칭위망 운하유인 약유소인 운
何名妄? 自諸妄想 展轉相因 從迷積迷 以歷塵劫 雖佛發
하명망   자제망상 전전상인 종미적미 이력진겁 수불발
明 猶不能返。如是迷因 因迷自有 識迷無因 妄無所依 尚
명 유불능반   여시미인 인미자유 식미무인 망무소의 상

無有生 欲何爲滅? 得菩提者 如寤時人 說夢中事 心縱精
무유생 욕하위멸   득보리자 여오시인 설몽중사 심종정
明 欲何因緣 取夢中物? 況復無因 本無所有。如彼城中
명 욕하인연 취몽중물   황부무인 본무소유 여피성중
演若達多 豈有因緣 自怖頭走? 忽然狂歇 頭非外得 縱未
연야달다 개유인연 자포두주   홀연광헐 두비외득 종미
歇狂 亦何遺失?
헐광 역하유실

부처님께서 말씀하셨습니다.

"묘각妙覺은 두루 밝아 본래로 분명하여 명묘한 것이다. 그런데 망령이라고 하니 그렇다면 그 허망한 미친 망령이 생긴 까닭이라도 있겠느냐? 만약 어떤 까닭이 있다면 어찌 망령이라고 하겠느냐? 이런 미친 증세는 스스로 까닭 없이 일어난 것이다. 모든 망상들이 전전하면서 서로 인이 되고 연이 되어서 혼미에 혼미가 연달아 쌓이고 쌓인 것이다. 이와 같은 미혹은 먼지 수 같은 겁을 지내도록 계속되었으므로 설령 부처님이 그들을 깨우치려 하시더라도 그 미친 허망한 망령을 본심으로 돌이키지 못하느니라.

본래로 밝은 각성을 잃은 미혹된 그 원인은 혼미한 그 자체가 원인이 되고 있기 때문이다. 그러므로 미혹한 망령의 원인이 따로 어디에 있을 수가 없다. 이러한 진실을 알면 망령이라고 하는 것이 어디에도 의지할 바가 없게 된다. 그 망령이 일어난 곳이 없는데 무엇을 멸해야 할 것이 있겠느냐?

깨닫고 아는 밝은 각성의 보리菩提를 얻은 사람이 이런 미친

사람을 볼 때는 흡사 잠을 깬 사람이 남의 꿈 이야기를 듣는 것과 같아서 꿈에 있었던 일이 그 사람의 마음에는 분명하지만 무슨 재주로 꿈속에 있었던 일을 현실로 가져올 수 있겠느냐? 더구나 꿈은 무슨 까닭이 없는 것이다. 본래로 꿈이 현실같이 있는 것이 아니기 때문이다.

마치 저 연야달다의 경우와 같은 것이다. 그 미친 광증이 어찌 무슨 인연이 있어서 스스로 미쳤겠느냐? 본래로 있었던 자기의 머리를 가지고 스스로 무서워하면서 달아났겠느냐? 그 미친 환각의 광증이 홀연히 없어지면 본래 자신의 머리는 그대로이다. 미친 환각이 없어졌다고 해서 딴 데서 별도로 새로운 머리를 얻는 것은 아니다. 설사 그 광증이 그치지 않는다 하더라도 그 머리에야 어찌 잃은 것이 있겠느냐?

富樓那! 妄性如是 因何爲在? 汝但不隨 分別世間 業果
부루나 망성여시 인하위재 여단불수 분별세간 업과
衆生 三種相續 三緣斷故 三因不生 則汝心中 演若達多 狂
중생 삼종상속 삼연단고 삼인불생 즉여심중 연야달다 광
性自歇 歇卽菩提 勝淨明心 本周法界 不從人得 何藉劬勞
성자헐 헐즉보리 승정명심 본주법계 부종인득 하자구로
肯綮修證。
긍계수증

譬如有人 於自衣中 繫如意珠 不自覺知 窮露他方 乞食馳
비여유인 어자의중 계여의주 부자각지 궁로타방 걸식치
走 雖實貧窮 珠不曾失。忽有智者 指示其珠 所願從心 致
주 수실빈궁 주부증실 홀유지자 지시기주 소원종심 치

大饒富 方悟神珠 非從外得
대요부 방오신주 비종외득

부루나야, 망령의 성품이라는 것이 이렇게 허망한 것이니 무슨 까닭이 어디에 따로 있겠느냐?

네가 다만 자연으로 존재하는 세간이란 것과, 지어서 받는 업보란 것과, 중생이란 이 세 가지가 서로 어울려져 상속함을 보고 이를 분별하지 않으면서 살생하고 도적질하고 음행하는 세 가지 악연을 끊고 다시는 음란한 욕탐과 살생을 하려는 살탐殺貪과 도적질하려는 도탐盜貪을 아니 하면 세간에 나고 업보를 받고 중생으로 다시 태어나는 세 가지 큰 원인이 생기지 아니하리라.

이와 같은 세 가지 원인이 없어지면 너희들의 마음 가운데도 있을 수 있는 연야달다의 미친 성품은 스스로 쉬게 될 것이다. 너희들이 연야달다의 미친 경우를 보고 이것은 인연이다 업이다 중생이다 하는 막연한 분별심을 멀리하여 그 망령된 망상이 쉬기만 하면 곧 깨달음의 밝은 각성이 드러나게 된다. 각성의 보리는 본래로 뛰어나게 맑고 밝은 마음이다. 이 보리심은 법계에 두루 가득한 것이다. 저 깨달음의 밝은 각성은 다른 이로부터 얻을 것이 아니다. 그런데 어찌 수고롭게 도를 닦아서 증득할 것이 있겠느냐?

마치 어떤 사람이 자기의 옷 속에 여의주를 간직하고 있으면서도 전연 알지 못하고 곤궁한 신세가 되어서 타향으로 떠돌아다니면서 거지 노릇을 하는 것과 같다. 이 사람이 비록 빈궁한 것은 사실이나 그 여의주는 자기 옷 속에서 없어진 것은 아니다. 이때에 문득 지혜 있는 사람이 여의주가 그대의 옷 속에 있다고 가르쳐 주면 그 사람은 여의주가 있음을 알고 원하는 것을 마음대로 이루어서 큰 부자가 될 것이다. 그때서야 비로소 신기한 그 구슬이 밖에서 얻어진 것이 아님을 알게 되느니라."

15. 인연因緣이라는 의심을 풀다

卽時阿難 在大衆中 頂禮佛足 起立白佛, 世尊現說 殺盜淫
業 三緣斷故 三因不生 心中達多 狂性自歇 歇卽菩提 不從
人得 斯則因緣 皎然明白 云何如來 頓棄因緣? 我從因緣
心得開悟。世尊! 此義何獨 我等年少 有學聲聞 今此會中
大目犍連 及舍利弗, 須菩提等 從老梵志 聞佛因緣 發心開
悟 得成無漏 今說菩提 不從因緣 則王舍城 拘舍梨等 所說
自然 成第一義。惟垂大悲 開發迷悶!

그때에 아난이 대중 가운데 있다가 부처님의 발에 절하고 일어서서 사뢰었습니다.

"세존께서 지금 말씀하시기를 죽이고(殺) 훔치고(盜) 음행하는(淫) 행위로 짓는 삼연三緣이 끊어지면 살생하고 도적질하고 음행하는 세 가지 까닭이 생기지 아니하여 연야달다와 같은 미친 성품은 스스로 쉬게 된다고 하셨습니다. 이 세 가지 원인이 되는 삼인三因이 쉬기만 하면 곧 밝은 깨달음인 보리菩提이므로 깨달음의 보리는 다른 데로부터 얻는 것이 아니라 하셨습니다.

그렇다면 인연因緣인 것이 분명합니다. 그런데 어찌하여 여래께서는 인연을 아주 버리시나이까? 저도 인연으로 말미암아 마음이 열리었나이다. 그런데 세존이시여, 이러한 이치는 어찌 나이 어린 저뿐이겠습니까? 배울 것이 있는 유학과 성문뿐이겠습니까? 이 회중에 있는 대목건련, 사리불, 수보리 등도 본래 늙은 범지梵志들이었습니다. 그런데 부처님이 말씀하신 인연법을 듣고 마음이 열리어 번뇌가 일어나지 않는 무루無漏를 이루었습니다. 그런데 지금 세존의 말씀은 보리는 인연으로 얻는 것이 아니라고 하시니 그렇다면 왕사성의 구사리拘舍梨 등이 말하는 자연이 제일의第一義가 되겠습니다. 바라건대 대비를 베푸시어 이 답답함을 열어 주소서."

佛告阿難, 卽如城中 演若達多 狂性因緣 若得滅除 則不狂
性 自然而出 因緣自然 理窮於是。阿難！ 演若達多 頭本
自然 本自其然 無然非自 何因緣故 怖頭狂走？ 若自然頭
因緣故狂 何不自然 因緣故失？ 本頭不失 狂怖妄出 曾無
變易 何藉因緣？ 本狂自然 本有狂怖 未狂之際 狂何所潛
不狂自然 頭本無妄 何爲狂走？ 若悟本頭 識知狂走 因緣
自然 俱爲戲論。是故我言 三緣斷故 卽菩提心。

菩提心生 生滅心滅 此但生滅。滅生俱盡 無功用道 若有自
然 如是則明 自然心生 生滅心滅 此亦生滅。無生滅者 名
爲自然 猶如世間 諸相雜和 成一體者 名和合性 非和合者
稱本然性 本然非然 和合非合 合然俱離 離合俱非 此句方
名 無戱論法。

부처님께서 말씀하셨습니다.

"아난아, 저 실라벌 성의 연야달다에게 미치게 된 인연이 없어지면 미치지 않은 성품이 저절로 나타날 것이다. 인연이라 자연이라 하는 말들이 여기에서 끝나느니라. 아난아, 연야달다의 머리가 자연이라면 본래부터 스스로 그렇게 생긴 것이어서 무엇이나 자연 아닌 것이 없을 터인데 무슨 인연으로 자신의 머리가 무섭다고 미쳐서 달아났겠느냐?

만일 자연인 머리가 인연 때문에 그 사람이 미쳤다면 어찌하여 인연 때문에 자연으로 생긴 머리가 없어지지 않았느냐? 본래 머리가 없어진 것도 아닌데 공연히 미친 공포가 허망하게 일어난 것일 뿐이다. 그 사람의 머리에는 달라진 것이 아무것도 없다. 그런데 어떻게 어떤 까닭(因緣)이 있어서 미쳤다고 하겠느냐?

미친 것이 자연이라면 본래부터 그 미친 증세가 있었어야 할 것이다. 그렇다면 미치기 전에는 그 미친 광증이 어디에

숨어 있었느냐? 미치지 않은 것이 자연이라면 머리가 본래부터 잘못된 것이 없었는데 어찌하여 미쳐서 달아났더냐?

만약에 그 사람이 본래의 머리를 잘못 착각해서 미쳐서 달아났었다는 사실을 스스로 알게 되면 인연이니 자연이니 하는 말들이 모두 말장난인 희론戱論일 뿐이다. 그러므로 내가 말하기를 업보니 자연이니 인연이니 하는 삼연三緣이 끊어지면 곧 깨달음인 보리심이라고 하느니라.

만일 맑고 밝은 보리심이 생긴다면 일어났다 멸했다 하는 생멸심生滅心은 이미 없을 것이다. 이것도 다만 생멸일 뿐이다. 멸滅과 생生이 모두 소멸되어야만 생멸이 의지할 데가 없는 아무것도 할 일이 없는 무공용無功用의 깨달음인 보리인 것이다. 만약 깨달음의 보리에 자연이 있다고 한다면 이는 식심으로 분별하는 자연심이 일어났다 멸하는 생멸심인 것이다. 이렇게 자연심이 생하고 멸하는 이것도 역시 생멸심이니라.

만약 생멸이 없는, 아무것도 없는 이것을 가지고 자연이라고 한다면 그건 마치 세간에서 모든 것이 섞이어서 한 덩어리가 된 것을 화합성이라 하고, 화합이 아닌 것을 본연성本然性이라고 하는 것과 같은 것이다. 본연이다 본연이 아니다, 화합이다 화합이 아니다라고 말들을 하고 있다. 하지만 나고 없어지는 생멸이 멸해 버린 이것은 화합이다 본연이다 하는 것들을 모두 여의었다 여의지 않았다 하는 것까지도 모두 부정된 것이어야만 한다. 이러한 말이나 글이 아닌 것이 되어야만 비로소 말장난이 있을 수가 없는 깨달음의 진리(法)라고 하느니라.

菩提涅槃 尙在遙遠 非汝歷劫 辛勤修證 雖復憶持 十方如
보리열반 상재요원 비여역겁 신근수증 수부억지 시방여
來 十二部經 淸淨妙理 如恒河沙 祇益戲論。汝雖談說 因
래 십이부경 청정묘리 여항하사 지익희론 여수담설 인
緣自然 決定明了 人間稱汝 多聞第一 以此積劫 多聞熏習
연자연 결정명료 인간칭여 다문제일 이차적겁 다문훈습
不能免離 摩登伽難 何須待我 佛頂神咒 摩登伽心 淫火頓
불능면리 마등가난 하수대아 불정신주 마등가심 음화돈
歇 得阿那含 於我法中 成精進林 愛河乾枯 今汝解脫?
헐 득아나함 어아법중 성정진림 애하간고 금여해탈
是故阿難 汝雖歷劫 憶持如來 秘密妙嚴 不如一日 修無漏
시고아난 여수역겁 억지여래 비밀묘엄 불여일일 수무루
業 遠離世間 憎愛二苦。如摩登伽 宿爲淫女 由神咒力 鎖
업 원리세간 증애이고 여마등가 숙위음녀 유신주주력 쇄
其愛欲 法中今名 性比丘尼 與羅睺母 耶輸陀羅 同悟宿因
기애욕 법중금명 성비구니 여라후모 야수다라 동오숙인
知歷世因 貪愛爲苦 一念薰修 無漏善故 或得出纏 或蒙授
지력세인 탐애위고 일념훈수 무루선고 혹득출전 혹몽수
記 如何自欺 尙留觀聽?
기 여하자기 상류관청

너는 아직도 보리와 열반이 요원하구나. 네가 여러 겁을 지내면서 애써 닦아서 증득할 수 있는 것이 아니며, 또한 시방 여래의 12부경의 청정하고 묘한 이치를 항하의 모래만큼 기억하여 지닌다고 하더라도 그건 다만 희론만 더할 뿐이니라. 네가 비록 인연과 자연에 대하여 아주 명료하게 말을 잘 한다 하더라도 세상 사람들은 너를 많이 듣기로는 제일이라고 말할 것이다. 하지만 다문제일多聞第一이라 하는 것은 여러 겁을 들음을 쌓아 익혀온 암기력일 뿐이다. 너는 그 엄청난 기억력을 가지고도 마등가의 난 같은 것을 만나서는 어찌할 수 없지 않았느냐?

다만 나의 불정신주佛頂神呪에 의지하고서야 마등가는 마음 속에 음욕의 불길이 한꺼번에 꺼지면서 아나함과阿那含果를 얻었고 지금 해탈로 가는 무리의 법 가운데서 정진림精進林을 이루었다.

그러므로 아난아, 네가 여러 겁을 여래의 비밀하고 묘하게 장엄한 경전을 다 기억하여 가지더라도 단 하루 동안 식심을 각성으로 돌이키어 샘이 없는 업을 닦는 것만 못하다. 그래야만 세간의 미움과 사랑의 두 가지 괴로움을 영원히 여의게 된다. 저 마등가는 조금 전만 해도 몸 파는 음녀였다. 하지만 신주神呪의 힘으로 수만 생의 애욕이 소멸되어 지금 불법에 들어와서 성비구니性比丘尼란 이름으로 라후라의 어머니 야수다라와 함께 과거의 인연을 깨닫고 여러 세상을 살아온 그 까닭(因)이 탐욕과 애욕에 있음을 알았다. 모든 고뇌의 원인이 모두 탐애貪愛에 있음을 깨친 것이다. 그리고 한 생각 사이에 번뇌 망상을 일으키는 식심을 샘이 없는 각성으로 돌이키어 무루선無漏禪을 잘 닦고 있다. 그러므로 혹심으로 생기는 얽매임에서 벗어난 아나함과阿那含果를 얻었다고 수기를 받은 것이다. 그런데 너는 어찌하여 스스로 네 어두운 마음에 속아서 아직도 보고 듣는 식심에 머물고 있느냐?"

[해설]

마등가는 부처님이 외우신 능엄신주楞嚴神呪를 듣고서 그 신주神呪의 위신력으로 곧바로 수만 생의 애욕이 말라버리면서 윤회하는 식심에서 벗어나 다시는 범부로 태어나지 않는 아나함과를 얻었다고 경문에서 밝히고 있습니다.

또 천수경에서 관세음보살은 천광여래千光如來께서 관음보살의 이마를 손으로 만지시면서 직접 신묘장구대다라니神妙章句大多羅尼를 외우시는 소리를 듣고 곧바로 초지 보살에서 팔지 보살로 뛰어올랐다고 밝히고 있습니다. 이와 같은 모든 신주는 성불을 하신 부처님들만이 설하실 수가 있습니다. 그 신주력의 불가사의는 영적인 깨달음만이 아니고 현실로도 여러 가지 기적이 일어납니다.

저 문경 봉암사는 신라 고찰로 지금도 유명합니다. 한때 6·25전쟁으로 폐허가 되어 버렸습니다. 전쟁 참화로 다 타버린 절에는 철로 만든 비로자나 대불이 다 타서 녹고 또한 파손되어서 눈뜨고는 볼 수 없었는데, 이 참혹하게 부서진 불상을 누군가가 산비탈에 기대어 놓고는 아쉬운 대로 솔가지로 이리저리 임시로 덮어 둔 형편이었습니다.

 필자가 20대에 이 모양을 보고 만단수심에 빠져 있을 때에 주지스님도 보지는 못했다는 봉암사 사적기에 파괴된 부처님과 똑같은 비로자나 부처님 한 분을 더 조성해서 경내 어딘가에 숨겨 두었다는 글귀가 있다고 해서 불초가 이곳저곳을 찾아다니며 있을 만한 사지寺址를 파 보기도 했습니다.

 그때에 필자가 향로전에 앉았다가 잠깐 꿈을 꾼 이야기입니다. 그 당시 임시로 신축한 법당에는 해수 관세음보살상 한 분만이 서 계셨습니다. 그런데 그 관음보살상은 보이지 않고 뜻밖에 비로자나 부처님이 앞에 앉아 계시는 화신불의 등을 손가락으로 지적하시니 화신불이 조용히 일어나면서 법당 마루를 걸으며 신주를 외우시니 다 타버린 절터에는 장엄한 대찰이 일어나고 많은 비구 대중들이 도량에 가득함을 보았습니다. 입신 화신불이 외우시는 신주의 놀라움에 깜빡 하는 순간 몽류삼매에서 깨어났습니다.

 그 후로 문경 봉암사는 오늘날 세상이 다 보는 바와 같이 이 나라에 다시 없는 대선찰로 손색없는 훌륭한 선 사찰의 모습을 두루 갖추고 있습니다.

그때 화신불이 외우신 신주의 그 위신력으로 천하제일의 불도량이 되고 있음을 증명하는 바입니다.

삼마제三摩提를 말하여 일문一門으로 들어가게 하다

16. 두 가지 결정決定한 뜻

阿難 及諸大衆 聞佛示誨 疑惑銷除 心悟實相 身意輕安 得
아난 급제대중 문불시회 의혹소제 심오실상 신의경안 득
未曾有 重復悲泣 頂禮佛足 長跪合掌 而白佛言, 無上大悲
미증유 중부비읍 정례불족 장궤합장 이백불언 무상대비
淸淨寶王 善開我心 能以如是 種種因緣 方便提獎 引諸沈
청정보왕 선개아심 능이여시 종종인연 방편제장 인제심
冥 出於苦海。世尊！我今雖承 如是法音 知如來藏 妙覺
명 출어고해 세존 아금수승 여시법음 지여래장 묘각
明心 遍十方界 含育如來 十方國土 淸淨寶嚴 妙覺王刹 如
명심 변시방계 함육여래 시방국토 청정보엄 묘각왕찰 여
來復責 多聞無功 不逮修習 我今猶如 旅泊之人 忽蒙天王
래부책 다문무공 불체수습 아금유여 여박지인 홀몽천왕
賜與華屋。雖獲大宅 要因門入 唯願如來 不捨大悲 示我在
사여화옥 수획대택 요인문입 유원여래 불사대비 시아재
會 諸蒙暗者 捐捨小乘 畢獲如來 無餘涅槃 本發心路。令
회 제몽암자 연사소승 필획여래 무여열반 본발심로 영
有學者 從何攝伏 疇昔攀緣 得陀羅尼 入佛知見！
유학자 종하섭복 주석반연 득다라니 입불지견

作是語已 五體投地 在會一心 佇佛慈旨。
작시어이 오체투지 재회일심 저불자지

아난과 대중들이 부처님의 가르치심을 듣고, 의혹이 없어졌습니다. 묘각의 실상을 깨달아 몸과 마음이 가볍고 편안해졌습니다. 이러한 미증유를 얻고 다시 눈물을 흘리면서 부처님 발에 정례하고는 꿇어앉아 합장한 채 부처님께 사뢰었습니다.

"더 없이 높으시고 대자대비하옵신 맑고 깨끗한 진리의 왕이시어, 저희들의 마음을 잘 열어 주셨습니다. 이러한 갖가지 인연과 방편으로 어둠에서 이끌어 내어 고해에서 건져 주시었나이다.

세존이시여, 저희가 이제 이러한 진리의 말씀을 듣고는 여래장인 묘각의 밝은 마음은 시방의 세계에 두루 청정하게 장엄한 부처님의 국토도 다 함유하고 있음을 알았습니다. 하오나 여래께서 다시 책망하시기를, '많이 듣기만 하는 것은 공功이 없으니 닦아서 익히는 것만 못하다'고 하시니 저희는 마치 떠도는 나그네가 임금이 주는 화려한 집을 받은 것과 같나이다. 비록 큰 저택을 얻었으나 그 집의 문을 찾아서 들어가야 하는데 도무지 어느 쪽 어느 문으로 어떻게 들어가야 할지를 알지 못하나이다.

바라옵건대 여래께서 다시 대비를 베푸시어 이 모임에 있는 몽매蒙昧한 이들을 깨우쳐 주소서. 저희들로 하여금 소승을 버리고 여래의 무여열반無餘涅槃으로 나아가는 근본 발심을 얻게 하소서. 처음으로 배우는 유학有學들이 어떻게 해야만 옛날로부터 익혀온 반연심攀緣心을 거두어들여서 항복을 받고 온갖 슬기(陀羅尼)를 얻어 부처님의 지견智見으로 들어갈 수가 있겠나이까?"

이렇게 말하고는 오체五體를 땅에 대고 그 모임의 대중들이 일심으로 부처님의 자비하신 말씀을 기다렸습니다.

爾時世尊 哀愍會中 緣覺聲聞 於菩提心 未自在者 及爲當
이시세존 애민회중 연각성문 어보리심 미자재자 급위당
來 佛滅度後 末法衆生 發菩提心 開無上乘 妙修行路 宣示
래 불멸도후 말법중생 발보리심 개무상승 묘수행로 선시
阿難 及諸大衆
아난 급제대중

이때 세존께서 회중에 있는 성문聲聞·연각緣覺들과 아직 깨달음으로 들어가는 각성覺性인 보리심을 스스로 깨닫지 못한 이들을 가엾이 여기시고, 또 이 다음 부처님이 열반하신 후에라도 바르게 수행하지 못하는 말법末法시대의 중생들로 하여금 깨닫는 마음(菩提心)을 바로 알려 주시려고 하셨습니다. 또 먼 훗날 더 이상 없는 대승들이 수행을 하는 그 길도 깨우쳐 주시려고, 아난과 대중들에게 말씀하셨습니다.

汝等決定 發菩提心 於佛如來 妙三摩提 不生疲倦 應當先
明 發覺初心 二決定義.
云何初心 二義決定? 阿難! 第一義者 汝等若欲 捐捨聲
聞 修菩薩乘 入佛知見 應當審觀 因地發心 與果地覺 爲同
爲異. 阿難! 若於因地 以生滅心 爲本修因 而求佛乘 不
生不滅 無有是處.

"너희들이 결정코 깨달으려는 마음을 내었다면 반드시 여래께서 수행을 하신 세 가지 관법 삼마제三摩提로 수행을 해야 한다. 그래야만 수행할 때에 심란한 심신의 피로와 권태로움 때문에 싫증을 내지 않게 된다. 그렇게 수행을 하려면 마땅히 내면에서 항상 주시하는 묘명한 각성을 발명해야만 한다.

처음으로 수행할 마음을 가질 때에 반드시 두 가지 결정한 뜻을 먼저 밝게 알아야 하느니라.

어떠한 것을 초심初心으로 수행하는 사람의 두 가지 결정決定한 뜻이라 하느냐?

아난아, 첫째는 너희들이 식심으로 분별하고 사유하는 마음을 버리고 묘명하게 두루 밝게 깨닫고 아는 각성으로 신심을 은밀히 주시해야 한다. 만법을 항상 주시하는 보살들이 닦는 각관覺觀하는 방법으로 수행을 해야만 한다. 그래야만 부처님의 지견智見으로 바로 들어갈 수가 있다. 그렇게 수행을 하자면 마땅히 처음 발심할 때에 심신의 밑바탕에 항상 밝게 깨어 있는 각성을 발견하고 그 각성을 밑바탕에 둔 인지심因地心으로 수행을 해야 한다. 그렇게 인지심인 각성으로 항상 주시하면 자연스럽게 몸과 마음을 드러내어 보이는 각성을 발견하게 된다.

반드시 이렇게 각관의 관심법觀心法을 가지고 수행을 하고 있는지 아닌지 자세히 살펴보아야 한다. 각성을 의식하는 인지因地에서 깨닫는 발심發心을 해야만 대승 보살들이 수행해서 나아가는 등각等覺의 지위地位로 올라가게 된다. 그러므로 네가 지금 수행을 하고 있는 참선의 주체 의식이 묘각의 각성인가 아니면 생멸심인가를 자세히 살펴야 하느니라.

아난아, 깨달음으로 들어가고자 하면 우선 마음의 밑바탕 인지因地가 생멸심을 가지고 수행을 하면 아니 된다. 오직 나지도 않고 멸하지도 않는 불생불멸의 불승佛乘의 경지인 묘각을 구하려고 도를 닦아야 하며, 공연히 생멸심을 가지고 수행의 방편으로 삼는 것은 옳지 아니하니라.

以是義故 汝當照明 諸器世間 可作之法 皆從變滅。阿難！
이시의고　여당조명　제기세간　가작지법　개종변멸　아난

汝觀世間 可作之法 誰爲不壞？ 然終不聞 爛壞虛空 何以
여관세간　가작지법　수위불괴　연종불문　난괴허공　하이

故 空非可作 由是始終 無壞滅故。則汝身中 堅相爲地 潤
고 공비가작 유시시종 무괴멸고 즉여신중 견상위지 윤
濕爲水 煖觸爲火 動搖爲風 由此四纏 分汝湛圓 妙覺明心
습위수 난촉위화 동요위풍 유차사전 분여담원 묘각명심
爲視爲聽 爲覺爲察 從始入終 五疊渾濁。
위시위청 위각위찰 종시입종 오첩혼탁

그러한 까닭으로 네가 인연법으로 이루어진 기세간器世間을 분명히 잘 보아야 한다. 조화로 만들어진 모든 존재(法)는 모두가 변하여 필경에는 멸한다. 아난아, 너는 세간에서 인연 화합으로 만들어진 법을 잘 관찰해 보아라. 어느 것이라도 파괴되어 멸망하지 않는 것이 있느냐?

그러나 저 허공이 변하여 무너진다는 말은 듣지도 못하였을 것이다. 왜냐하면 허공은 인연화합으로 만들어진 것이 아니기 때문이다. 그러므로 저 허공은 처음부터 나중까지 그대로 존재하는 것이지 괴멸되지 않느니라.

너의 몸 가운데서 굳은 것은 지대地大요, 젖은 습기는 수대水大요, 따뜻한 것은 화대火大요, 요동하는 것은 풍대風大니라.

이 네 가지 사대四大로 얽힌 것이 너의 육신이다. 그 몸이 너의 맑고 원만한 묘각의 밝은 각성을 분리시켜서 온갖 기관을 만들었다. 그래서 너의 몸은 눈으로 보고 귀로 듣고 몸으로 느끼고 육감으로는 두루 깨닫게 되었다. 그러므로 너의 몸은 처음부터 끝까지 다섯 겹으로 얽히고설켜서 혼탁混濁하게 되었느니라.

云何爲濁? 阿難! 譬如淸水 淸潔本然 卽彼塵土 灰沙之
倫 本質留礙 二體法爾 性不相循 有世間人 取彼土塵 投於
淨水 土失留礙 水亡淸潔 容貌汩然 名之爲濁 汝濁五重 亦
復如是。

　어떤 것을 탁濁이라 하느냐?

　아난아, 맑은 물은 본래부터 청결하여 맑다. 그리고 진흙과 회사灰沙의 흙모래 종류는 그 본질이 묽고 탁하여 불투명한 것이다. 그래서 맑은 물과 진흙의 두 성품은 서로 같지 않으니라. 세상 사람이 저 진흙을 가져다가 깨끗한 맑은 물그릇에 넣게 되면, 진흙의 덩어리는 굳어 막힘(留礙)을 잃어버리고 물은 본래로 청결하여 투명함을 잃게 된다. 이 모양에서 흐리터분한 것을 탁(濁)이라 이름한다. 너희들의 마음도 이와 같이 오음五陰(色·受·想·行·識)이란 오감으로 말미암아 묘각의 맑고 청정한 각성이 혼탁하게 되었다. 이것을 오탁五濁이라 한다. 너희들의 각성이 이렇게 마음의 속성인 오음의 다섯 겹으로 혼탁하게 된 것도 이와 마찬가지니라.

阿難! 汝見虛空 遍十方界 空見不分 有空無體 有見無覺
相織妄成 是第一重 名爲劫濁。汝身現搏 四人爲體 見聞覺

知 壅令留礙 水火風土 旋令覺知 相織妄成 是第二重 名爲
見濁。 又汝心中 憶識誦習 性發知見 容現六塵 離塵無相
離覺無性 相織妄成 是第三重 名煩惱濁。 又汝朝夕 生滅不
停 知見每欲 留於世間 業運每常 遷於國土 相織妄成 是第
四重 名衆生濁。 汝等見聞 元無異性 衆塵隔越 無狀異生。
性中相知 用中相背 同異失準 相織妄成 是第五重 名爲命
濁。

아난아, 허공이 시방계에 두루 함을 네가 볼 때에, 저 허공과 그 허공을 보는 견見은 전연 구분되지 아니 한다. 그러므로 허공은 그 자체가 없고, 사물을 드러내어 보이는 견은 비추는 거울과 같아서 깨닫고 아는 각성이 없다. 이렇게 허공과 비추는 견이 서로 어우러져서 첫째로 허공과 견이 중첩되어 불분명하게 된 이것을 겁탁劫濁이라 한다.

또 네 몸은 사대를 뭉쳐서 육체가 되었다. 이 육체가 보는 견見과 듣는 문聞과 느끼는 각覺과 아는 알음알이인 지知를 뭉쳐서 장애(留礙)가 되었다. 그러므로 이 몸은 물 기운 불 기운 바람 기운 흙 기운을 몸으로 느끼고 알게 되었다. 이렇게 견見·문聞·각覺·지知하는 지각과 사대육신이 서로 얽히고 한데 어우러져서 허망한 감각계感覺系가 되었다. 이것이 두 번째로 육체와 감각계가 서로 중첩된 견탁見濁이라 하느니라.

또 너의 마음 가운데에 기억(憶)하고 의식(識)하고 외워 익히는 것이 성품으로는 이것이다 저것이다 하는 앎을 깨닫게 하는 지견知見을 내고, 현상으로는 색성향미촉법이란 육진六塵을 드러낸다. 그래서 이 육진을 여의고는 지각되는 현상이 없다. 깨닫는 각覺을 여의고는 육진이란 그 자체의 성품이 없다. 이렇게 깨닫는 지각과 육진이 서로 얽히고 어우러져서 허망한 것이 되었다. 이것이 세 번째로 중첩된 기억하고 의식하고 외워 익히는 번뇌탁煩惱濁이라 하느니라.

　또 네가 조석朝夕으로 잠시도 멈추지 않고 생멸하는 정신은 세간에 머물러서 영원히 살고자 한다. 그래서 좋은 직업을 가지고 잘 살고자 하는 업운業運은 매양 이 국토에서 너를 떠돌게 한다. 이렇게 세간과 국토를 전전하면서 잘 살고자 하는 운명과 정신이 서로 어우러져서 허망한 것이 되었다. 이것이 네 번째로 중첩된 조석으로 생멸하는 중생탁이라 하느니라.

　너희들이 보고 듣고 하는 것이 원래로 다른 성품이 없건만 뭇 생각의 티끌들이 막히어 뛰어넘게 됨으로 까닭 없이 다름이 생겼느니라. 성품 가운데서는 서로 같지만 작용하는 기능 가운데서는 서로 위배가 되므로 같음과 다름이 기준을 잃었다. 이것들이 서로 얽히고 어우러져서 보고 듣는 허망한 것이 되었다. 이것을 다섯 번째로 중첩된 명탁命濁이라 하느니라.

阿難! 汝今欲令 見聞覺知 遠契如來 常樂我淨 應當先擇
死生根本 依不生滅 圓湛性成 以湛旋其 虛妄滅生 伏還元
覺 得元明覺 無生滅性 爲因地心 然後圓成 果地修證。如
澄濁水 貯於靜器 靜深不動 沙土自沈 淸水現前 名爲初伏
客塵煩惱 去泥純水 名爲永斷 根本無明。明相精純 一切變
現 不爲煩惱 皆合涅槃 淸淨妙德。

아난아, 네가 이제 보고 듣고 깨닫고 알고 하는 식심 분별을 가지고 여래의 상常·낙樂·아我·정淨에 계합하려고 하거든, 먼저 생멸하는 생사의 뿌리가 무엇인가를 가려내야 한다. 반드시 생멸하지 않는 각성을 발견해야만 한다. 각성의 성품은 두루 원만하고 항상 밝고 맑은 것이다. 이를 의지해서 도를 이루어야 한다.

저 두루 원만한 묘각의 각성으로 허망하게 생멸하는 생멸심을 돌이켜 굴복시켜야 한다. 너희들이 본래로 명묘한 묘각의 빛인 각성으로 다시 돌아가고자 하면 원래부터 생멸하는 성품이 없는 밝게 깨닫고 두루 아는 명각明覺을 인지심因地心으로 삼은 연후에야 묘각으로 들어갈 수가 있다. 그래야만 저 등각等覺 보살들이 닦아 올라가는 등각의 지위로 갈 수가 있다. 이렇게 등각의 지위를 증득한 연후에라야 마침내 묘각妙覺을 원만히 성취하게 되느니라.

흐린 물을 맑히려면, 그릇에 담긴 물이 고요히 되도록 물그릇을 그대로 두고 움직이지 않게 되면 저절로 흙과 모래(沙土)는 가라앉고, 맑은 물은 떠오르게 된다. 이러한 이치로 처음부터 수행을 하면 주위 환경으로부터 오는 괴로움이나 상대적으로 일어나는 객진번뇌客塵煩惱를 항복받아 끊게 된다. 만약 가라앉은 앙금과 같은 번뇌 망상을 버리고, 순전한 맑은 물만 남는 것과 같은 경계에 이른다면 근본 무명인 마음을 영원히 끊는 것이 되느니라. 밝은 각성으로 정밀하게 마음이 청순해지면 일체가 변형을 이루게 된다. 그렇게 되면 고달픈 번뇌가 일어나지 않고, 온갖 고뇌를 벗어나서 청정한 열반의 묘한 풍요로운 묘덕妙德에 녹아들게 된다.

第二義者 汝等必欲 發菩提心 於菩薩乘 生大勇猛 決定棄
제 이 의 자   여 등 필 욕   발 보 리 심   어 보 살 승   생 대 용 맹   결 정 기
捐 諸有爲相 應當審詳 煩惱根本 此無始來 發業潤生 誰作
연   제 유 위 상   응 당 심 상   번 뇌 근 본   차 무 시 래   발 업 윤 생   수 작
誰受。阿難！ 汝修菩提 若不審觀 煩惱根本 則不能知 虛
수 수   아 난   여 수 보 리   약 불 심 관   번 뇌 근 본   즉 불 능 지   허
妄根塵 何處顚倒 處尚不知 云何降伏 取如來位？ 阿難！
망 근 진   하 처 전 도   처 상 부 지   운 하 항 복   취 여 래 위   아 난
汝觀世間 解結之人 不見所結 云何知解？ 不聞虛空 被汝
여 관 세 간   해 결 지 인   불 견 소 결   운 하 지 해   불 문 허 공   피 여
隳裂 何以故 空無相形 無結解故。則汝現前 眼耳鼻舌 及
휴 렬   하 이 고   공 무 상 형   무 결 해 고   즉 여 현 전   안 이 비 설   급
與身心 六爲賊媒 自劫家寶 由此無始 衆生世界 生纏縛故
여 신 심   육 위 적 매   자 겁 가 보   유 차 무 시   중 생 세 계   생 전 박 고

於器世間 不能超越。
어 기 세 간 불 능 초 월

둘째는 너희들이 반드시 묘각을 이루겠다는 마음을 내고 세간법과 출세간법을 뛰어넘어서 그 양면성을 주시하는 자로 남는 보살승菩薩乘에 큰 용맹심을 내어야 한다. 결정코 있고 없고 하는 생멸이 있는 현상과 번뇌 망상인 유위상有爲相을 모두 버리려거든, 마땅히 번뇌의 근본 뿌리를 자세히 살펴보아야 한다. 이 번뇌의 뿌리는 시초가 없는 때로부터 업을 짓는 행위로부터 생을 불러왔다. 그러므로 누가 지어서 누가 받는가를 관찰해 보아라.

아난아, 네가 깨달음으로 가기 위해서 마음을 닦으면서 번뇌의 근본 뿌리를 자세히 살펴보지 않고서는 안 된다. 그렇지 않으면 인연도 자연도 화합도 아닌 허망으로 생긴 육근으로 반연된 식심識心이 어디가 전도顚倒되어 있는 곳인지를 알지 못한다. 거꾸로 된 곳을 알지 못한다면 어떻게 육근으로 빚어진 식심으로 일어난 번뇌를 항복받고 묘각의 여래장으로 들어가겠느냐?

아난아, 너는 세간에서 매듭 푸는 사람을 보았을 것이다. 맺힌 데를 보지 못하고야 어떻게 푸는 방법을 알겠느냐? 저 허공이 누구에게 파괴되었다는 말은 듣지 못했을 것이다. 왜냐하면 허공은 본디 형상이 없기 때문에 맺고 풀고 할 수가 없는 까닭이다.

 현재 너의 눈, 귀, 코, 혀, 몸, 뜻이라고 이름하는 꾀 많은 여섯 도둑이 네 집안의 재보를 겁탈해 가는 것과 같은 것이 너희들의 몸과 마음이다. 이것들이 비롯함이 없는 때로부터 지금까지 중생세계에 묶이고 얽힌 탓으로, 인연 화합으로 조직화된 세간으로부터 초월하지 못하느니라.

阿難! 云何名爲 衆生世界? 世爲遷流 界爲方位 汝今當知 東西南北 東南西南 東北西北 上下爲界 過去未來現在爲世 方位有十 流數有三 一切衆生 織妄相成 身中貿遷 世界相涉。而此界性 設雖十方 定位可明 世間祇目 東西南北 上下無位 中無定方。四數必明 與世相涉 三四四三 宛轉十二 流變三疊 一十百千 總括始終 六根之中 各各功德 有千二百。

 아난아, 무엇을 중생세계라 하느냐?

 세상이란 세世는 변천하여 흐른다는 뜻이고 계界는 사방四方이란 공간을 말함이다. 동서남북과 남동·남서·북동·북서와 상하가 모두 계界가 된다. 그리고 과거, 현재, 미래는 시간으로서 세世가 된다. 결국 방위가 되는 공간은 열(十)이 되고,

시간은 삼시로 흐르니 삼三이니라.

일체 중생은 허망한 조건들이 모여서 생긴 것이므로, 몸 가운데서 일어나는 신진대사도 세계世界와 상호보완적으로 교섭을 하느니라. 이 공간을 상징한 계界의 성性이 비록 방위로는 시방이지만 한결같이 정해진 방위로는 동·서·남·북만을 말하고 상방과 하방은 정해진 위치가 없으며 중간이 되는 중방도 꼭 어디라고 정할 수가 없다.

이렇게 공간인 계의 분명한 사방과 시간인 삼세가 서로 교섭함으로, 3과 4를 곱하면 12가 된다. 이렇게 흘러 변화하는 것이 세 번 거듭하여 1이 10으로 100으로 1000이 된다. 그러므로 처음과 끝을 모두 묶으면 육근 가운데 공덕이 각각 1200이 되느니라.

阿難！ 汝復於中 克定優劣 如眼觀見 後暗前明 前方全明
아난   여부어중 극정우열 여안관견 후암전명 전방전명
後方全暗 左右傍觀 三分之二 統論所作 功德不全 三分言
후방전암 좌우방관 삼분지이 통론소작 공덕부전 삼분언
功 一分無德 當知眼唯 八百功德。如耳周聽 十方無遺 動
공 일분무덕 당지안유 팔백공덕 여이주청 시방무유 동
若邇遙 靜無邊際 當知耳根 圓滿一千二百功德。如鼻齅聞
약이요 정무변제 당지이근 원만일천이백공덕 여비후문
通出入息 有出有入 而闕中交 驗於鼻根 三分闕一 當知鼻
통출입식 유출유입 이궐중교 험어비근 삼분궐일 당지비
唯 八百功德。如舌宣揚 盡諸世間 出世間智 言有方分 理
유 팔백공덕 여설선양 진제세간 출세간지 언유방분 이

無窮盡 當知舌根 圓滿一千二百功德。如身覺觸 識於違順
合時能覺 離中不知 離一合雙 驗於舌根 三分闕一 當知身
唯 八百功德。如意黙容 十方三世 一切世間 出世間法 惟
聖與凡 無不包容 盡其涯際 當知意根 圓滿一千二百功德。

아난아, 네가 이 육근 가운데서 어느 것이 우수한 기능을 가지고 있고 또한 열등한 기능을 가지고 있는가를 살펴보아라.

눈으로 보는 것은 전방은 완전히 밝고 후방은 완전히 어두운데, 눈의 좌편과 우편을 곁으로 보는 것까지 해서, 3분의 2를 보는 것이 된다. 이를 통틀어서 말하면 짓는 공덕은 온전하지 못하여 3분의 공덕을 말할 때 1분은 공덕이 없어서 안근眼根은 다만 800공덕이 되느니라.

귀로는 두루 들어서 시방에 빠짐이 하나도 없나니, 동하는 소리의 상태에서는 가깝고 먼 것이 있는 듯하나, 고요함으로는 한계가 없어 끝이 없다. 그러므로 귀의 근본인 이근耳根은 1200공덕이 원만하니라.

코로 맡는 것은 내쉬고 들이쉬는 숨이 있다. 그 출입식이 교체하는 중간은 빠진다. 그래서 코에 대한 것을 살펴보면 3분의 1이 빠지므로 비근鼻根은 다만 800공덕이니라.

혀(舌)로 말하는 것은 세간의 지혜와 출세간의 지혜를 다 말할 수가 있는 것이다. 말에는 분한이 있으나 이치로는 다함이 없으므로, 설근舌根은 1200공덕이 원만하니라.

  신근身根이란 몸으로는 접촉이 있으면 알고 접촉이 없으면 감각이 없다. 그래서 닿이는 접촉이 있을 때에만 알고 여읠 적에는 아무런 느낌이 없다. 그래서 여의면 하나의 몸뿐이요 합하면 대상과 몸이 둘이 되는지라, 3분의 1이 빠지므로 신근身根은 다만 800공덕이니라.

  의근意根이란 의식하는 머리는 시방세계의 일체 세간법과 인연화합을 초월한 출세간법을 묵묵히 다 받아들인다. 또한 성인과 범부를 모두 포용하되 끝까지 다하지 않음이 없으므로 식심으로 분별사유하는 의근은 1200공덕이 원만하니라.

阿難! 汝今欲逆 生死欲流 返窮流根 至不生滅 當驗此等
아난 여금욕역 생사욕류 반궁유근 지불생멸 당험차등
六受用根 誰合誰離 誰深誰淺 誰爲圓通 誰不圓滿? 若能
육수용근 수합수리 수심수천 수위원통 수불원만 약능
於此 悟圓通根 逆彼無始 織妄業流 得循圓通 與不圓根 日
어차 오원통근 역피무시 직망업류 득순원통 여불원근 일
劫相倍。我今備顯 六湛圓明 本所功德 數量如是 隨汝詳擇
겁상배 아금비현 육담원명 본소공덕 수량여시 수여상택
其可入者。吾當發明 令汝增進。十方如來 於十八界 一一
기가입자 오당발명 영여증진 시방여래 어십팔계 일일
修行 皆得圓滿 無上菩提 於其中間 亦無優劣 但汝下劣 未
수행 개득원만 무상보리 어기중간 역무우열 단여하열 미
能於中 圓自在慧 故我宣揚 令汝但於 一門深入 入一無妄
능어중 원자재혜 고아선양 영여단어 일문심입 입일무망
彼六知根 一時清淨。
피육지근 일시청정

아난아, 네가 이제 생사의 흐름을 돌이켜 흐름의 근원에 돌아가서 생멸을 하지 않는 묘각의 각성에 이르고자 한다면, 마땅히 수용하는 근의 공덕을 체험으로 알아야 한다. 육근六根이 어느 것은 합하고 어느 것은 여의며, 어느 것은 깊고 어느 것은 얕고, 어느 것은 두루 통하고 어느 것은 두루 원만치 못하는지를 알아야 한다.

저 시초가 없는 과거로부터 허망으로 얽혀진 업식의 흐름을 다시 역으로 거슬러 올라가서 본래로 원만하고 두루 통하는 근을 따라 수행을 한다면 두루 통하지 못한 근으로 수행을 하는 자와의 격차는 하루와 한 겁의 차이가 되리라.

내가 지금 여섯 근의 공덕을 밝힘에 있어서 어느 것은 공덕이 빠지고 어느 것은 원만한 것을 나타내 보였다. 본성은 본래로 두루 밝은 것이다. 이제 네 마음대로 들어갈 만한 것을 잘 생각해 보고 선택을 하라. 내가 이에 대하여 잘 밝혀서 너로 하여금 점점 더 좋은 깨달음으로 나아가게 하리라.

시방의 여래는 육근으로 밖의 색상을 다 받아들여서 반연된 중간의 식심(6근×안과 밖과 중간 3처=18계)인 18계에서 하나하나씩 고루 수행修行을 해서 18계를 모두 청정한 묘각으로 몰입시켜서 원만하게 다 이루었다. 그 18계 가운데는 우수하고 열등한 것은 없지만, 너희들은 근성이 하열하므로 우열이 있을 수

밖에 없다. 그러므로 18계 가운데서 공덕이 원만한 근을 선택해야 한다. 실로 묘각의 각성은 어디로나 다 통한다. 그러나 너는 두루 통하는 묘각의 자재한 지혜를 얻지 못하였다.

그러니 내가 이제 너로 하여금 18계 가운데서 한 문門으로 깊이 들어가도록 권하는 것이다. 비록 18계 가운데서 어느 문이든 한 문으로만 들어가서 허망한 업식이 없어지기만 하면, 저 육근六根이 일시에 다 소멸되어 청정하게 되느니라."

阿難 白佛言, 世尊! 云何逆流 深入一門 能令六根 一時淸
아난 백불언 세존   운하역류 심입일문 능령육근 일시청
淨? 佛告阿難, 汝今已得 須陀洹果 已滅三界 衆生世間 見
정 불고아난 여금이득 수다원과 이멸삼계 중생세간 견
所斷惑 然猶未知 根中積生 無始虛習 彼習要因 修所斷得
소단혹 연유미지 근중적생 무시허습 피습요인 수소단득
何況此中 生住異滅 分劑頭數? 今汝且觀 現前六根 爲一
하황차중 생주이멸 분제두수 금여차관 현전육근 위일
爲六? 阿難! 若言一者 耳何不見 目何不聞 頭奚不履 足
위육 아난 약언일자 이하불견 목하불문 두해불리 족
奚無語? 若此六根 決定成六 如我今會 與汝宣揚 微妙法
해무어 약차육근 결정성육 여아금회 여여선양 미묘법
門 汝之六根 誰來領受? 阿難言, 我用耳聞。
문 여지육근 수래령수   아난언   아용이문

아난이 부처님께 말씀드렸습니다.

"세존이시여, 어떻게 해야 흐름을 거슬러 한 문에 깊이 들어가서, 육근이 일시에 맑고 깨끗하게 되나이까?"

부처님께서 말씀하셨습니다.

"아난아, 네가 이미 수다원과를 얻어서 삼계의 중생들이 세간에서 보고 느끼는 감상적인 유혹은 멸하였으나 아직도 육근 가운데 시초가 없는 때로부터 익혀 온 허망한 습성은 잘 알지 못하고 있다. 이 업식業識이란 습기는 수도를 해 올라가면서 끊는 것이다. 더구나 이 가운데 허망한 망상이 일어나서 잠시 머물다가 점점 변하여 마침내 없어지는 여러 가지 복잡함이 있느니라. 이제 너는 또 너에게 있는 그 육근이 하나인가 여섯인가를 잘 살펴보아라.

아난아, 만약 육근이 하나의 속성을 가졌다면 귀는 왜 보지 못하며 눈은 왜 듣지 못하고 머리는 왜 밟고 다니지 못하고 발은 왜 말하지 못하느냐?"

아난이 말씀드렸습니다.

"저는 귀로써 듣습니다."

佛言, 汝耳自聞 何關身口 口來問義 身起欽承? 是故應知
非一終六 非六終一 終不汝根 元一元六。阿難! 當知是根
非一非六 由無始來 顚倒淪替 故於圓湛 一六義生 汝須陀洹
雖得六銷 猶未亡一。如太虛空 參合群器 由器形異 名之異
空 除器觀空 說空爲一 彼太虛空 云何爲汝 成同不同? 何

況更名 是一非十? 則汝了知 六受用根 亦復如是。
황갱명 시일비십 즉여료지 육수용근 역부여시

由明暗等 二種相形 於妙圓中 黏湛發見 見精映色 結色成
유명암등 이종상형 어묘원중 점담발견 견정영색 결색성

根。根元目爲 淸淨四大 因名眼體 如蒲萄朶 浮根四塵 流
근 근원목위 청정사대 인명안체 여포도타 부근사진 유

逸奔色。
일분색

由動靜等 二種相擊 於妙圓中 粘湛發聽 聽精映聲 卷聲成
유동정등 이종상격 어묘원중 점담발청 청정영성 권성성

根。根元目爲 淸淨四大 因名耳體 如新卷葉 浮根四塵 流
근 근원목위 청정사대 인명이체 여신권엽 부근사진 유

逸奔聲。
일분성

由通塞等 二種相發 於妙圓中 粘湛發齅 齅精映香 納香成
유통색등 이종상발 어묘원중 점담발후 후정영향 남향성

根。根元目爲 淸淨四大 因名鼻體 如雙垂爪 浮根四塵 流
근 근원목위 청정사대 인명비체 여쌍수조 부근사진 유

逸奔香。
일분향

由恬變等 二種相參 於妙圓中 黏湛發嘗 嘗精映味 絞味成
유념변등 이종상삼 어묘원중 점담발상 상정영미 교미성

根。根元目爲 淸淨四大 因名舌體 如初偃月 浮根四塵 流
근 근원목위 청정사대 인명설체 여초언월 부근사진 유

逸奔味。
일분미

由離合等 二種相摩 於妙圓中 黏湛發覺 覺精映觸 摶觸成
유리합등 이종상마 어묘원중 점담발각 각정영촉 단촉성

根。根元目爲 淸淨四大 因名身體 如腰鼓顙 浮根四塵 流
근 근원목위 청정사대 인명신체 여요고상 부근사진 유

逸奔觸。
일분촉

由生滅等 二種相續 於妙圓中 黏湛發知 知精映法 覽法成
유생멸등 이종상속 어묘원중 점담발지 지정영법 람법성

根。根元目爲 淸淨四大 因名意思 如幽室見 浮根四塵 流
근 근원목위 청정사대 인명의사 여유실견 부근사진 유

逸奔法。
일분법

부처님께서 말씀하셨습니다.

"그렇다면 분명히 귀가 듣는데 몸과 입은 무슨 관계가 있어서 입으로 뜻을 묻고 몸으로 공경하는 자세를 취하는 것이냐? 그러므로 마땅히 알아라. 결국 하나가 아니고 여섯인 듯하지만 여섯도 아니다. 하나인 듯하지만 결국 너의 근根은 원래 하나도 아니고 여섯도 아니다. 다만 시초가 없는 과거로부터 지금까지 두루 뒤바뀐 데 빠져 왔기 때문에 하나니 여섯이니 하는 문제가 생긴 것이다.

그리고 너는 수다원으로서 육근으로 느끼는 육감은 녹아서 없어졌으나 아직도 하나의 식정識精은 없애지 못하였다. 마치 저 허공에 여러 가지 모양의 빈 그릇을 벌여 놓고 그 그릇의 모양대로 담긴 허공을 보고 허공이 각각 다르다고 하는 것과 같고, 그 그릇들을 치우고 허공을 보면서 허공은 결국 하나라고 하는 것과 같다. 그러나 어찌 저 허공이 너를 위하여 같기도 하고 같지 않기도 하겠느냐? 더구나 하나다 하나가 아니다 하는 이름이 붙을 수 있겠느냐?

네가 깨닫고 알고 하는 그 육근도 이와 같은 것이다.

밝고 어두운 명암明暗의 두 가지 빛의 파장이 묘하게 두루 밝은 묘각 가운데 맑고 고요한 각성을 자극하여 거기서 드러내 보이려는 성품이 일어났다. 이렇게 보려는 정기가 색의 파장을 둘둘 말아서 보는 시각계視覺系(根)를 내고 그 시각계의 근본은 맑고 깨끗한 사대四大(지·수·화·풍)로서 포도알같이 생긴 것이 안구眼球다. 이 안구는 면상의 안구공眼球孔에 들떠 있으면서 빛의 파장을 따라 유동遊動한다.

또 동함과 고요함이 서로 부딪힘으로 말미암아 묘하게 밝은 묘각 가운데 맑고 고요한 각성을 동정이 자극함으로 해서 듣는 성품이 일어났다. 일어나서는 듣는 정기가 소리에 비치고 소리의 파장을 말아서 이근耳根이 되었다. 이근이란 청각의 근본은 청정한 사대로서 청각 신경계이다. 그리고 새로 말리어 나온 풀잎 같은 귀의 모습은 사진四塵으로 되었으며 얼굴 양쪽에 있으면서 소리를 따라 움직이느니라.

또 통함과 막히는 두 가지 현상이 서로 드러남으로 말미암아 묘하게 두루 밝은 묘각 가운데 맑고 고요한 각성을 자극하여 거기서 냄새를 맡는 성품이 일어나니 냄새를 맡는 정기가 냄새에 비치고 냄새를 받아들여서 비근鼻根이란 후각嗅覺이 되었고, 코(根)의 근본은 청정한 사대로서 후각 신경계 그 자체인 것이다. 수직으로 드리운 코는 사진四塵으로 되었으며 안면 중앙에 있으면서 냄새를 따라서 후각이 흐르느니라.

또 담담함과 변이하는 두 가지가 서로 대조됨으로 말미암아 묘하게 두루 밝은 묘각 가운데 맑고 고요한 각성을 자극하여 거기서 맛보는 성품이 일어났다. 맛보는 정기가 맛에 비치고 맛을 농축시켜서 미각(味覺)이란 근이 된 것이다. 혀의 근본은 청정한 사대로서 미각 신경계가 된 것이다. 초승달과 같이 생긴 혀는 사진(四塵)으로 되었으며 입안에 있으면서 맛을 따라 흐르느니라.

또 여읨과 합함 두 가지가 서로 스침으로 말미암아 묘하게 두루 밝은 묘각 가운데 고요한 각성을 자극하여 거기서 감각하는 성품이 생겼다. 감각하는 정기가 접촉에 비치고 접촉을 아는 감을 잡아서 감각계가 된 것이다. 접촉을 느끼는 몸의 근본은 청정한 사대로서 전신을 두루 싸고 있는 지각 신경계가 되고 있다. 장구통같이 생긴 몸통은 사진(四塵)으로 된 육체로서 접촉을 따라 흐르느니라.

또 생과 멸 두 가지가 서로 계속됨을 말미암아 묘하게 두루 밝은 묘각 가운데 고요한 각성을 자극하여 거기서 아는 성품이 일어나 아는 정기가 의식되는 법진에 비치고 법진을 아는 알음알이를 잡아서 의식계가 된 것이다. 의식계(意識系)의 근본은 청정한 사대로서 생각하고 사유하는 뇌신경계라 하며 어두운 방에서 방안을 보는 듯한 것은 사진으로 된 머리로 신체의 상부에 있으면서 법진(의식)을 따라 흐른다.

阿難! 如是六根 由彼覺明 有明明覺 失彼精了 黏妄發光。
是以汝今 離暗離明 無有見體 離動離靜 元無聽質 無通無
塞 齅性不生 非變非恬 嘗無所出 不離不合 覺觸本無 無滅
無生 了知安寄! 汝但不循 動靜, 合離, 恬變, 通塞, 生滅,
明暗 如是十二 諸有爲相 隨拔一根 脫黏內伏 伏歸元眞 發
本明耀 耀性發明 諸餘五黏 應拔圓脫。不由前塵 所起知見
明不循根 寄根明發 由是六根 互相爲用。

아난아, 이러한 육근의 기능은 저 묘각의 밝음 가운데서 밝게 깨닫는 명각에 있다. 이 명각으로 말미암아 정밀하게 대상을 요지하려는 허망한 알음알이가 생겼다. 그 알음알이로 밝은 각(明覺)의 정명함을 잃어버리고 망령된 것을 집착하여 식심 분별을 내었느니라.

그러므로 네가 이제 깊이 생각해 보아라. 명암을 여의면 본다는 것이 없고 동정動靜을 여의면 들을 것이 없고 통함과 막힘을 여의면 냄새를 맡을 것이 없고 담담하고 변해서 달라짐을 여의면 맛보는 것이 나오지 않을 것이다. 여의지도 합하지도 않으면 접촉을 깨닫는 감각이 없고, 생하고 멸함이 없으면 분별해서 아는 식이 어디에 있겠느냐?

네가 다만 움직이고 고요함, 합하고 여읨, 담담하고 달라짐, 통하고 막힘, 생하고 멸함, 밝고 어둠 등으로 상반된 열두 가지로 반연되는 현상에는 관심을 두지 말고 육근 가운데 눈이 든 코든 네 마음대로 한 근을 골라서 그 근에 반연된 이변二變의 현상을 제거하는 수행을 해야 한다. 그 수행을 통해 육감의 현상을 주시하는 각관이 밝아지면 수월히 밝은 각성 속으로 분별의 식심이 소멸되므로 모든 장애가 쉽게 굴복된다.

이렇게 수행을 하면 육근의 식심이 증발되면서 항상 밝게 깨어 있는 본묘각의 각성이 드러나게 된다. 왜냐하면 본래부터 묘하게 밝은 묘각의 밝은 빛이 육근의 식심을 삼켜버리기 때문이다. 그렇게 되면 다섯 근도 동시에 한가지로 원만한 해탈을 얻게 되느니라.

항상 앞에 나타난 현상으로 인하여 그것을 보고 아는 지견知見을 따르지 말고 육감의 양면을 두루 투시해 보는 묘명한 각성을 의식해야 한다. 그렇게 수행을 하다 보면 본래로 밝은 각명이 빛을 발하게 된다. 그렇게 되면 저마다 독특한 기능을 가진 육근이 한가지로 똑같은 밝음을 발하게 된다. 이러한 까닭으로 삼명육통三明六通을 얻게 된다.

阿難! 汝豈不知 今此會中 阿那律陀 無目而見 跋難陀龍
아난   여개부지 금차회중 아나율타 무목이견   발난타용
無耳而聽 殑伽神女 非鼻聞香 驕梵鉢提 異舌知味 舜若多
무이이청 긍가신녀 비비문향 교범바제 이설지미 순야다

神無身有觸 如來光中 映令暫現 旣爲風質 其體元無 諸滅
신 무 신 유 촉　여 래 광 중　영 령 잠 현　기 위 풍 질　기 체 원 무　제 멸
盡定 得寂聲聞 如此會中 摩訶迦葉 久滅意根 圓明了知 不
진 정　득 적 성 문　여 차 회 중　마 하 가 섭　구 멸 의 근　원 명 요 지　불
因心念。
인 심 념

아난아, 너도 알지 않느냐? 이 모임 가운데 아나율타는 눈이 없으면서도 보고, 발난타 용왕은 귀가 없어도 듣고, 긍가여 신은 코가 아니어도 향기를 맡으며, 교범바제는 혀가 일반 사람과 다르면서도 맛을 알고, 순야다 신은 몸뚱이가 없건만 접촉을 느낄 수 있다. 그는 여래의 광명에 비치어서 잠깐 나타나지만 그 신은 체질이 바람이므로 몸이 없다.

이미 멸진정에 들어가서 마음이 고요해진 성문으로서 마하가섭 같은 이는 사유분별하는 의근意根이 벌써부터 없어졌지만 마음을 쓰지 않고도 뚜렷이 밝게 알지를 않느냐?"

[해설]

잠이 많던 아나율타는 부처님으로부터 "너같이 잠이 많으면 항상 무엇을 뒤집어쓰고 잠만 자는 달팽이가 된다"는 꾸중을 듣고 스스로 자책을 하면서 일체 잠을 자지 않는 심한 고행을 했다고 합니다. 이 사실을 부처님이 아시고 아나율타를 찾아가서 너의 그러한 행위는 자신에 대한 자학행위라고 꾸짖어

말리셨다고 합니다. 하지만 아나율타는 부처님께 말씀드리기를 "제가 잠을 자지 않는 것은 제 스스로 맹세한 부처님과의 약속입니다. 그런데 제가 어떻게 부처님과의 그 약속을 깰 수가 있겠습니까?" 하면서 짐짓 고행을 계속하다가 결국 실명을 했다고 합니다.

어느 날 부처님께서 아나율타가 바느질을 하기 위해 실을 바늘구멍에 끼려고 애를 쓰는 모습을 멀리서 보시고 아나율타의 곁으로 다가가 직접 바늘에 실을 끼워 주시면서 말씀하셨습니다. "이 사람아, 어찌 이 모양이 되었는고. 지나친 불면은 눈을 잃게 되는 법이다. 이제라도 눈을 밝히는 금강삼매金剛三昧를 닦아야 한다. 금강삼매란 눈을 감으나 뜨나 항상 보는 각성을 의식하는 각관법覺觀法이다. 이 금강삼매를 열심히 해보거라." 그날로 아나율타는 그대로 앉아서 보고 못 보는 자를 항상 보는 각성을 의식하는 금강삼매를 닦다가 홀연히 천안통天眼通이 열림과 동시에 아라한과를 얻었다고 합니다.

또 발난타 용은 귀가 있으나 귀로 듣지를 않으므로 귀먹을 농聾자를 보면 용 용龍자 밑에 귀 이耳자를 붙이고 있습니다. 실로 모든 용들은 코 옆에 붙어 있는 긴 수염으로 극미의 음파와 극대의 음향을 다 잡는다고 합니다. 통신기의 안테나와 같은 기능을 수염이 한다고 합니다.

또 교범바제의 별난 혀는 전생에 스님들의 허물을 심하게 들추어 명예훼손을 많이 한 업보로 항상 소처럼 되새김질을 했다고 합니다. 하지만 온갖 맛을 다 알고 말도 잘 했다고 합니다. 이것은 식심을 소멸시킨 아라한과만 얻어도 몸도 마음도 각성의 빛으로 청정해지기 때문입니다. 그러므로 수도를 해서 도의 과를 이룬 분들의 육신은 우리들 같은 사대로 생긴 오장육부가 아님을 알아야 합니다. 같은 사대라도 도과를 이루면 졸지에 청정한 진공의 사대로 변합니다. 따라서 시방세계도 청정하게 보이므로 아라한의 우주를 정천淨天이라 합니다. 그러므로 성현의 몸과 마음을 중생과 동일시하는 나쁜 버릇을 바로 잡아야 합니다.

또 순야다 신은 허공을 맡은 신으로 그 몸이 허공이어서 부처님께 예경을 갖추려 해도 몸이 없는 까닭에 예를 갖추지 못함을 안타까워하는 모습을 부처님이 아시고 부처님의 자비로운 광명 속에서 잠깐 그 몸을 나타내었다고 합니다. 이 순야다 신뿐만이 아니라 부처님 주위에 무수히 등장하는 천신과 무량한 보살들도 다 부처님의 법신에서 일어나는 광명 속에서 다 드러나 보였던 것입니다. 흡사 어두운 밤중에 뿌려 놓은 금은보석이 날이 밝자 환히 다 제 모습이 드러남과 같은 이치입니다.

특히 가섭존자의 경우는 중생들과 영 다른 육신을 가지고 있었습니다. 몸은 붉은 금색신이었고 마음은 무량겁 전에 이미 없어져서 깨어 있는 각성으로 삶의 무등을 타고 다닙니다. 물론 등각 보살들이 존재하는 무주 무위의 응신은 아닙니다만 일반 성문들이 닦아서 올라가는 선정의 단계 중에서 아홉 번째 마지막 선정인 멸진정滅盡定을 가섭존자는 오랜 겁 전에 이미 이룬 분입니다. 그래서 근본 무명이라 이름하는 마음이 본래 없습니다. 마음으로 사는 일반 중생들의 소견으로는 상식권 밖의 사람입니다.

오직 각성의 밝은 침묵 속에서 불가사의한 행위를 마음대로 하는 두타행자입니다. 필자는 두타행을 무심각행자無心覺行者라 합니다. 가섭존자는 본래 인도 고대 민속종교인 화신火神을 믿다가 부처님을 만나서 출가를 했습니다. 처음 출가를 하면서 다른 비구와 행색이 남 다름을 부처님께 양해를 얻었다고 합니다. 그래서 외양은 장발에다 길게 수염을 길렀고 복색은 걸인처럼 남루했다고 합니다. 특별한 경우가 아니면 스님들의 법복을 입지 않았다는 얘기입니다.

그럴 수밖에 없는 것이 잠자리는 늘 화장터가 아니면 공동묘지였고, 걸인들이나 병든 환자들 속에서 그들과 함께 생활을 했으니 외양은 틀림없는 거지였습니다.

왜 이러한 수행을 했을까요? 그 높고 깊은 의미는 오직 세존께서 극찬을 하시는 헌신의 길 대승의 보살도가 바로 무심각행無心覺行이기 때문입니다. 무심각행자가 저 박덕한 무리들의 환경 속에서 앉거나 서기만 해도 저들의 영혼에는 엄청난 은총이 내렸고 죽음의 골짜기에서는 지옥고 중생들을 천상이나 인간 세상으로 환생시켰으며 저 박덕한 민생들에게는 선근의 씨앗을 뿌렸던 것입니다.

이렇게 엄청난 영적인 신밀身密의 공덕을 뉘라서 알겠습니까? 비록 일반 성문 연각들이라 하더라도 가섭존자의 신밀의 불가사의를 어떻게 알겠습니까? 오직 부처님만이 다 보고 아셨습니다. 그래서 부처님은 제자들이나 세상 사람들이 혹여 가섭을 가벼이 여길까 봐서 대중들에게 여러 번 경고성 메시지를 보냈습니다. 가섭은 마음이 없는 무심각행자라는 의미에서 세존은 항상 가섭을 두타행에서 제일인자라고 칭찬을 아끼지 않으셨습니다.

한때에 가섭존자가 다보탑사에서 대법회가 있음을 알고 누더기옷 차림으로 대법회장으로 들어섰습니다. 그러나 누구도 존자에게 앉을 자리를 선뜻 양보해 주지 않았습니다. 세존께서는 가섭과 대중을 굽어 보시며 당신께서 앉으신 자리의 반을 가섭에게 내어 주시니 가섭존자가 빙그레 웃으며 세존께서 배려하신 반분좌에 천진스럽게 올라가 세존과 함께 동석을 했습니다. 이것이 저 유명한 다보탑사 반분좌의 기행입니다.

이 반분좌의 뜻이 과연 무엇이겠습니까? 가섭존자야말로 불국토를 청정케 하는 여래장자라는 의미가 아니겠습니까?

또 가섭에게는 실로 특종의 기사로 염화미소拈花微笑란 유명한 법어가 전해옵니다.

존자께서 대법회가 있음을 아시고 부처님이 설법하시는 대회장을 향하여 조용히 걷고 있었습니다. 그때 가는 길 앞에서 어떤 여인이 엎드려서 간절히 공양을 받들어 올리는 것이었습니다. 항상 연민의 정으로 펄펄 끓고 있는 존자가 자세히 아니 볼 수 없어서 보자니 지독스럽게 고약한 문둥병 환자가 바치는 공양물이었습니다.

지극히 가련한 여인이 어디서 빌어온 죽 한 그릇을 존자께 올리며 받아 줄 것을 간절히 바라는 정성이 하도 고마워서 반겨 받았습니다. 존자는 평소에도 걸식을 할 때는 가난한 집이나 불쌍하고 가련한 사람의 공양만을 즐겨 받아 왔습니다. 그러므로 풍병환자가 주는 멀건 죽 그릇을 마다 할 리가 없었습니다. 존자는 그 가련한 여인이 올리는 공양물을 얼른 반갑게 받았습니다. 그런데 그 여인으로부터 죽 그릇을 받는 순간 여인의 손가락 하나가 죽 그릇 속으로 뚝 떨어졌습니다. 하지만 존자는 아무 거리낌 없이 죽을 마셨습니다.

그리고 그 빈 그릇을 본인에게 돌려주며 고맙다고 감사의 정의를 표하고는 막 돌아서는데, 느닷없이 어떤 문둥병 환자가 나타나 금방 얻어먹은 죽물과 똑같은 멀건 죽을 올리면서 받아 줄 것을 애걸복걸하는 것이 아니겠습니까? 이를 보신 존자는 스스로도 만족함으로 더 이상은 공양을 받을 수가 없다고 했습니다. 그래도 막무가내로 받아 줄 것을 간청하므로 왜 하필이면 내게 그렇게도 공양 받기를 애원하십니까? 하고 묻자 그 문둥병 환자는 온데간데없고 홀연히 온갖 복덕을 갖춘 위엄찬 제석천왕이 앞에 나타나서 지극히 간청하는 그 공양의 이유를 이렇게 말합니다.

"조금 전에 저 지독한 문둥병 걸인은 존자께 죽 한 그릇을 보시하고는 금방 그 악독한 몸을 버리고 죽어서 지금 욕계육천의 화락천궁에 환생했습니다. 저도 존자께 저와 같은 복덕을 지어 보고 싶어서 실례를 했습니다."

제석천의 고백을 듣고 존자는 "그러한 욕심을 담은 공양물은 진정한 보시가 못 됩니다" 하고는 뒤도 돌아보지 않고 급히 성황을 이룬 대법회장으로 막 들어섰던 것입니다.

회중에 연착한 존자의 갸륵한 덕행을 어찌 세존이 모르시겠습니까? 대중의 동요와 더불어 가섭에게는 앉을 자리도 만

만치 않음을 아시고 대범천왕이 올린 천 개의 잎이 달린 금빛 나는 연꽃을 한 송이 드시고 대중과 가섭에게 미소를 지으시니 가섭이 또한 답신으로 빙그레 미소를 지으면서 천진스럽게 세존이 내어 주신 사자좌에 앉았습니다. 이때 세존은 이심전심以心傳心의 전법게傳法偈를 읊으셨다고 전합니다. "나에게 있는 열반의 묘한 마음을 가섭에게 부촉하노라" 하신 말씀입니다.

그 꽃 한 송이를 드신 메시지의 의미는 여래의 삼밀三密 가운데서 신밀身密이 무심각행자 가섭에게 전수되었다는 뜻입니다.

가섭존자에게는 신밀의 묵시록이 또 있습니다. 항상 연착사건으로 유명한 여래 장자 가섭존자가 부처님이 마지막으로 가시는 대열반의 시간에도 지각을 했습니다.

인도의 옛 관례로는 장자가 부모의 관 옆에 없으면 장례를 치를 수가 없었습니다. 그래서 불가피하게 여래 장자 가섭이 올 때까지 기다렸습니다. 비보를 늦게 접한 가섭이 황급히 달려와서 세존의 관을 붙들고 몸부림치면서 슬피 통곡을 하였습니다. 이 모양을 부처님이 보시고는 신밀의 신어身語를 보냈습니다.

그것은 세존께서 관 밖으로 발을 세 번 내밀어 보이신 이적입니다. '아들아, 내가 가기는 어딜 가. 나는 온갖 존재 속에 그리고 너희들 가슴속에 지금 이대로 항상 있다' 하시는 신어身語인 족화足話였습니다. 바로 이것이 가섭에게만 있었던 신밀身密의 삼처전심三處傳心입니다.

부처님이 법을 전하는 메시지에는 세 가지가 있습니다. 그것은 어밀語蜜과 신밀身密과 의밀意密입니다.

첫째는 입으로 직접 말씀을 하시는 어밀語密입니다. 이 여래의 어밀은 아난에게 전수되었습니다. 그래서 모든 경전의 서두에 '나는 여래로부터 이와 같이 들었다' 하는 여시아문如是我聞은 곧 아난만이 전수받은 고유권한입니다.

두 번째는 신밀身密입니다. 위에서 본 바와 같이 세존은 가섭에게 몸으로 뜻을 전하셨습니다. 바로 이것이 저 유명한 삼처전심이요 이것이 여래의 신밀입니다.

세 번째는 부처님의 뜻을 전하는 여래의 의밀意密입니다. 의밀은 부처님의 상수제자 세 분으로부터 설해지고 전수된 순교자의 길입니다. 저 대반야경大般若經과 그 반야경에 귀속되어 있는 금강경金剛經입니다. 그렇다면 과연 의밀은 어떻게 전수가 되었을까요?

한때에 부처님께서 많은 대중을 대동하시고 걸어가면서 많은 법문을 하셨다고 합니다. 그때 부처님의 뒤를 따르던 사리불이 법안法眼으로 부처님의 법신法身을 힐끗 본 기적입니다. 부처님은 분명히 걸어가면서 많은 말씀을 하셨습니다. 그런데 세존의 뒤를 따르던 사리불이 세존의 법신에는 조금도 동함이 없는 동중정動中靜을 보았던 것입니다. 곧 세존께 감탄의 환성을 올렸습니다.

"세존이시여, 세존은 참으로 침묵하시나이다"라고 하면서 여래 의밀의 불가사의한 동중정의 신비에 감개무량해 있는 사리불을 뒤돌아보시며 부처님은 "사리자舍利子야, 그대가 이제 나를 보았구나. 아, 이제 그대와 내가 대화를 주고받을 시간이 왔구나" 하시고는 장장 21년간의 대반야경을 설하시게 되었던 것입니다.

이때부터 비로소 사리불 이름에 자子자가 붙게 되었습니다.

또한 수보리는 여래의 의밀 가운데서 사리불이 본 그 반대편을 보았습니다. 금강경 서문에 자설되어 있습니다. 바로 정중동靜中動의 여래 의밀을 수보리가 보았습니다.

수보리는 세존과 같이 걸식을 하였기에 식사도 같이 했습니다. 식후에 세존은 발을 씻고 자리를 펴시고 조용히 자리에 앉으셨습니다. 그리고 곧 심신부동心身不動의 좌선을 하시고 계셨습니다. 그런데 수보리가 깜짝 반기며 자리에서 일어나 세존께 예를 드리며 "세존께서는 지금 침묵을 하고 계시면서

도 일체 중생들을 두루 보살피시고 일체 모든 보살들에게는 진리의 행을 부촉하시나이다"라고 감탄을 하였습니다. 세존께서 이때에 수보리에게 "그대도 이제 나를 보았구나. 그렇다. 여래는 깊은 침묵 속에 있으면서도 일체 중생을 보호하고 일체 보살들에게는 불가사의한 가피력을 주느니라" 하셨습니다. 바로 이 대문이 여래 삼밀 가운데 의밀의 불가사의입니다.

상수제자로서 그 이름에 자子자가 붙는 또 한 사람 부루나 미다라니자가 있습니다. 자子자가 붙으면 분명한 진실은 반드시 성불을 할 수 있는 불자佛子라는 뜻입니다. 유교에서도 자子자가 붙으면 군자君子라 해서 성과에 오름을 의미합니다.

한때 부루나 존자가 부처님께 이런 말씀을 올렸다고 합니다.

"세존이시여, 제가 불법의 불모지인 저 북쪽의 외도 범지들에게 가서 부처님의 법을 전하고 오겠습니다."

그러자 세존께서 말씀하셨습니다.

"저 북방의 사람들은 성질이 급하고 사나워서 너를 헐뜯고 심한 모욕을 줄 것이니 가지 말라."

그러나 부루나는 거듭 청원을 하였습니다.

"저를 구타하며 해치지 아니 하는 것만 해도 다행이오니 가서 포교를 하겠나이다."

이렇게 짐짓 뜻을 굽히지 않으니 세존께서 다시 말씀하셨습니다.

"만약 저들이 그대를 몽둥이로 치고 잔인한 폭행을 가하면 어떻게 하려고 그러는가?"

부루나가 대답하였습니다.

"저들이 저를 죽이지 않는 것만 해도 다행입니다. 그러니 제가 가서 한두 사람이라도 교화를 해보겠습니다."

세존께서는 또다시 묻습니다.

"만약 저들이 그대를 구타를 해서 죽이면 어떻게 하겠는가?"

그러자 부루나는 의연스럽게 말하였습니다.

"세존이시여, 제가 부처님의 법을 펴다가 맞아 죽는다면 이보다 더한 영광이 또 어디에 있겠습니까?"

세존께서는 부루나의 전법 정신에 감격하신 나머지 착하다 착하다 하며 극찬을 하시고는 "부루나미다라니자여, 참으로 그대는 나의 아들이로다"라고 하셨다고 합니다. 그 후로 부루나미다라니자라고 부르게 되었던 것입니다. 이러한 연유로 부처님의 제자 중에 유독 세 분에게만이 자子자가 따라다닙니다. 곧 여래의 삼밀三密 중에서 의밀은 사리자와 수보리자 그리고 순교자인 부루나미다라니자에게만 전수되었다는 전설이 되고 있습니다.

부루나는 불법이 무엇인 줄도 모르는 북인도로 가서 일생

종교의 생명인 전법의 길을 걸었다고 전합니다.

阿難！ 今汝諸根 若圓拔已 內瑩發光 如是浮塵 及器世間
諸變化相 如湯銷冰 應念化成 無上知覺。阿難！ 如彼世人
聚見於眼 若令急合 暗相現前 六根黯然 頭足相類 彼人以
手 循體外繞 彼雖不見 頭足一辨 知覺是同。緣見因明 暗
成無見 不明自發 則諸暗相 永不能昏 根塵旣銷 云何覺明
不成圓妙？

"아난아, 네가 여러 근을 모두 뽑아버리고 나면 내면에 두루 밝은 각성이 빛을 발하게 된다. 그렇게 되면, 밖으로 들떠 있는 육근과 인연화합으로 생긴 기세간의 모든 변화하는 존재들이 마치 끓는 물에 얼음이 녹듯이 한 생각에 사라지고 더 이상 없는 깨달음을 성취하게 된다.

아난아, 마치 세상 사람들이 눈을 갑자기 꼭 감으면 앞에 어둠이 나타나서 육근도 캄캄해지고 머리나 수족도 분간을 할 수 없게 된다. 그러나 그 사람이 손으로 자기 몸을 두루 만져 보면, 그가 비록 보는 것은 아니지만 머리와 발을 낱낱이 더듬어 분별해 아는 것은 다름이 없다.

눈은 빛을 인하여 보는 것이다. 그것은 빛의 밝음 때문이다.

만일 빛이 없어 어두우면 볼 수가 없다. 하지만 빛이 없어 캄 캄하더라도 스스로 어두운 그림자는 볼 것이다. 이렇게 밝고 어두움을 두루 보는 견성見性이 있다. 견성은 항상 밝고 어둡 고 밝지도 어둡지도 않은 이 모두를 일시에 다 드러내어 보이 는 각성의 빛이다. 이 견성이 드러나면 저 밝고 어두운 모든 명암의 현상이 영원히 사라지게 된다. 그러므로 명암 같은 현 상이 다시는 간섭하지 못하게 된다.

보는 시각視覺이라는 근과 밝다 어둡다 하는 식심(塵)이 없어 지기만 하면, 어찌 두루 밝은 원각圓覺을 이루지 못하겠느냐?"

阿難 白佛言, 世尊! 如佛說言 因地覺心 欲求常住 要與果
位 名目相應。世尊! 如果位中 菩提涅槃 眞如佛性, 菴摩
羅識, 空如來藏, 大圓鏡智 是七種名 稱謂雖別 淸淨圓滿
體性堅凝 如金剛王 常住不壞 若此見聽 離於明暗 動靜通
塞 畢竟無體 猶如念心 離於前塵 本無所有。云何將此 畢
竟斷滅 以爲修因 欲獲如來 七常住果？
世尊！ 若離明暗 見畢竟空 如無前塵 念自性滅。進退循環
微細推求 本無我心 及我心所 將誰立因 求無上覺？ 如來
先說 湛精圓常 違越誠言 終成戲論 云何如來 眞實語者？

惟垂大慈 開我蒙恪。
유수대자 개아몽린

아난이 부처님께 사뢰었습니다.

"세존이시여, 부처님께서 말씀하시기를 '깨닫겠다는 마음으로 처음 수행을 할 때에 마음이 흔들리지 않는 항상함을 구하려면 도를 닦아 올라가는 과정에서 도과道果인 지위의 이름과 같아야 한다'고 하셨나이다.

세존이시여, 도를 닦아 올라가는 지위 가운데 보리菩提, 열반涅槃, 진여眞如, 불성佛性, 암마라식庵摩羅識, 공여래장空如來藏, 대원경지大圓鏡智라는 일곱 가지가 명칭은 비록 서로 다르나 청정하고 원만하며 그 자체의 성품이 굳고 단단하여서 만고에 부서지지 않는 금강왕金剛王처럼 항상 무너지지 않는 것입니다. 만일 보고 듣고 하는 것이 밝음과 어둠, 통함과 막힘, 동하고 고요함을 여의면 결국 그 자체가 없는 것이라서 마치 생각하는 마음은 앞에 대하는 것들을 여의고는 본디 아무것도 없는 것과 같습니다. 그런데 어떻게 필경 단멸하는 것을 가지고 수행하는 근본을 삼아서 여래의 일곱 가지 항상 머물러 있는 과를 얻겠습니까?

세존이시여, 만일 밝음(明)과 어둠(暗)을 여의어 보는 것(見)이 필경에 공하다면, 마치 앞에 보이는 사물이 없으면, 생각 그 자체의 자성自性이 없는 것과 같겠나이다.

이러한 사실을 이리 저리 돌려가며 아무리 미세하게 추리해 보아도 저의 마음이 있는 곳이 없습니다. 그런데 무엇으로 근본 바탕(因)을 삼아서 위없는 깨달음(無上覺)을 구하겠습니까?

여래께서 앞서 말씀하시기를 맑고 정밀한 것이 항상 두루 원만하다 하신 법문이 성실한 말씀이 아닌 것 같아서 행여 말장난인 희론이 될 것 같사옵니다. 그러하다면 여래를 어떻게 진실한 말씀을 하시는 분이라 하겠습니까?

바라건대 대자대비로 저의 어리석음을 깨우쳐 주소서."

佛告阿難, 汝學多聞 未盡諸漏 心中徒知 顚倒所因 眞倒現前 實未能識 恐汝誠心 猶未信伏 吾今試將 塵俗諸事 當除汝疑。
卽時如來 敕羅睺羅 擊鐘一聲 問阿難言, 汝今聞不? 阿難大衆 俱言, 我聞 鐘歇無聲 佛又問言, 汝今聞不? 阿難大衆 俱言, 不聞 時羅睺羅 又擊一聲 佛又問言, 汝今聞不? 阿難大衆 又言, 俱聞 佛問阿難, 汝云何聞 云何不聞? 阿難大衆 俱白佛言, 鐘聲若擊 則我得聞 擊久聲銷 音響雙絶 則名無聞。如來又敕 羅睺羅擊鐘 問阿難言, 汝今聲不? 阿難大衆 俱言, 有聲 少選 聲銷 佛又問言, 爾今聲不? 阿

難大衆 答言, 無聲 有頃 羅睺更來撞鐘 佛又問言, 爾今聲
不? 阿難大衆 俱言, 有聲 佛問阿難, 汝云何聲 云何無
聲? 阿難大衆 俱白佛言, 鐘聲若擊 則名有聲 擊久聲銷 音
響雙絶 則名無聲。
佛語阿難 及諸大衆, 汝今云何 自語矯亂? 大衆阿難 俱時
問佛, 我今如何 名爲矯亂?

부처님께서 말씀하셨습니다.

"아난아, 네가 많이 듣는 것만 익히다 보니 사념을 따라 흐르는 모든 누(漏)를 다 소멸시키지 못하여 그러한 의구심을 갖는구나. 그러므로 항상 깨어 있는 밝은 거울과 같은 각성을 의식하지 못하고 거울에 비친 그림자와 같은 반연심을 따름은 마음이 전도된 까닭이다. 그런 줄을 알면서도 진실로 거꾸로 된 마음이 무엇인가를 모르는구나. 바로 네 앞에 있는 생각 그 자체인 줄을 전연 알지 못하는구나! 네가 아직도 진심으로 믿지 못하는 듯하니, 내가 이제 티끌 세상의 속된 일들로 예를 들어서 너의 의혹을 제거해 주리라."

이때 여래께서 라후라(羅睺羅)를 시켜서 종(鐘)을 한 번 치게 하시고, 아난에게 물었습니다.

"네가 지금 듣느냐?"

아난과 대중이 함께 대답하였습니다.

"저희들이 듣나이다."

종소리가 스러진 뒤에 부처님이 또 물었습니다.

"네가 지금 듣느냐?"

아난과 대중이 함께 말하였습니다.

"듣지 못하나이다."

이때 라후라가 종을 한 번 더 쳤습니다.

"네가 지금 듣느냐?"

아난과 대중이 또 말하였습니다.

"예 듣나이다."

부처님이 아난에게 물었습니다.

"너는 어떤 것을 듣는다 하고, 어떤 것을 듣지 못한다 하느냐?"

아난과 대중이 함께 사뢰었습니다.

"종을 쳐서 소리가 나면 저희들이 듣는다 하고, 친 지가 오래되어 종소리가 스러지고, 메아리까지 없어지면 듣지를 못한다 하나이다."

부처님이 또 라후라를 시켜서 종을 더 치게 하고 아난에게 물었습니다.

"지금 소리가 나느냐?"

아난과 대중이 함께 말하였습니다.

"소리가 나나이다."

잠깐 있다가 소리가 스러진 뒤에 부처님이 또 물었습니다.

"너희들은 지금 소리가 나느냐?"

아난과 대중이 대답하였습니다.

"소리가 없나이다."

잠깐 뒤에 라후라가 다시 종을 치고 부처님이 또 물었습니다.

"지금은 소리가 나느냐?"

아난과 대중이 함께 말하였습니다.

"소리가 나나이다."

부처님이 아난에게 물었습니다.

"너는 어떤 것을 소리 난다 하고 어떤 것을 소리가 없다고 하느냐?"

아난과 대중이 함께 사뢰었습니다.

"종을 쳐서 소리가 나면 소리 난다 하고, 친 지가 오래되어 소리가 스러지고 메아리까지 없어지면 소리가 없다 하나이다."

부처님이 아난과 대중에게 말하였습니다.

"너희들은 어찌하여 말을 이랬다저랬다 하느냐?"

대중과 아난이 함께 사뢰었습니다.

"저희들이 어찌하여 말을 이랬다저랬다 한다고 하시나이까?"

佛言, 我問汝聞 汝則言聞 又問汝聲 汝則言聲 唯聞與聲 報答無定 如是云何 不名矯亂? 阿難! 聲銷無響 汝說無聞 若實無聞 聞性已滅 同于枯木 鐘聲更擊 汝云何知? 知有知無 自是聲塵 或無或有 豈彼聞性 爲汝有無? 聞實云無 誰知無者?
是故阿難! 聲於聞中 自有生滅 非爲汝聞 聲生聲滅 令汝聞性 爲有爲無 汝尙顚倒 惑聲爲聞 何怪昏迷 以常爲斷。終不應言 離諸動靜 閉塞開通 說聞無性。如重睡人 眠熟床枕 其家有人 於彼睡時 擣練舂米 其人夢中 聞舂擣聲 別作他物 或爲擊鼓 或爲撞鐘 卽於夢時 自怪其鐘 爲木石響 於時忽寤 遄知杵音 自告家人 我正夢時 惑此舂音 將爲鼓響。阿難! 是人夢中 豈憶靜搖 開閉通塞? 其形雖寐 聞性不昏 縱汝形銷 命光遷謝 此性云何 爲汝銷滅? 以諸衆生 從無始來 循諸色聲 逐念流轉 曾不開悟 性淨妙常 不循所常 逐諸生滅 由是生生 雜染流轉 若棄生滅 守於眞常 常光現前 根塵識心 應時銷落。

想相爲塵 識情爲垢 二俱遠離 則汝法眼 應時淸明 云何不
상상위진 식정위구 이구원리 즉여법안 응시청명 운하불
成 無上知覺?
성 무상지각

부처님이 말씀하였습니다.

"내가 듣느냐? 물으면, 네가 듣노라 말하고, 내가 소리가 나느냐? 물으면 네가 소리가 난다고 말을 하니, 듣는다, 소리가 난다고들 하는데 이렇게 대답이 일정하지 않으니, 이것이 이랬다저랬다 하는 것이 아니냐?

아난아, 소리가 스러지고 메아리까지 없어진 것을 네가 들음이 없다고 하니, 참말로 들음이 없다면 어떻게 내가 듣지 못함을 아느냐? 참으로 듣는 성품이 아주 없어져서 들음을 모른다면 마치 죽은 고목나무와 같을 것이다. 그렇다면 종을 치거나 종을 아니 치는 줄을 네가 어떻게 아느냐?

종소리가 있는 줄을 알고 없는 줄을 아는 것은, 소리가 스스로 있다 없었다 할지언정 어떻게 너희들의 듣는 성품이 소리처럼 있다 없다 하겠느냐? 참으로 들음이 없다면, 무엇이 소리가 있고 없음을 알겠느냐?

그러니까 아난아, 듣는 성품 중에서 소리가 났다 없어졌다 하는 것뿐이다. 소리가 있다 없다 할지언정, 소리가 나고 소리가 없어졌다고 해서 네게 항상 듣는 성품이 있다 없다 하는 것은 아니니라.

너의 내면에서 항상 듣는 밝고 맑은 성품을 의식하지 못하고 밖으로 생멸하는 소리를 따르면서 이것을 듣는 것으로 착각들을 하고 있다. 그러므로 스스로 항상 듣는 성품을 끊어버리고 소리에 유혹되어 듣는다 못 듣는다 하고들 있으니 무엇이 그리 이상타 하겠느냐?

그러니 움직이고 고요함, 닫음과 열림, 막힘과 통함을 여의면 그러한 반응심은 허망하여 실체가 없다. 그러한 뜻에서 말을 했다. 그러나 그것들을 듣고 보고 아는 밝은 각성의 성품에 있어서는 있다 없다 한다고 말한 것이 아니다.

마치 어떤 사람이 침상에서 한창 잠을 잘 적에, 그 집안 식구들이 다듬이질을 하거나 방아를 찧으면, 그 사람이 잠결에도 방망이 소리, 절구 소리를 다 듣고는, 방망이·절구 소리를 다른 소리로 착각하여 북이나 종을 치는 줄로 여기면서, 수면 중에도 '종소리가 어째서 나무 두들기는 소리와 같으냐' 하다가, 문득 잠이 깨면서 절구 소리인 줄을 알고는, 집안 사람들에게 말하기를 '내가 지금 꿈을 꾸었는데, 이 절구 소리를 북소리로 들었노라' 하는 것과 같다. 아난아, 이 사람이 몽중에서 어떻게 동하여 소리가 있고 고요하여 소리가 없음과 눈뜨고 눈감고 통하고 막히는 숨을 어떻게 기억하라마는 몸은 비록 잠을 자나, 듣는 성품은 혼미하지 않은 것이다. 설사 네 그 몸뚱이가 없어지고 목숨이 다한들 이 듣는 성품이야 어찌 없어지겠느냐?

모든 중생들이 시초가 없는 과거로부터 모든 색깔과 소리를 따르면서 허망하게 유전해 왔다. 본래의 성품은 맑고 밝아 묘하게 항상한 줄을 깨닫지 못해서 그렇다. 그러므로 항상한 본성을 의식하지 않고, 일어났다 없어졌다 하는 생멸심을 쫓아다니므로, 세세생생 온갖 잡념에 세뇌가 되어서 생사계에 유전하고 있다. 그러나 만일 앞에 드러난 생멸심을 버리고 진실로 항상한 각성覺性을 깨쳐 잡으면 항상한 묘각의 밝은 각성이 환하게 앞에 드러나므로 육근의 반연심으로 일어난 망상들이 즉시에 소멸되리라.

想相爲塵 상상하는 생각들은 허망하온 티끌들이요
識情爲垢 의식하는 망념들은 물이들은 때물이라네
二俱遠離 티끌과때 두가지를 저멀리로 떠나보내면
則汝法眼 곧이어서 너희들의 각성의눈 환히열려서
應時淸淨 즉시바로 맑고밝아 명묘하게 깨끗하리라
云何不成 누구인들 어찌해서 이루지를 못하겠는가
無上智覺 이상없는 지혜로써 깨달음을 성취하리라

수능엄경 제5권

17. 맺힌 것을 푸는 일

阿難 白佛言, 世尊! 如來雖說 第二義門 今觀世間 解結之
人 若不知其 所結之元 我信是人 終不能解。世尊! 我及會
中 有學聲聞 亦復如是 從無始際 與諸無明 俱滅俱生 雖得
如是 多聞善根 名爲出家 猶隔日瘧。唯願大慈 哀愍淪溺。
今日身心 云何是結 從何名解? 亦令未來 苦難衆生 得免輪
廻 不落三有。作是語已 普及大衆 五體投地 雨淚翹誠 佇佛
如來 無上開示。

아난이 부처님께 사뢰었습니다.

"세존이시여, 여래께서 저희들로 하여금 제이 차원의 뜻으로 들어가는 문인 제이의문第二義門을 말씀하셨습니다. 하오나, 세간에서 맺힌 것 푸는 사람을 보건대, 맺힌 그 근원을 알지 못하면 이 사람은 결국 풀지를 못하리라 믿나이다.

세존이시여, 저와 이 회중에서 아직 더 배울 것이 있는 성문聲聞들도 역시 그렇습니다. 시초가 없는 과거로부터 모든 마음(無明)과 더불어 생하고 멸하였습니다. 그렇기 때문에 비록 많이 들은 선근善根으로 출가는 하였습니다만 하루 걸러 앓는 학질瘤疾에 걸린 사람과 같나이다. 그러하오니, 바라옵건대 대자비를 베푸시어 생멸심에 빠져서 나오지 못하는 저희들을 불쌍히 여기시어 지금 이 몸과 마음이 어찌하다가 맺히게 되었으며, 또 어떻게 해야만 맺힌 매듭이 풀리겠나이까?

그리고 미래의 모든 고난을 당하는 중생들로 하여금 생사에 윤회하는 마음을 멸해서 삼계에 떨어지지 않게 하소서."

이렇게 말하고 대중들과 함께 온몸을 땅에 엎드리고 눈물을 흘리며 정성을 다하여 여래의 더없이 높은 가르침을 열어 보여 주실 것을 기다렸습니다.

爾時世尊 憐愍阿難 及諸會中 諸有學者 亦爲未來 一切衆
이시세존 연민아난 급제회중 제유학자 역위미래 일체중
生 爲出世因 作將來眼 以閻浮檀 紫金光手 摩阿難頂, 卽時
생 위출세인 작장래안 이염부단 자금광수 마아난정 즉시
十方 普佛世界 六種震動 微塵如來 住世界者 各有寶光 從
시방 보불세계 육종진동 미진여래 주세계자 각유보광 종
其頂出 其光同時 於彼世界 來祇陀林 灌如來頂 是諸大衆
기정출 기광동시 어피세계 내기타림 관여래정 시제대중
得未曾有。於是阿難 及諸大衆 俱聞十方 微塵如來 異口同
득미증유 어시아난 급제대중 구문시방 미진여래 이구동
音 告阿難言, 善哉阿難! 汝欲識知 俱生無明 使汝輪轉 生
음 고아난언 선재아난 여욕식지 구생무명 사여륜전 생
死結根 唯汝六根 更無他物 汝復欲知 無上菩提 令汝速證
사결근 유여육근 갱무타물 여부욕지 무상보리 영여속증
安樂解脫 寂靜妙常 亦汝六根 更非他物。
안락해탈 적정묘상 역여육근 갱비타물
阿難雖聞 如是法音 心猶未明 稽首白佛, 云何令我 生死輪
아난수문 여시법음 심유미명 계수백불 운하령아 생사윤

廻 安樂妙常 同是六根 更非他物? 佛告阿難, 根塵同源 縛
회 안락묘상 동시육근 갱비타물   불고아난 근진동원 박
脫無二 識性虛妄 猶如空華。阿難! 由塵發知 因根有相
탈무이 식성허망 유여공화 아난   유진발지 인근유상
相見無性 同於交蘆 是故汝今 知見立知 卽無明本 知見無
상견무성 동어교로 시고여금 지견립지 즉무명본 지견무
見 斯卽涅槃 無漏眞淨 云何是中 更容他物?
견 사즉열반 무루진정 운하시중 갱용타물

그때 세존께서 아난과 회중에서 아직 배울 것이 있는 성문들을 가련히 보시고 앞으로 올 일체 중생과 후학들을 위하여 세상의 상식을 벗어나야 하는 까닭을 밝히려 하셨습니다. 먼저 그 원인을 밝혀서 미래의 후학들에게 바른 지견을 보이려 하셨습니다. 곧 염부단금閻浮檀金의 붉은 광명이 일어나는 손으로 아난의 정수리를 만져 주시니 즉시에 시방의 모든 부처님 세계가 여섯 가지로 진동하면서 그 무수한 부처님 세계에 계시는 미진 수 여래께서 각각 정수리에서 보배로운 광명을 발하였습니다. 그 광명이 저 세계로부터 사바세계 제타숲(祇陀林)으로 비쳐 와서는 석가여래의 정상頂上에 닿았습니다. 이를 본 여러 대중들은 일찍이 듣도 보도 못한 신기한 미증유未曾有를 얻었습니다.

이때 아난과 대중들은 시방의 미진 수 여래께서 이구동음異口同音으로 아난에게 말씀하심을 들었습니다.

"착하다, 아난아. 네가 나면서부터 갖추어진 무명을 알고자 하느냐? 너로 하여금 생사계에 흘러들게 한 그 매듭의 뿌리를

알고자 하면, 오직 네 그 육근일 뿐이고 다른 것은 없느니라. 또 네가 위없는 깨달음을 알고자 하느냐? 그리고 너로 하여금 안락한 해탈과 묘하게 항상한 열반을 얻게 함도 알고자 한다면, 그 역시 너의 육근이요 다른 무엇이 따로 없느니라."

아난은 비록 이러한 제불의 말씀을 들었으나, 아직 마음에 분명이 와 닿는 것이 없으므로 머리를 조아리고 부처님께 사뢰었습니다.

"어찌하여 저로 하여금 생사에 윤회케 하는 것과 묘하게 항상 안락케 하는 열반이 다 같은 육근이요, 다른 무엇이 아니라 하시나이까?"

부처님께서 아난에게 말씀하셨습니다.

"깨닫고 아는 지각知覺하는 근과 의식하는 티끌(塵)인 사념의 근원은 모두 같다. 그러므로 속박과 해탈이 둘이 아니며, 의식하는 성품이 본래로 허망하여 허공에 핀 헛꽃과 같으니라.

아난아, 육근에 반연되는 대경인 사물로 말미암아 지각하는 알음알이가 일어나고 지각하는 그 근으로 인하여 현상을 보고 아는 것이다. 그러나 현상과 보는 것이 본래로 제 성품이 없다. 다만 상대적 관계로 서로 의지해서 생긴 것이 흡사 갈대의 숲과 같고 빛에 반사된 무지개와 같으니라.

그러므로 네가 알고 보는 지견知見에 안다는 알음알이 지知를 세우면 곧 그것이 마음(無明)의 근본인 것이다. 하지만 알고 보는 지견知見에 본다고 하는 주체의식이 없으면 이것이 곧 육감을 초월한 참되고 청정한 무루의 열반인 것이다. 어찌 이 가운데 다시 다른 것이 용납되겠느냐?"

爾時世尊 欲重宣此義 而說偈言,
眞性有爲空 緣生故如幻 無爲無起滅 不實如空華。
言妄顯諸眞 妄眞同二妄 猶非眞非眞 云何見所見?
中間無實性 是故若交蘆 結解同所因 聖凡無二路
汝觀交中性 空有二俱非 迷晦卽無明 發明便解脫。
解結因次第 六解一亦亡 根選擇圓通 入流成正覺。
陀那微細識 習氣成暴流 眞非眞恐迷 我常不開演。
自心取自心 非幻成幻法 不取無非幻 非幻尙不生
幻法云何立? 是名妙蓮華 金剛王寶覺 如幻三摩提
彈指超無學。
此阿毗達磨 十方薄伽梵 一路涅槃門。

이때 세존께서 그 이치를 거듭 펴시려고 게송偈頌으로 읊으시었습니다.

모든존재 참성품은 허공이라네
인연으로 생긴고로 환상같아라
할일없이 일어나고 멸함도없고
항상함이 아닌것은 허공꽃이네
망언으로 참다움을 보이려하면
허망하고 참된것이 같은망일세
진실되고 진실못됨 참이아닌데
무슨수로 보는성품 분별하리오
중간이란 진실하온 성품없나니
그러기에 꼬인노끈 같다하오며
맺고푸는 그방법은 모두같아서
성인들과 범부라는 두길이없네
네가보라 중성이란 교차된성질
비고차고 두성질이 모두아니니
혼미하여 아득하면 미혹한무명
맑고밝음 드러나면 곧해탈이라
꼬인매듭 푸는데는 순차있나니
여섯근이 풀리며는 하나도없네
육근중에 한근풀면 모두가원통
묘각으로 흘러들어 정각이루리

장식이란 함장식중 미세한의식
식심분별 익힌습기 폭류이루네
참과참도 아닌것에 미혹될까봐
내가항상 두려워서 펴지못했네
본마음에 분별심을 내라고하면
환상아닌 깨달음이 환법이되네
취하지를 않으며는 환될법없어
환될법이 애초부터 나지않는데
환법이야 어디에서 성립이되랴
이런것을 이름하여 묘련화라네
금강왕의 적멸보궁 묘각장이고
심신주시 환관하는 여환삼마제
탄지간에 무학과를 초월한다네
이것이야 삼장중에 아비달마로
시방세계 모든부처 세존님들이
이한길로 열반에로 드는문일세

[해설]

유위법有爲法이란?

있다 없다 하는 모든 존재의 실체는 허망입니다. 그러므로 생멸하는 모든 존재를 유위법이라 합니다.

무위법無爲法이란?

일어나고 멸하는 생멸이 없어 있고 없을 까닭이 전연 있을 수가 없는 진공의 실상을 무위법이라 말합니다.

이전의호二轉依號란?

수능엄경 경문 중에서 지극히 난해한 문장이 이전의호二轉依號란 문구입니다. 이 글귀의 뜻은 동·서양의 철학에서 논리 체계의 기틀이 되고 있는 정반합正反合이론의 대명사입니다. 두 가지가 서로 교감이 되면서 이루어진 이름이란 뜻을 이전의호라 합니다.

그 본뜻은 밝음을 보아 어둠을 알고 어둠을 미루어 밝음을 이해한다는 뜻입니다. 달리 말하면 위의 경문 중에서도 세존이 밝히신 바와 같이 허망함을 말하여서 참을 나타내게 되면 나타내겠다는 발의發意 그 자체가 벌써 허망이 됩니다. 그러므로 참된 그 본체와 꼭 같아지고자 하는 이 두 가지 발심 자체로 말미암아 참된 그것까지도 다 같은 허망이 된다는 뜻입니다. 이를 이전의호二轉依號라 합니다.

왜냐하면 우리의 묘명한 묘각의 실상은 무극無極의 극치로서 아무 상도 본래로 없는 그 자체가 묘각의 실상입니다. 이를 무상지상無相之相이라 이름합니다. 그러므로 묘각의 성품에서 묘각을 구하면 묘각이 드러나고, 부처를 구하면 부처가 드러나고, 진성眞性을 구하면 진성이 드러나고, 허망한 유위를 구하면 생멸하는 허망을 나타내어 보이기 때문에 이미 허망이 됩니다. 그러므로 묘각의 참된 성품은 진실과 허망을 있는 그대로 드러내어 보일 뿐입니다. 이렇게 극단의 양면과 이것도 저것도 아닌 그 중성까지도 숨김없이 다 드러내어 보이는 묘명함이 곧 묘각의 여래장입니다. 그러므로 참된 성품의 진실만을 드러내어 보이거나 허망한 소견만을 드러내어 보이는 성품이 어찌 따로 있을 수가 있겠습니까? 부처님께서 이다지도 심심미묘한 불가사의한 묘각장妙覺藏의 신비를 깨우쳐 주시는 품입니다.

묘각의 여래장을 명묘하다 하고 각성을 묘명하다 하는 까닭은 물리적으로 생각해 보아도 신기합니다. 이쪽저쪽의 양면이나 그 중간을 별도로 취하고 버리는 속성이 본래로 없습니다. 묘각의 성품이라 이름하는 각성 가운데는 전연 있을 수가 없음을 잘 밝히셨습니다. 반대로 역으로 한번 묘각의 실상을 추리해 봅시다.

만약에 묘각이 중생들의 소견처럼 밝다면 어떻게 어둠을 봅니까? 또 묘각이 본래로 깨닫고 아는 각이라면 어떻게 무의식하고 멍청한 바보를 압니까? 묘각의 여래장은 일체를 부정하고 있으므로 일체를 두루 다 드러내어 보일 수 있음을 밝게 깨친다면 더 이상 배우고 말고 도를 닦고 말고 할 일이 없는 묘각의 각성 세계로 수월히 몰입할 수 있습니다. 깨닫고 아는 묘각의 각성 중에는 전 존재를 있는 그대로 드러내어 보이는 둥근 거울 같은 성품만이 있을 뿐입니다. 그러므로 묘각 중에는 어느 쪽을 취사선택할 수 있는 별도의 선택권도 없습니다. 미친 중생들의 마음 같은 허망한 성질은 본래로 없습니다.

  이러한 이치로 본래 묘각 중에는 있을 수도 없는 허망에서 마음이 생겨서는 그 마음이 새끼를 꼬듯 식심을 비틀어서 육근이란 여섯 매듭을 만들었습니다. 그 육식의 매듭을 푸는 비유를 부처님께서 설명하셨습니다. 마치 시방세계에 가득한 전기가 온갖 전자제품들의 코드를 통하여 각종 재롱감 속에 들어가서 갖가지 상을 지어내듯이 저 묘각의 각성도 부질없는 중생들의 육근에 스며들어서 육도를 설치고 다니므로 저 전기 코드와 같은 여섯 개의 코드를 뽑고 그 매듭을 푸는 근본 도리에 있어서는 범부와 성인이 따로 없음을 밝히셨습니다.

  부처님께서 말씀하셨습니다.

  "노끈이 꼬인 그 중간의 성리를 잘 보라. 맺힌 그 속이 빈 공도 꽉 찬 것도 아니다. 미혹하여 아득하면 곧 무명無明이요 미혹하고 아득함을 여의면 해탈이니라.

매듭을 푸는 데는 순서가 있다. 순리대로 하나의 매듭을 풀면 하나도 없는데 어찌 여섯 개란 육근의 매듭이 있겠느냐? 육근 중에서 두루 통하는 귀나 혀나 의식을 선택해서 감상을 따라 흐르는 식심을 두루 원만한 각성으로 몰입시키면 마침내 정각正覺을 이루리라.

너희들의 마음 가운데 장식藏識인 아타나阿陀那란 미세한 식識이 수만 생의 인습으로 굳어진 식심이다. 그 식심으로 일어나는 번뇌 망상이 마치 폭포처럼 흐르고 있다. 그러므로 묘각의 여명으로 생긴 허망한 마음에서 일어난 것이 식심이다. 이러한 사실을 밝히자 하니 오히려 참묘각의 각성을 혼미하게 할까 두려워 내가 일찍 말하지 못했노라.

스스로 그 밝은 마음 가운데서 항상 쓰고 있는 식심을 취하면 환상이 아닌 참마음까지도 도리어 환심을 일으키는 근본이 되느니라. 만일 이것이다 저것이다 하는 분별심을 취하지 않으면 환심이다 환심이 아니다 할 것도 없다. 그러므로 망상 같은 환심도 생기지 않는데 어떻게 환심을 일으키는 마음이 성립되겠느냐?

이 묘각을 이름하여 무엇도 범접할 수가 없는 묘련화妙蓮華라 하고 그것은 무엇으로도 깨트릴 수가 없으므로 묘각을 금강왕보각金剛王寶覺이라 한다. 이와 같이 몸과 식심을 환상으로 꿰뚫어 보는 직관의 지혜를 여환삼마제如幻三摩提라 한다.

이와 같이 여환삼마제를 닦으면 손가락 튕기는 사이에 배울 것 없는 무학과를 초월하리라.

이 법은 온갖 경과 율과 논을 총칭하는 아비달마阿毘達磨라 한다. 아비달마는 시방의 세존(薄伽梵)께서 이 한 길로 열반에 이르게 하는 문이 되고 있다."

於是阿難 及諸大衆 聞佛如來 無上慈誨 祇夜伽陀 雜糅精瑩
어시아난 급제대중 문불여래 무상자회 기야가타 잡유정영
妙理清徹 心目開明 歎未曾有! 阿難 合掌頂禮 白佛, 我今
묘리청철 심목개명 탄미증유   아난 합장정례 백불 아금
聞佛 無遮大悲 性淨妙常 眞實法句 心猶未達 六解一亡 舒
문불 무차대비 성정묘상 진실법구 심유말달 육해일망 서
結倫次 惟垂大慈 再愍斯會 及與將來 施以法音 洗滌沈垢。
결륜차 유수대자 재민사회 급여장래 시이법음 세척침구

그때 아난과 대중들은 여래께서 인자하신 불음으로 높고 깊은 뜻을 거듭 읊으시는 기야祇夜와 게송인 가타伽陀를 섞어 가면서 거듭 거듭 밝히시는 뜻들이 옥돌처럼 정미롭고 미묘하게 사무쳐 오므로 마음의 눈이 밝게 열려서 일찍이 없었던 일이라 찬탄하였습니다.

아난이 합장하고 부처님께 정례하며 사뢰었습니다.

"제가 이제 부처님께서 차별이 없는 대자비로 말씀하신, 본각의 성품은 청정하고 묘하고 항상하다는 진실한 진리의 법구

法句를 들었습니다. 하오나, 아직도 육근인 여섯이 풀리면 하나까지도 없어진다는 매듭 푸는 순리를 알지 못하나이다.

바라건대 대자비로써 이 회중과 장래의 중생들을 다시 불쌍히 여기시어 진리의 말씀을 베풀어서 저희들의 마음속에 깊이 사무쳐 있는 식심의 티끌과 사념의 때를 씻어 주소서."

卽時如來 於師子座 整涅槃僧 斂僧伽梨 攬七寶几 引手於
즉시여래 어사자좌 정열반승 염승가리 람칠보궤 인수어
几 取劫波羅天 所奉華巾 於大衆前 綰成一結 示阿難言, 此
궤 취겁바라천 소봉화건 어대중전 관성일결 시아난언 차
名何等? 阿難大衆 俱白佛言, 此名爲結。於是如來 綰疊
명하등 아난대중 구백불언 차명위결 어시여래 관첩
華巾 又成一結 重問阿難, 此名何等? 阿難大衆 又白佛言,
화건 우성일결 중문아난 차명하등 아난대중 우백불언
此亦名結 如是倫次 綰疊華巾 總成六結 一一結成 皆取手
차역명결 여시륜차 관첩화건 총성육결 일일결성 개취수
中 所成之結 持問阿難, 此名何等? 阿難大衆 亦復如是 次
중 소성지결 지문아난 차명하등 아난대중 역부여시 차
第酬佛, 此名爲結。
제수불 차명위결

그때 여래께서 사자좌에서 속옷인 니바사나를 바로하시고 겉옷인 승가리를 여미시며 칠보로 된 책상을 끌어당기어 손으로 그 위에 놓인 겁바라 천天이 바친 비단 수건인 첩화건疊華巾을 들어서 대중이 보는 앞에서 한 매듭을 맺으시며 아난에게 보이면서 말씀하셨습니다.

"이것이 무엇이냐?"

아난과 대중이 함께 사뢰었습니다.

"그것은 매듭이옵니다."

여래께서 첩화건을 다시 또 한 매듭을 만드시어 아난에게 물었습니다.

"이것이 무엇이냐?"

아난과 대중이 또 사뢰었습니다.

"그것도 매듭이옵니다."

이렇게 차례차례로 첩화건을 가지고 여섯 개의 매듭을 만드시면서, 한 매듭을 맺으실 적마다 손으로 맺은 매듭을 들고 아난에게 물었습니다.

"이것이 무엇이냐?"

아난과 대중도 그와 같이 번번이 대답하였습니다.

"그것도 매듭이옵니다."

佛告阿難, 我初綰巾 汝名爲結 此疊華巾 先實一條 第二第
三 云何汝曹 復名爲結? 阿難 白佛言, 世尊! 此寶疊華
緝績成巾 雖本一體 如我思惟 如來一綰 得一結名 若百綰
成 終名百結 何況此巾 祇有六結 終不至七 亦不停五 云何
如來 祇許初時 第二第三 不名爲結? 佛告阿難, 此寶華巾

汝如此巾 元止一條 我六綰時 名有六結 汝審觀察 巾體是
同 因結有異。於意云何 初綰結成 名爲第一 如是乃至 第
六結生 吾今能將 第六結名 成第一不? 不也世尊! 六結若
存 斯第六名 終非第一 縱我歷生 盡其明辯 如何令是 六結
亂名?

부처님이 아난에게 말씀하셨습니다.

"내가 처음 수건으로 맺는 것을 네가 매듭이라고 하였다. 이 비단으로 된 수건은 본래 하나인데, 너희들이 어찌하여 둘째, 셋째를 모두 매듭이라고 하느냐?"

아난이 부처님께 사뢰었습니다.

"세존이시여, 이 보배로운 실로 짜서 만든 수건은 비록 하나이지만 제가 생각건대 여래께서 한 매듭을 맺으시면 한 매듭이라 하옵고, 백 번을 맺으시면 백 매듭이라 할 것입니다. 하지만 이 수건은 지금 여섯 매듭뿐입니다. 그래서 일곱까지는 이르지 못하였고, 다섯 매듭은 지났습니다. 그래서 저희들이 여섯 매듭이라 하였을 뿐입니다. 그런데 여래께서는 어찌하여 첫 매듭만 매듭이라 인정하시옵고, 둘째 셋째 그 위로는 매듭이라고 말씀을 하지 않으려고 하십니까?"

부처님이 아난에게 말씀하셨습니다.

"이 보배로 짠 비단수건은 보는 바와 같이 하나이다. 하지만 내가 여섯 번 매듭을 맺음으로 여섯 개의 매듭이란 이름이 있게 되었다.

　네가 자세히 관찰해 보아라. 수건 그 자체는 같은 천으로 된 것이지마는 결인을 맺음으로 말미암아 매듭이 생기게 된 것이다. 이를 너희들은 어떻게 생각하느냐?

　처음 맺은 것을 첫 매듭이라 하고, 이렇게 점차로 하여 여섯 개의 매듭이 생겼으니, 네가 이제 이 여섯째 매듭을 가지고 첫 매듭이라 할 수 있겠느냐?"

　"할 수 없나이다. 세존이시여, 여섯 매듭을 그냥 두고는, 여섯 개의 매듭이 첫 매듭이 될 수는 없나이다. 제가 여러 생을 두고 두고 아무리 변명을 한다 하온들, 어떻게 이 여섯 매듭의 이름을 달리 바꿀 수가 있겠나이까?"

佛言, 如是! 六結不同 循顧本因 一巾所造 令其雜亂 終不
불언　여시　육결부동　순고본인　일건소조　영기잡란　종부
得成。則汝六根 亦復如是 畢竟同中 生畢竟異。
득성　즉여육근　역부여시　필경동중　생필경이
佛告阿難, 汝必嫌此 六結不成 願樂一成 復云何得? 阿難
불고아난　여필혐차　육결불성　원락일성　부운하득　　아난
言, 此結若存 是非蜂起 於中自生 此結非彼 彼結非此 如來
언　차결약존　시비봉기　어중자생　차결비피　피결비차　여래
今日 若總解除 結若不生 則無彼此 尚不名一 六云何成?
금일　약총해제　결약불생　즉무피차　상불명일　육운하성
佛言, 六解一亡 亦復如是。由汝無始 心性狂亂 知見妄發
불언　육해일망　역부여시　　유여무시　심성광란　지견망발

發妄不息 勞見發塵 如勞目睛 則有狂華 於湛精明 無因亂
起 一切世間 山河大地 生死涅槃 皆卽狂勞 顚倒華相。阿
難言, 此勞同結 云何解除？ 如來以手 將所結巾 偏掣其左
問阿難言, 如是解不？ 不也世尊！ 旋復以手 遍牽右邊 又
問阿難, 如是解不？ 不也世尊！

부처님이 말씀하셨습니다.

"그러니라. 여섯 매듭이 같지 아니하나 근본 원인을 따져보면 한 수건으로 되었다 하지마는, 그 매듭을 하나로 뭉칠 수는 없느니라. 너의 육근도 그와 같다. 필경 같은 하나의 수건에서 결국 다른 것이 되었느니라.

아난아, 네가 여섯 매듭이 되는 것을 싫어해서 하나 되기를 바란다면 어떻게 해야 되겠느냐?"

아난이 사뢰었습니다.

"이 매듭들이 그냥 있게 되면 이것저것들이 울툭불툭 튀어나와서 그 중 어느 것이나 자연히 이 매듭은 저 매듭이 아니고, 저 매듭은 이 매듭이 아니라 하겠습니다. 하지만 여래께서 만일 모든 매듭을 풀어서 매듭이 생기지 않게 하면, 이것저것이 없어져서 하나라 할 것도 없는데 어떻게 여섯이 성립되겠습니까?"

부처님이 말씀하셨습니다.

"여섯이 풀리면 하나까지 없어진다는 것도 그와 같으니라. 네가 시초가 없는 과거로부터 미친 심성이 어지럽게 설쳐서 그로 인하여 알고 보는 허망한 지견을 내었다. 그렇게 허망함을 내는 것을 쉬지 않음으로 밝게 드러내어 보이는 성품이 피로하게 되었다. 피로가 쌓여서 티끌 같은 분별심을 일으키었다. 마치 맑은 눈동자를 피로케 하면, 맑고 정명한 눈에서 까닭없이 헛꽃이 어지럽게 일어남과 같다. 그러므로 일체 세간의 산하대지와 생사와 모든 것들이 본래로 고요히 잠든 열반이었는데 공연히 미친 식심이 피로하게 해서 생긴 뒤바뀐 환상의 헛꽃들이니라."

아난이 사뢰었습니다.

"이 미친 식심의 피로가 육근의 매듭과 같다면, 어떻게 해서 풀어야 하겠습니까?"

여래께서 매듭 맺은 수건을 손에 드시고, 왼쪽으로 당기면서 아난에게 물으셨습니다.

"이렇게 당기면 풀 수 있겠느냐?"

"아니 됩니다, 세존이시여."

다시 오른쪽으로 당기면서 또 아난에게 물으셨습니다.

"이렇게 하면 풀 수 있겠느냐?"

"아니 되옵니다, 세존이시여."

佛告阿難, 吾今以手 左右各牽 竟不能解 汝設方便 云何解
成? 阿難 白佛言, 世尊! 當於結心 解卽分散。佛告阿難,
如是如是! 若欲除結 當於結心。阿難! 我說佛法 從因緣
生 非取世間 和合麤相。如來發明 世出世法 知其本因 隨
所緣出 如是乃至 恒沙界外 一滴之雨 亦知頭數 現前種種
松直棘曲 鵠白烏黑 皆了元由。是故阿難! 隨汝心中 選擇
六根 根結若除 塵相自滅 諸妄消亡 不眞何待?
阿難! 吾今問汝 此劫波羅巾 六結現前 同時解縈 得同除
不? 不也世尊! 是結本以 次第綰生 今日當須 次第而解。
六結同體 結不同時 則結解時 云何同除? 佛言, 六根解除
亦復如是。此根初解 先得人空 空性圓明 成法解脫 解脫法
已 俱空不生 是名菩薩 從三摩地 得無生忍。

부처님이 아난에게 말씀하셨습니다.

"내가 지금 왼쪽으로 당기고 오른쪽으로 당기어서 풀지 못하였으니, 네가 방편을 내어라. 어찌하면 풀리겠느냐?"

아난이 부처님께 사뢰었습니다.

"세존이시여, 맺은 매듭의 중심에서 풀어야 풀리겠나이다."

부처님이 아난에게 말씀하였습니다.

"그러하니라. 맺힌 것을 풀려면 매듭의 복판에서 풀어야 하느니라.

아난아, 내가 말하기를 '불법은 인연을 따라서 난다'고 한 것은, 세간의 거칠게 화합된 현상을 보고 말한 것이 아니다. 여래는 세간과 출세간의 모든 진리는 그 근본 원인이 있고, 그 원인에 따라서 세간과 출세간의 진리가 나오는 것임을 알며 이렇게 내지 항하사 세계 밖에 있는 한 방울의 빗물이라 하더라도 그 수효를 다 알고, 앞에 나타난 소나무는 곧고, 산 대추나무는 굽고, 백조는 희고, 가마귀는 검은 그 까닭을 모두 아느니라.

그러므로 아난아, 네 마음대로 육근에서 하나를 선택해 보아라. 만일 그 어느 근이든 한 근의 매듭이 풀리면, 다섯 근에 걸린 매듭들은 저절로 다 없어질 것이다. 그러면 육근으로 생긴 모든 허망한 식심 분별들이 소멸할 것이다. 그렇게 되고 나면 어찌 너라고 해서 참되지 않겠느냐?

아난아, 내 지금 네게 묻노라. 겹바라 천으로 짠 수건의 여섯 매듭을 동시에 다 풀 수가 있겠느냐?"

"못하나이다. 세존이시여, 본래로 이 매듭을 맺을 때에는 차례로 맺은 것입니다. 그러므로 지금 푸는 것도 차례대로 풀어야 하나이다. 여섯 개의 매듭이 그 자체는 같지마는 맺는 단계는 같지 않습니다. 그러므로 풀 적에도 순서대로 풀어야지 어떻게 한꺼번에 풀리겠나이까?"

부처님이 말씀하셨습니다.

"육근을 풀어 해체함도 역시 그러하니라. 이 육근을 해체시켜서 처음으로 육근에서 벗어나게 되면 먼저는 식심이 텅 비어지므로 모든 사람들이 텅 비어 있는 공임을 본다. 동시에 신심身心이 텅 비어 공하고 나면 마음의 성품이 두루 밝아지면서 만법의 섭리로 얽히고설킨 진리를 벗어난 법해탈法解脫을 얻게 된다. 법해탈을 얻어서 그 해탈한 경계까지도 소멸시키고 나면 등각等覺에 오른 보살의 삼마지三摩地가 된다. 이 삼마지로부터 생멸이 있을 수 없는 무생법인無生法忍을 얻는 것이니라."

[해설]

법인法忍과 법인法印과 법인法因은 어떻게 같고 다른가?

법인法忍과 법인法印과 법인法因은 몸과 마음을 객관화해서 본묘각으로 돌아가는 시발점이 된다는 점에서는 뜻이 같습니다. 그러나 그 문맥의 의미로는 서로 다릅니다. 설명을 하면 이렇습니다.

법인法忍은 육바라밀을 닦는 보살들이 성불을 하기 위하여서는 무진 난행고행을 지원해야 합니다. 이러한 보살도를 법인法忍이라 합니다.

법인法因은 처음 깨달음으로 들어갈 때의 수행의 덕목을 의미합니다. 예를 든다면 깨닫는 수행의 방편을 법인法因이라 합니다.

법인法印은 부처님이나 큰 스승님들께서 제자들에게 너는 깨달았다고 인가를 했다는 뜻입니다.

18. 원통圓通을 얻다

① **육진원통**六塵圓通(육진이란 色·聲·香·味·觸·法)

阿難 及諸大衆 蒙佛開示 慧覺圓通 得無疑惑 一時合掌 頂
禮雙足 而白佛言, 我等今日 身心皎然 快得無礙 雖復悟知
一六亡義 然猶未達 圓通本根。世尊！ 我輩飄零 積劫孤露
何心何慮 預佛天倫 如失乳兒 忽遇慈母。若復因此 際會道
成 所得密言 還同本悟 則與未聞 無有差別 惟垂大悲 惠我
秘嚴 成就如來 最後開示。作是語已 五體投地 退藏密機
冀佛冥授。

아난과 대중이 부처님께서 깨달음으로 가는 길을 열어 보이시는 말씀을 듣고, 지혜로운 깨달음이 두루 통하여 의혹이 없어졌습니다. 그들은 일시에 합장하고 부처님의 두 발에 절하고 사뢰었습니다.

"저희들이 오늘에야 신심이 밝아져서 걸림이 없음을 얻었나이다. 비록 1과 6이 없어지는 이치는 알았사오나, 아직도 두루 통하는 원통圓通한 근본을 알지 못하나이다.

세존이시여, 저희들이 여러 겁을 헤매면서 외롭게 떠돌다니다가 뜻하지 못한 마음과 생각으로 부처님을 만나 뵙는 천행을 맞이하였습니다. 마치 잃어버렸던 젖먹이 아이가 자비로운 어머니를 만난 듯하나이다.

다시없는 이 기회에 도道를 이룬다면, 얻어들은 은밀한 부처님의 말씀들이 본래의 깨달음과 같으련만 아직도 마음이 열리지 못한 저희들은 들었어도 듣지 못한 적과 크게 다를 바가 없나이다. 바라옵건대 크신 자비로 우리에게 신비롭고 존엄하신 은혜를 베푸시어 여래께서 최후로 열어 보이시는 가르침을 저희들이 듣고 깨달음의 각성을 그대로 성취하게 하소서."

이렇게 말하고 온몸을 땅에 던져 절하고는 다시없는 기회라 생각하고 조용히 물러나 앉아서 부처님의 가르치심을 기다렸습니다.

爾時世尊 普告衆中 諸大菩薩 及諸漏盡 大阿羅漢, 汝等菩薩 及阿羅漢 生我法中 得成無學 吾今問汝。最初發心 悟十八界 誰爲圓通 從何方便 入三摩地?

이때 세존께서 대중 가운데서 큰 보살들과 식심의 흐름이 말라 버려서 번뇌 망상이 없는 대아라한들에게 말씀하셨습니다.

"너희들 보살과 아라한들이 나의 가르침 가운데서 배울 것이 없는 무학을 이루었다. 그러니 이제 너희에게 물어 보겠다. 너희들이 최초에 나를 만나 발심해서 육근으로 안과 밖과 중간의 경계인 십팔계十八界로 들어가서 마음이 열렸을 적에 육근과 12처와 18계 중에서 어느 문을 통해서 원통圓通을 이루었느냐? 그리고 무슨 방편方便을 가지고 각성의 자리인 삼마지三摩地에 들어갔느냐?"

(時) 憍陳那五比丘 卽從座起 頂禮佛足 而白佛言, 我在鹿苑 及於雞園 觀見如來 最初成道 於佛音聲 悟明四諦。佛問比丘 我初稱解 如來印我 名阿若多 妙音密圓 我於音聲 得阿羅漢 佛問圓通 如我所證 音聲爲上。

그때에 부처님의 제자 중에서 제일 먼저 깨달았다는 교진나憍陳那 등 다섯 비구가 자리에서 일어나 부처님의 발에 정례하고 부처님께 사뢰었습니다.

"저는 녹야원 안에 있는 계원雞園에서 여래께서 최초로 성도하신 모습을 뵈옵고, 부처님이 말씀하시는 사제법문에서 괴로움은 집착에서 생기고 집착을 멸하면 깨달음이니라 하시는 부처님의 음성을 듣는 순간 고뇌스러웠던 근본의 마음이 텅 비어졌습니다. 아울러 허망한 식심이 소멸되면서 신비로운 각성이 환하게 열렸습니다.

부처님이 비구들에게 제가 먼저 사제법을 깨쳤노라 하시고 여래께서 저를 인가하사 처음으로 사제법의 요의를 알았다는 뜻으로 아약다阿若多라 하셨습니다.

저는 부처님의 묘한 음성이 시방세계에 두루 가득함 속에서 제가 부처님의 묘음 속으로 멸해 버리면서 신기한 각성이 환히 밝아지며 아라한阿羅漢을 얻었나이다.

부처님이 저에게 원통을 물으시니, 저의 증득한 바로는 음성音聲이 으뜸이 되겠나이다."

[해설]

성불하신 세존의 묘각의 여래장에서 시방 제불세계를 두루 머금은 묘한 음성을 교진여는 직접 들었으니 어찌 마음이 녹아 버리지 않겠습니까? 저 식심으로 창조된 시방세계도 동시에 확 열리면서 환한 적멸이 앞에 나타났다고 합니다. 이와 같은 기적은 모두 부처님의 가피력임을 알아야 합니다. 본디 이승과인 나한과와 벽지불과는 모두가 부처님의 신통력으로 만든 화성유품이기 때문입니다.

교진여 비구는 과거 한량없는 무량억겁 전에 석존이 선인仙人으로서 산에서 수행을 하고 있을 때에 교진여가 왕이 되어 시녀들을 데리고 사냥을 나갔습니다. 한참을 짐승을 쫓다 보니 아끼는 궁녀들이 하나도 보이지 않아 이리저리 찾다가 보니 어느 한적한 곳에서 궁녀들이 어떤 선인의 곁에서 경건한 마음으로 법문을 듣고 있었습니다. 이 모양을 보고는 어찌나 질투가 났든지 격분한 나머지 그 선인을 칼로 사지를 베어 버렸습니다. 하지만 선인은 지극히 태연한 자세로 아무런 동요가 없었습니다.

"내가 그대의 사지를 베었는데도 아프지도 않고 유감도 없느냐?"고 하니 선인이 말씀하시기를 "내가 산에서 수도를 하는 것은 생사에서 벗어나고자 함입니다. 생사 초월에 뜻을 둔 제가 어찌 곧 무너질 육신과 사지에 미련이 있겠습니까?"

그렇게 말씀하는 순간 졸지에 사지가 원래대로 회복됨을 목전에 보고는 왕은 그 자리에서 무릎을 꿇고 큰절을 올리며 참회하고 발원하였습니다.

"선인이시여, 존자께서 그 어느 때이든 간에 만약 성불을 하시거든 저를 제일 먼저 깨닫게 하여 주소서."

그때의 소원이 그대로 이루어진 분이 바로 교진여 비구라고 합니다.

세상에 자식으로서 부모에게 못할 짓을 한 이가 과연 몇이나 될까마는 사리불, 목건련, 교진여 등 저 많은 제자들은 과거세에 부처님께 못할 짓을 하다가 모두 불도로 걸려들게 되었다는 기연의 설화가 전해 옵니다.

優波尼沙陀 卽從座起 頂禮佛足 而白佛言, 我亦觀佛 最初
우바니사타 즉종좌기 정례불족 이백불언 아역관불 최초
成道 觀不淨相 生大厭離 悟諸色性 以從不淨 白骨微塵 歸
성도 관부정상 생대염리 오제색성 이종부정 백골미진 귀
於虛空 空色二無 成無學道 如來印我 名尼沙陀 塵色旣盡
어허공 공색이무 성무학도 여래인아 명니사타 진색기진
妙色密圓 我從色相 得阿羅漢。佛問圓通 如我所證 色因爲
묘색밀원 아종색상 득아라한 불문원통 여아소증 색인위
上。
상

우바니사타優波尼沙陀가 자리에서 일어나 부처님의 발에 정례하고 부처님께 사뢰었습니다.

"저도 부처님이 최초에 성도를 하시고 빛나신 얼굴을 뵈옵고 제 자신에 대하여 더럽고 추한 부정상不淨相을 관찰하다가 더럽고 추악한 이 몸으로부터 멀리 떠나고 싶은 대염리심大厭離心을 내었습니다. 그리고 모든 물질의 색성을 깨달았습니다. 이렇게 부정상을 관함으로 백골과 미진이 허공으로 돌아가고, 공과 물질이라는 두 가지 색성이 없어지면서 무학도無學道를 이루었습니다. 여래께서 저를 인가하시기를 니사타尼沙

陀라는 이름을 주시었나이다. 티끌인 색은 이미 없어졌고 묘한 색이 신비롭게 두루 원만(密圓)하여졌습니다. 저는 부정관不淨觀을 하다가 색상으로부터 심신을 벗어던진 아라한을 얻었나이다. 부처님이 원통을 얻는 방편을 물으시니, 제가 증득한 바로는 색상色相을 관하여 묘명한 색으로 돌아감이 으뜸이 되겠나이다."

香嚴童子 卽從座起 頂禮佛足 而白佛言, 我聞如來 教我諦
향엄동자 즉종좌기 정례불족 이백불언 아문여래 교아체
觀 諸有爲相 我時辭佛 宴晦淸齋 見諸比丘 燒沈水香 香氣
관 제유위상 아시사불 연회청재 견제비구 소침수향 향기
寂然 來入鼻中 我觀此氣 非木非空, 非煙非火 去無所著 來
적연 내입비중 아관차기 비목비공 비연비화 거무소착 내
無所從 由是意消 發明無漏 如來印我 得香嚴號 塵氣倏滅
무소종 유시의소 발명무루 여래인아 득향엄호 진기숙멸
妙香密圓 我從香嚴 得阿羅漢 佛問圓通 如我所證 香嚴爲
묘향밀원 아종향엄 득아라한 불문원통 여아소증 향엄위
上。
상

향엄동자香嚴童子가 자리에서 일어나 부처님의 발에 정례하고 부처님께 사뢰었습니다.

"저는 여래께서 모든 존재(有爲相)를 보는 자신의 시각을 주시(諦觀)하라 하심을 듣고, 제가 그때 부처님을 하직하고 한 방에서 편안히 앉아서 자신을 주시하는 명상冥想을 하다가, 비구들이 향기 좋은 침수향沉水香을 사르니 그 그윽한 향기가 코로 들어왔습니다.

　제가 마음의 눈으로 관찰해 보니 이 향기는 나무도 아니요, 그렇다고 텅 빈 공도 아니요, 연기도 아니요 타는 불도 아니어서, 향기가 가도 붙어 있는 데가 없고, 내 코로 와도 쫓아온 데가 없었습니다. 이렇게 관찰을 하다 보니 스스로 사유 분별하는 의식이 사라져서 샘이 없는 깨닫고 아는 밝은 각성이 환히 열렸습니다.

　여래께서 저를 인가하시기를 식심으로 생긴 티끌인 향기(塵氣)가 소멸되어 묘향이 두루 가득(密圓)하여졌으므로 저를 향기를 엄밀히 느낌으로부터 아라한을 얻었다고 하셨습니다. 부처님께서 원통을 물으시니 저의 증득한 바로는 향기를 엄밀히 느끼는 향엄香嚴이 으뜸이 되겠나이다."

藥王藥上　二法王子　幷在會中　五百梵天　卽從座起　頂禮佛
약왕약상　이법왕자　병재회중　오백범천　즉종좌기　정례불

足　而白佛言　我無量劫　爲世良醫　口中嘗此　娑婆世界　草木
족　이백불언　아무량겁　위세양의　구중상차　사바세계　초목

金石　名數凡有　十萬八千　如是悉知　苦, 醋, 鹹, 淡　甘, 辛
금석　명수범유　십만팔천　여시실지　고　초　함　담　감　신

等味　並諸和合　俱生變異　是冷是熱　有毒無毒　悉能遍知
등미　병제화합　구생변이　시냉시열　유독무독　실능변지

承事如來　了知味性　非空非有　非卽身心　非離身心　分別味
승사여래　요지미성　비공비유　비즉신심　비리신심　분별미

因　從是開悟。蒙佛如來　印我昆季　藥王藥上　二菩薩名　今
인　종시개오　몽불여래　인아곤계　약왕약상　이보살명　금

於會中 爲法王子 因味覺明 位登菩薩。佛問圓通 如我所證
어회중 위법왕자 인미각명 위등보살 불문원통 여아소증
味因爲上。
미인위상

약왕·약상 두 법왕자 보살이 회중에 있던 오백 범천과 같이 자리에서 일어나 부처님 발에 정례하고 부처님께 사뢰었습니다.

"저희는 시초가 없는 겁으로부터 세상에서 병을 잘 치료하는 양의良醫가 되었습니다. 그래서 입으로 이 사바세계에서 자라나는 초목草木과 금석金石 등을 모두 맛본 것이 그 수가 10만8천 종이나 됩니다. 그런데 그 맛들이 쓰고 시고 짜고 싱겁고 달고 맵고 한 것과, 또 그것들의 성질이 화합이 되는 것과, 여러 가지가 약품들이 조합이 되어서만 생기는 성미와 또한 변화를 시켜서 달라지는 성질과, 냉하고 열하며 유독하고 무독함을 두루 맛보아 다 알고 있었습니다. 그런데 여래를 받들어 섬기면서 맛의 성질이 텅 빈 공도 아니고, 그렇다고 잡을 수 있는 것도 아니고, 몸과 마음을 떠나 있는 것도 아님을 알았습니다. 이렇게 그 맛들의 근본을 분석하다가 마음이 열렸습니다.

여래로부터 저의 형제를 인가하시기를 약왕보살藥王菩薩, 약상보살藥上菩薩이라는 이름을 받았습니다. 이제 회중에서도 법왕자法王子가 되었습니다. 저희는 맛으로 인하여 깨달아 보살의 지위에 올랐습니다.

　부처님이 두루 통하는 원통의 방편을 물으시니, 저희가 증득한 바로는 맛을 느끼는 미인味因을 궁구하여 묘각의 각성으로 들어감이 으뜸이 되겠나이다."

跋陀婆羅 幷其同伴 十六開士 卽從座起 頂禮佛足 而白佛
발 타 바 라　병 기 동 반　십 육 개 사　즉 종 좌 기　정 례 불 족　이 백 불
言, 我等先於 威音王佛 聞法出家 於浴僧時 隨例入室 忽悟
언　아 등 선 어　위 음 왕 불　문 법 출 가　어 욕 승 시　수 례 입 실　홀 오
水因 旣不洗塵 亦不洗體 中間安然 得無所有。宿習無忘
수 인　기 불 세 진　역 불 세 체　중 간 안 연　득 무 소 유　　숙 습 무 망
乃至今時 從佛出家 今得無學 彼佛名我 跋陀婆羅 妙觸宣
내 지 금 시　종 불 출 가　금 득 무 학　피 불 명 아　발 타 바 라　묘 촉 선
明 成佛子住。佛問圓通 如我所證 觸因爲上。
명　성 불 자 주　　불 문 원 통　여 아 소 증　촉 인 위 상

　발타바라와 그의 동반으로 마음이 열린 16개사開士가 자리에서 함께 일어나 부처님의 발에 정례하고 부처님께 사뢰었습니다.

　"저희들은 처음 위음왕불威音王佛께 깨달음의 말씀을 듣고 출가하였습니다. 그때 스님들과 목욕을 하려고 차례대로 목욕탕에 들어갔다가, 문득 물과 몸과 마음의 인연관계(水因)를 깨달았습니다. 생각해 보니 몸을 씻음은 더럽다는 생각(塵)을 씻음도 아니요. 몸(體)을 씻음도 아닌 가운데서 홀연히 심중이 편안해져서 아무것도 취하고 버릴 것도 없는 무소유無所有를 얻게 되었습니다. 그러나 수만 생의 나쁜 습관(宿習)이 잘

없어지지 아니하다가 이제야 부처님을 따라 출가하여 숙습이 없어진 무학無學을 얻게 되었습니다. 저 위음왕 부처님이 저를 발타바라跋陀婆羅라 이름하셨듯이 저는 묘한 촉성觸性이 밝게 사무쳐서 묘각으로 들어가는 불자주佛子住에 머물게 되었습니다.

지금 부처님께서 저에게 두루 통하는 원통圓通의 방편을 물으시니, 제가 체험한 바로는 깨닫고 아는 각체(觸)를 의식하는 각관覺觀이 으뜸이 되겠나이다."

摩訶迦葉 及紫金光比丘尼等 卽從座起 頂禮佛足 而白佛
마 하 가 섭 급 자 금 광 비 구 니 등 즉 종 좌 기 정 례 불 족 이 백 불
言, 我於往劫 於此界中 有佛出世 名日月燈 我得親近 聞法
언 아 어 왕 겁 어 차 계 중 유 불 출 세 명 일 월 등 아 득 친 근 문 법
修習 佛滅度後 供養舍利 然燈續明 以紫光金 塗佛形像 自
수 습 불 멸 도 후 공 양 사 리 연 등 속 명 이 자 광 금 도 불 형 상 자
爾已來 世世生生 身常圓滿 紫金光聚 此紫金光比丘尼等
이 이 래 세 세 생 생 신 상 원 만 자 금 광 취 차 자 금 광 비 구 니 등
卽我眷屬 同時發心。我觀世間 六塵變壞 唯以空寂 修於滅
즉 아 권 속 동 시 발 심 아 관 세 간 육 진 변 괴 유 이 공 적 수 어 멸
盡 身心乃能 度百千劫 猶如彈指 我以空法 成阿羅漢 世尊
진 신 심 내 능 도 백 천 겁 유 여 탄 지 아 이 공 법 성 아 라 한 세 존
說我 頭陀爲最 妙法開明 消滅諸漏。佛問圓通 加我所證
설 아 두 타 위 최 묘 법 개 명 소 멸 제 루 불 문 원 통 가 아 소 증
法因爲上。
법 인 위 상

마하가섭摩訶迦葉과 자금광비구니紫金光比丘尼들이 자리에서 일어나 부처님의 발에 정례하고 부처님께 사뢰었습니다.

"지나간 겁에 이 세계에서 부처님이 세상에 나오셨습니다.

그 이름이 일월등명日月燈明 부처님이시었습니다. 제가 그때 부처님을 가까이 모시면서 깨달음으로 가는 법을 듣고 그대로 행하고 익혔습니다. 그 부처님이 멸도한 뒤에는 부처님의 사리에 공양도 하고 등도 켜서 항상 밝게 하였습니다. 그리고 붉은 금빛 나는 자금광紫金光으로 부처님의 형상에 도금도 하였더니 그 후부터 세세생생에 저희들의 몸은 붉은 금빛 색깔을 두루 갖추게 되었습니다. 지금 저 자금광비구니들은 저의 권속으로서 저와 같은 시기에 부처님의 몸에 도금도 했고 깨달음의 마음도 같이 낸 비구니들입니다.

저는 세간의 모든 것이 일어났다 멸함을 주시하고 육근으로 생긴 식심도 각성의 눈으로 주시를 하니 일체가 오로지 공적함으로 돌아감을 깨닫고 필경 괴멸하고 만다는 멸진정滅盡定을 닦아서, 신심身心이 백천 겁을 지내어도 손가락 튕기는(彈指) 순간과 같습니다. 저는 일체가 비어 있다는 공관空觀으로써 아라한을 이루었습니다. 세존이 저를 일러 식심으로 행동하는 사람이 아니고 오직 깨달음의 각성으로 행하는 무심각행자無心覺行者라는 뜻에서 두타행頭陀行에 있어서는 저를 제일이라 하셨습니다. 저는 묘명한 각성이 밝게 열려서 모든 사념의 흐름이 소멸되었습니다.

부처님께서 두루 통하는 원통의 수행법을 물으시니 제가 증

험한 바로는 모든 진리는 필경 공으로 돌아간다는 법인法因이 으뜸이 되겠나이다."

② **육근원통**六根圓通(六根이란 眼, 耳, 鼻, 舌, 身, 意)

阿那律陀 卽從座起 頂禮佛足 而白佛言, 我初出家 常樂睡
아나율타 즉종좌기 정례불족 이백불언 아초출가 상락수
眠 如來訶我 爲畜生類 我聞佛訶 啼泣自責 七日不眠 失其
면 여래가아 위축생류 아문불가 체읍자책 칠일불면 실기
雙目。世尊示我 樂見照明 金剛三昧 我不因眼 觀見十方
쌍목 세존시아 낙견조명 금강삼매 아불인안 관견시방
精眞洞然 如觀掌果 如來印我 成阿羅漢 佛問圓通 如我所
정진동연 여관장과 여래인아 성아라한 불문원통 여아소
證 旋見循元 斯爲第一。
증 선견순원 사위제일

아나율타阿那律陀가 자리에서 일어나 부처님의 발에 정례하고 부처님께 사뢰었습니다.

"저는 처음 출가하여 잠이 많아서 부처님께서 말씀하시는 법문 중에도 어찌나 졸기를 잘하였는지, 여래께서 저를 꾸짖으시기를 너같이 잠이 많으면 축생의 무리에 떨어진다고 하셨습니다. 제가 부처님의 꾸지람을 듣고 슬피 울면서 스스로 자책하면서 7일을 자지 않다가 그만 두 눈이 멀었습니다.

세존께서 저의 딱한 사정을 아시고 저에게 보고 못 보고를 항상 환하게 보는 견성을 의식케 하는 낙견조명금강삼매樂見照

明金剛三昧를 가르쳐 주셨습니다. 저는 밝고 어둠을 항상 드러내어 보이는 견성을 의식하는 삼매로 천안이 열려서 지금 이 눈을 빌리지 않고도 참된 묘각의 정기가 환히 열려서 시방세계를 보되 손바닥 위에 과일 한 개를 보는 듯합니다. 여래께서 저에게 아라한을 이루었다고 인가를 하셨습니다.

부처님께서 원통을 물으시니, 제가 깨달음을 증득한 바로는 보고 못 보는 시각을 돌이켜 양면을 항상 보는 각성인 견성을 따름이 제일이 되겠나이다."

周利槃特迦 卽從座起 頂禮佛足 而白佛言, 我闕誦持 無多
주 리 반 특 가   즉 종 좌 기   정 례 불 족   이 백 불 언   아 궐 송 지   무 다
聞性 最初値佛 聞法出家 憶持如來 一句伽陀 於一百日 得
문 성   최 초 치 불   문 법 출 가   억 지 여 래   일 구 가 타   어 일 백 일   득
前遺後 得後遺前。佛愍我愚 敎我安居 調出入息 我時觀息
전 유 후   득 후 유 전   불 민 아 우   교 아 안 거   조 출 입 식   아 시 관 식
微細窮盡 生住異滅 諸行刹那 其心豁然 得大無礙 乃至漏
미 세 궁 진   생 주 이 멸   제 행 찰 나   기 심 활 연   득 대 무 애   내 지 누
盡 成阿羅漢 住佛座下 印成無學。佛問圓通 如我所證 返
진   성 아 라 한   주 불 좌 하   인 성 무 학   불 문 원 통   여 아 소 증   반
息循空 斯爲第一。
식 순 공   사 위 제 일

주리반특가周利般特迦가 자리에서 일어나 부처님의 발에 정례하고 부처님께 사뢰었습니다.

"저는 워낙 아둔하고 총기가 없어서 많이 들을 수 있는 성품이 없었습니다. 그러므로 처음 부처님을 만나서 깨달음의

말씀을 듣고 출가는 하였으나 여래께서 일러 주신 게송(伽陀) 한 구절을 백 일 동안이나 읽어도 앞의 말을 외우면 뒤의 말을 잊고, 뒤의 말을 외우면 앞의 말을 잊었나이다. 이 모양을 보신 부처님께서 저의 총기 없음을 가엾이 여기시고, 제게 편안히 앉아서 나가고 들어오는 숨을 의식하라 하셨습니다. 제가 그때에 들고 나는 숨을 은밀히 느끼는 의식을 관찰해 보았습니다. 숨이 일어나서(生), 잠시 머물다가(住), 점점 달라지면서(異), 마침내 멸(滅)해 버리는 모든 숨의 행위가 찰나임을 미세하게 궁구해 들어가 보았습니다. 그렇게 하니 홀연히 마음이 환하게 열리어 대무애大無礙를 얻었습니다. 마침내 번뇌의 흐름인 누漏가 다하여 아라한을 이루었습니다. 제가 부처님의 문하에 머물러 있었더니, 세존께서 저에게 무학無學을 이루었다 인가를 하셨습니다.

　부처님께서 원통을 물으시니, 저의 증득한 경험으로는 숨쉬는 호흡과 상관없이 항상 느끼는 깨어 있는 텅 빈 각성을 따름이 제일이 되겠나이다."

憍梵鉢提 卽從座起 頂禮佛足 而白佛言, 我有口業 於過去
교범발제　즉종좌기　정례불족　이백불언　아유구업　어과거
劫 輕弄沙門 世世生生 有牛伺病 如來示我 一味淸淨 心地
겁　경롱사문　세세생생　유우사병　여래시아　일미청정　심지

法門 我得滅心 入三摩地 觀味之知 非體非物 應念得超 世
법문 아득멸심 입삼마지 관미지지 비체비물 응념득초 세
間諸漏 內脫身心 外遺世界 遠離三有 如鳥出籠 離垢消塵
간제루 내탈신심 외유세계 원리삼유 여조출롱 이구소진
法眼淸淨 成阿羅漢 如來親印 登無學道。佛問圓通 如我所
법안청정 성아라한 여래친인 등무학도 불문원통 여아소
證 還味旋知 斯爲第一。
증 환미선지 사위제일

 교범발제憍梵鉢提가 자리에서 일어나 부처님의 발에 정례하고 부처님께 사뢰었다.

 "저는 구업口業이 있었나이다. 과거 겁에 저는 스님네를 가볍게 보고 조롱한 업보가 중해서 세세생생에 태어날 적마다 소처럼 되새김을 하는 보기 흉한 몹쓸 병이 있었습니다. 여래께서 저에게 일미청정심지법문一味淸淨心地法門을 가르쳐 주셨습니다. 저는 이 법문의 뜻대로 맛이 있고 없고 항상 마음의 밑바탕에 깨어 있는 묘각의 일미를 느끼는 각성을 의식하는 순간 잡념이 스러지고 보고 느끼고 함을 항상 주시하는 삼마지三摩地에 들어갔습니다.

 맛보아 아는 각성은 이 몸도 아니고 앎이 무슨 물건도 아님을 주시하였더니, 한 생각 사이에 세간의 모든 샘(漏)을 초월하였습니다. 그러므로 안으로는 몸과 마음을 벗어버려 해탈解脫하였고, 밖으로는 세계를 멀리 뛰어넘어서 욕계, 색계, 무색계란 삼유三有를 여읜 것이 마치 새가 새장에서 벗어난 듯하였습니다. 자연히 상념의 때와 식심의 티끌이 소멸하고 각성의 눈(法眼)이 청정하여 아라한을 이루었습니다. 여래께서 친히 인가하시기를 무학도無學道에 올랐다 하셨나이다.

부처님께서 원통을 물으시니, 제가 증득한 바로는 맛보는 감각을 돌이키어 맛이 있고 없음을 두루 다 아는 각성으로 돌아감이 제일이 되겠나이다."

畢陵伽婆蹉 卽從座起 頂禮佛足 而白佛言, 我初發心 從佛
필릉가바차 즉종좌기 정례불족 이백불언 아초발심 종불
入道 數聞如來 說諸世間 不可樂事 乞食城中 心思法門 不
입도 수문여래 설제세간 불가락사 걸식성중 심사법문 불
覺路中 毒刺傷足 擧身疼痛! 我念有知 知此深痛 雖覺覺
각로중 독자상족 거신동통 아념유지 지차심통 수각각
痛 覺淸淨心 無痛痛覺 我又思惟 如是一身 寧有雙覺 攝念
통 각청정심 무통통각 아우사유 여시일신 녕유쌍각 섭념
未久 身心忽空 三七日中 諸漏虛盡 成阿羅漢 得親印記 發
미구 신심홀공 삼칠일중 제루허진 성아라한 득친인기 발
明無學。 佛問圓通 如我所證 純覺遺身 斯爲第一。
명무학 불문원통 여아소증 순각유신 사위제일

필릉가바차畢陵伽婆蹉가 자리에서 일어나 부처님의 발에 정례하고 부처님께 사뢰었습니다.

"저는 처음 발심해서 부처님을 따라 수도에 들어갔습니다. 여래께서 항상 말씀하시기를 세간의 모든 것은 좋아할 것이 못 된다고 말씀하심을 자주 들었습니다. 성중에 들어가 걸식하면서 부처님 법문을 생각하다가, 길에서 우연히 독한 가시에 발을 찔렸습니다. 가시의 독한 기운으로 전신이 매우 아팠습니다. 어찌나 아픈지 제가 스스로 생각을 해보니 아픈 알음알이가 있음으로 해서 내가 이렇게 아픈 줄을 아는 것이다, 비록 감각이 있어서 아픔을 깨닫고 알거니와 감각을 아는 청정한 본묘각에는 아픔과 아픔을 깨닫고 아는 알음알이가 본래로 없을 것이라고 생각되었습니다. 또 생각을 해보니 한 몸에 어찌 아프고 아니 아픈 두 개의 각성이 있겠는가 하였습니다.

이렇게 아픈 감각을 깨닫고 아는 각성 속으로 생각을 돌이켜 들어가기를 오래하지 아니하여, 문득 몸과 마음이 비어져서 3·7일 동안을 명료한 각성 속에 머물다가 모든 번뇌의 흐름이 다하고 아라한이 되었습니다. 부처님이 친히 인가하심을 받고 무학의 경계를 발명하였나이다.

부처님께서 원통을 물으시니, 제가 증득한 바로는 아프고 아니 아프고를 깨닫고 아는 각覺을 항상 순일하게 의식함으로 해서 몸과 마음을 버림이 제일이 되겠나이다."

須菩提 卽從座起 頂禮佛足 而白佛言, 我曠劫來 心得無礙
수보리 즉종좌기 정례불족 이백불언 아광겁래 심득무애
自憶受生 如恒河沙 初在母胎 卽知空寂 如是乃至 十方成
자억수생 여항하사 초재모태 즉지공적 여시내지 시방성
空 亦令衆生 證得空性 蒙如來發 性覺眞空 空性圓明 得阿
공 역령중생 증득공성 몽여래발 성각진공 공성원명 득아
羅漢 頓入如來 寶明空海 同佛知見 印成無學 解脫性空 我
라한 돈입여래 보명공해 동불지견 인성무학 해탈성공 아

爲無上。佛問圓通 如我所證 諸相入非 非所非盡 旋法歸無
위무상   불문원통   여아소증   제상입비   비소비진   선법귀무
斯爲第一。
사위제일

수보리須菩提가 자리에서 일어나 부처님의 발에 정례하고 부처님께 사뢰었습니다.

"저는 오랜 겁 전부터 마음에 걸림이 없어졌습니다. 이 세상에 태어난 것이 항하의 모래 수와 같이 살아왔음을 다 기억합니다. 저는 어머니의 태중에 있을 적부터 공적함을 깨달았기 때문에 저 시방세계까지도 공하여졌으므로 아울러 저 중생들까지도 공한 성품을 증득케 합니다,

여래께서 각의 성품이 진공임을 밝히신 가피력을 받아서 텅 빈 공의 성품이 두루 밝아 아라한을 이루고, 여래의 보배롭게 밝은 공여래장空如來藏의 바다 보명공해寶明空海에 들어갔습니다. 그러므로 공여래장을 보는 지견智見이 부처님과 같아져서 무학을 이루었습니다. 부처님이 인가하시기를 물질의 성품이 공한 그 성공性空에서 해탈하기로는 저 이상이 없다고 해서 저를 해공제일解空第一이라고 하셨습니다.

부처님께서 원통을 물으시니 제가 증득한 바로는 모든 현상(相)이 공하여지고 공한 것과 공한 그것까지도 다하여져서 이 같은 공법空法을 돌이키어 무無로 돌아감이 제일이 되겠나이다."

③ 육식원통六識圓通

舍利弗 卽從座起 頂禮佛足 而白佛言, 我曠劫來 心見淸淨
사리불 즉종좌기 정례불족 이백불언 아광겁래 심견청정
如是受生 如恒河沙 世出世間 種種變化 一見則通 獲無障
여시수생 여항하사 세출세간 종종변화 일견즉통 획무장
礙。我於路中 逢迦葉波 兄弟相逐 宣說因緣 悟心無際 從
애 아어로중 봉가섭파 형제상축 선설인연 오심무제 종
佛出家 見覺明圓 得大無畏 成阿羅漢 爲佛長子 從佛口生
불출가 견각명원 득대무외 성아라한 위불장자 종불구생
從法化生。佛問圓通 如我所證 心見發光 光極知見 斯爲第
종법화생 불문원통 여아소증 심견발광 광극지견 사위제
一。
일

사리불舍利弗이 자리에서 일어나 부처님의 발에 정례하고 부처님께 사뢰었습니다.

"저는 오랜 겁 전부터 마음을 보는 심견心見이 청정하였으므로 제가 이렇게 태어난 것이 항하사恒河沙와 같습니다. 인연화합으로 존재하는 세간과 인연을 초월한 출세간에서 여러 가지로 변화하는 것을 한번 보면 통달하여 장애가 없게 되었습니다. 저는 길에서 가섭형제가 함께 다니면서 인연법에 대하여 설명하는 말을 듣고 우리들이 쓰고 있는 마음이 갓(邊際)이 없음을 깨닫고, 부처님을 따라 곧 출가했습니다. 저는 보고 깨닫고 하는 견각見覺이 밝고 뚜렷하여져서 두려움이 없는 대아라한이 되었고 지금 부처님의 장자가 되었습니다. 부처님 말씀의 뜻인 각성으로 났으며, 각성의 성리(法)로 좇아 화생化生하였습니다.

 부처님께서 원통을 물으시니, 저의 증득한 바로는 식심을 환히 보는 심견心見이 빛을 발하고 그 빛이 지극한 지견智見이 제일이 되겠나이다."

普賢菩薩 卽從座起 頂禮佛足 而白佛言, 我已曾與 恒沙如
보현보살   즉종좌기   정례불족   이백불언 아이증여   항사여
來 爲法王子 十方如來 敎其弟子 菩薩根者 修普賢行 從我
래 위법왕자 시방여래 교기제자 보살근자 수보현행 종아
立名。世尊！我用心聞 分別衆生 所有知見 若於他方 恒
립명 세존   아용심문 분별중생 소유지견 약어타방 항
沙界外 有一衆生 心中發明 普賢行者 我於爾時 乘六牙象
사계외 유일중생 심중발명 보현행자 아어이시 승육아상
分身百千 皆至其處 縱彼障深 未得見我 我與其人 暗中摩
분신백천 개지기처 종피장심 미득견아 아여기인 암중마
頂 擁護安慰 令其成就。佛問圓通 我說本因 心聞發明 分
정 옹호안위 영기성취   불문원통 아설본인 심문발명 분
別自在 斯爲第一。
별자재 사위제일

 보현보살普賢菩薩이 자리에서 일어나 부처님의 발에 정례하고 부처님께 사뢰었습니다.

 "저는 이미 항하사恒河沙 여래의 법왕자法王子가 되었습니다. 시방의 여래께서 그 제자들에게 두루 보살피는 연민심을 품는 보살 근성菩薩根性을 가르치실 적에, 널리 헌신의 길을 행하는 보현행普賢行을 닦으라 하심은 바로 저의 이름을 말씀하신 것입니다.

세존이시여, 저는 마음의 소리를 듣는 심문心聞으로 중생들이 알고 보는 지견知見을 분별합니다. 만일 항하사 같은 세계 밖에서, 한 중생이라도 마음으로 널리 베푸는 보현행普賢行을 하겠다는 마음을 갖는 이가 있으면, 저는 그때 여섯 개의 이빨을 가진 흰 코끼리(六牙白象)를 타고 백천으로 분신하여 그들이 있는 곳마다 갑니다. 만일 그 사람들이 업장이 깊어 저를 보지 못하더라도, 저는 그들이 보지 못하는 가운데서 그 사람의 머리를 만지며, 좋은 마음을 옹호擁護하여 행복하게 하여 그들로 하여금 소원하는 모든 바람을 성취케 하나이다.

부처님께서 원통을 물으시니, 저는 처음으로 수행을 할 때에 두루 다 깨닫고 아는 묘각의 자리인 본인지本因地에서 마음의 소리를 듣는 심문心聞을 발명하고 스스로 생멸하는 마음의 소리를 분명하게 듣는 심문법心聞法을 닦았습니다. 그러므로 저의 경우는 심문이 제일이 되겠나이다."

孫陀羅難陀 卽從座起 頂禮佛足 而白佛言, 我初出家 從佛
손 타 라 난 타 즉 종 좌 기 정 례 불 족 이 백 불 언 아 초 출 가 종 불
入道 雖具戒律 於三摩提 心常散動 未獲無漏 世尊教我 及
입 도 수 구 계 율 어 삼 마 제 심 상 산 동 미 획 무 루 세 존 교 아 급
拘絺羅 觀鼻端白 我初諦觀 經三七日 見鼻中氣 出入如煙
구 치 라 관 비 단 백 아 초 체 관 경 삼 칠 일 견 비 중 기 출 입 여 연
身心內明 圓洞世界 遍成虛淨 猶如琉璃 煙相漸消 鼻息成
신 심 내 명 원 동 세 계 편 성 허 정 유 여 유 리 연 상 참 소 비 식 성

白 心開漏盡 諸出入息 化爲光明 照十方界 得阿羅漢 世尊
記我 當得菩提。佛問圓通 我以消息 息久發明 明圓滅漏
斯爲第一。

손타라난타孫陀羅難陀가 자리에서 일어나 부처님의 발에 정
례하고 부처님께 사뢰었습니다.

"저는 처음 출가하여 부처님을 따라 수행에 들어가서 비록
계율을 갖추었으나, 삼마지三摩地에는 마음이 항상 산만하게
흔들려서 샘이 없는 무루無漏를 얻지 못하였습니다. 그러다가
세존께서 저와 구치라拘絺羅를 지도하시기를 저 자신의 코끝을
보아 하얗게 보이는 지점을 주시하라 하셨습니다. 저는 처음
부터 코끝을 집요하게 주시(諦觀)하기를 3·7일 동안을 열심
히 했습니다. 그러다 보니 콧구멍으로 출입하는 공기가 하얀
연기와 같아짐을 보았습니다. 그리고 몸과 마음이 홀연히 밝
아져 시방세계가 뚜렷이 열리면서 두루 청정해진 것이 마치
투명한 유리와 같았나이다. 그러다가 연기가 점점 사라지고
코로 쉬는 숨이 희어졌습니다. 그러더니 홀연히 마음이 열리
고, 식심의 흐름(漏)이 다하여졌습니다. 식심이 없어지면서 들
고 나오는 숨이 광명이 되었습니다. 그 광명이 시방세계를 두
루 비추면서 아라한이 되었습니다.

세존께서는 저에게 수기(授記)하시기를 묘각을 얻으리라 하

셨습니다. 이제 부처님께서 저에게 원통을 물으시니, 제 생각에는 숨이 스러지고 그 숨이 오래되어 광명을 발하고, 광명이 원만하여지면서 분별 망상의 식심(識)을 다 멸함이 제일이 되겠나이다."

富樓那彌多羅尼子 卽從座起 頂禮佛足 而白佛言, 我曠劫
부루나미다라니자   즉종좌기   정례불족   이백불언   아광겁
來 辯才無礙 宣說苦空 深達實相 如是乃至 恒沙如來 秘密
래 변재무애   선설고공   심달실상   여시내지   항사여래   비밀
法門 我於衆中 微妙開示 得無所畏。世尊知我 有大辯才
법문 아어중중   미묘개시   득무소외   세존지아   유대변재
以音聲輪 敎我發揚 我於佛前 助佛轉輪 因師子吼 成阿羅
이음성륜   교아발양   아어불전   조불전륜   인사자후   성아라
漢 世尊印我 說法無上。佛問圓通 我以法音 降伏魔寃 消
한 세존인아   설법무상   불문원통   아이법음   항복마원   소
滅諸漏 斯爲第一。
멸제루   사위제일

부루나미다라니자富樓那彌多羅尼子가 자리에서 일어나 부처님의 발에 정례하고 부처님께 사뢰었습니다.

"저는 오랜 겁 전부터 변재辯才가 걸림이 없었습니다. 입으로 괴로움(苦)과 텅 빈 공을 말하되 그 고와 공의 실상(實)은 묘각의 빛인 각성의 반연으로 생긴 마음의 요술임을 깊이 통달하였습니다. 항하사같이 많은 여래가 깨달은 각성이 가득 가득 담긴 비밀한 법문法門을 많은 대중들의 생리와 사고에 맞도록 미묘하게 열어 보이되 조금도 두려움 없이 설하였나이

다. 세존께서 저에게 큰 변재가 있음을 아시고, 내면의 각성의 소리를 밖으로 말로 하여 전하는 음성륜音聲輪으로써 저를 가르치셨습니다. 그러므로 저로 하여금 언어도단言語道斷인 언설 문자가 이를 수 없는 묘각의 실상을 말로써 발양케 하셨습니다. 저는 지금 부처님 앞에서 부처님을 도와서 깨달음의 각성이 가득 담긴 법륜을 굴리는 데 조금도 두려울 것이 없습니다. 용맹한 사자처럼 사자후獅子吼를 함으로써 스스로 내면의 실상을 깨달아 아라한을 이루니, 세존께서 저를 인가하시기를 변재로써 스스로 깨닫고 또한 남을 언설로 깨닫게 하는 사람 가운데서는 저를 으뜸이라 하셨나이다.

부처님께서 원통을 물으시니 저의 생각에는 부처님의 말씀인 법음法音으로 원수 같은 마음(魔怨)을 항복받고 모든 사념의 흐름을 소멸함이 제일이 되겠나이다."

優波離 卽從座起 頂禮佛足 而白佛言, 我親隨佛 踰城出家
親觀如來 六年勤苦 親見如來 降伏諸魔 制諸外道 解脫世
間 貪欲諸漏 承佛敎戒 如是乃至 三千威儀 八萬微細 性業
遮業 悉皆淸淨 身心寂滅 成阿羅漢 我是如來 衆中綱紀 親
印我心 持戒修身 衆推無上。佛問圓通 我以執身 身得自在

次第執心 心得通達 然後身心 一切通利 斯爲第一。
차제집심 심득통달 연후신심 일체통리 사위제일

우바리優波離가 자리에서 일어나 부처님의 발에 정례하고 부처님께 사뢰었습니다.

"저는 친히 부처님을 모시고 왕궁의 성을 넘어서 출가를 했습니다. 여래께서 6년 동안 쉼 없이 고행(勤苦)하심을 직접 곁에서 보았습니다. 그리고 여래께서 최후로 마魔를 항복받을 때에 저 외도들이 스스로 자성을 밝히지 않고 밖으로 무엇을 구하는 근성들을 스스로 바로 잡으시면서 세간의 탐욕과 모든 애류인생의 흐름에서 해탈하심을 직접 보았습니다. 저는 성도하신 세존의 따뜻하시고 경외로운 모습을 친히 뵈옵고 스스로 생각했습니다. 오직 성도를 하신 부처님에게서만이 볼 수 있는 어마어마하게 신비롭고 엄숙하신 기품의 교계敎戒를 그대로 본받았습니다. 부처님의 몸에서 느끼는 3천 가지나 되는 위엄 있는 품위(威儀)를 제 스스로 부처님과 같이 갖추니 8만 가지나 되는 미세한 심성이 짓는 온갖 업식들이 차단되어 끊어졌습니다. 이렇게 온갖 지음(業)을 막으니 저절로 몸과 마음이 청정하여져 마침내 식심이 고도의 불심의 용광로 속으로 녹아들면서 아라한을 이루었습니다. 이를 지켜보신 세존께서 저를 위의와 질서를 지키며 집단생활을 하고 수행생활을 바로 잡고 규율을 세우는 훌륭한 율사律師라 하시면서 친히 제게 인가하시기를 청정무구한 각성의 성품과 같아지는 교계教戒를 지키고 이를 바로잡는 데 있어서 저를 대중 가운데서 으뜸이라 하셨습니다.

부처님께서 원통을 물으시니, 제 생각에는 몸을 단속하여 몸이 스스로 편안해지고, 점차로 마음을 단속하여 마음의 장벽을 통달한 뒤에, 몸과 마음이 모두 하나로 두루 밝게 통함이 제일이 되겠나이다."

大目犍連 卽從座起 頂禮佛足 而白佛言, 我初於路 乞食逢遇 優樓頻螺 伽耶那提 三迦葉波 宣說如來 因緣深義 我頓發心 得大通達 如來惠我 袈裟著身 鬚髮自落。我遊十方 得無罣礙 神通發明 推爲無上 成阿羅漢 寧唯世尊。十方如來 歎我神力 圓明淸淨 自在無畏。佛問圓通 我以旋湛 心光發宣 如澄濁流 久成淸瑩 斯爲第一。

대목건련大目犍連이 자리에서 일어나 부처님의 발에 정례하고 부처님께 사뢰었습니다.

"저는 처음에 길에서 걸식을 하다가 우루빈나優樓頻螺와 가야伽耶와 나제那提라는 세 분의 가섭파(迦葉)를 만났습니다. 그들이 말하는 여래의 인연법因緣法에 관한 깊은 이치를 듣고, 단

박에 세간법과 깨달음의 출세간에 대하여 크게 통달을 하였습니다. 제가 부처님을 뵈옵자 그 자리에서 가사袈裟가 몸에 입혀지고, 수염과 머리털이 저절로 떨어졌습니다. 저는 그 순간부터 시방세계에 두루 다녀도 걸림이 없게 되었습니다. 신통神通을 부리는 재간에 있어서는 제가 으뜸이 되었음과 동시에 아라한을 이루었습니다. 어찌 지금 세존뿐이겠습니까? 저 시방의 여래께서도 저의 신력神力이 두루 밝고 청정함을 찬탄하시었고 신통이 걸림이 없고 자재하여 두려움이 없나이다.

부처님께서 원통을 물으시니, 저의 생각에는 맑고 고요한 데로 돌아가서 마음에 빛이 나도록 하되, 흐린 물을 맑히듯이 고요히 오래 두면 자연히 맑고 깨끗하게 되듯이 하는 수행이 제일이 되겠나이다."

④ 칠대원통七大圓通

烏芻瑟摩 於如來前 合掌頂禮 佛之雙足 而白佛言, 我常先
오 추 슬 마   어 여 래 전   합 장 정 례   불 지 쌍 족   이 백 불 언   아 상 선
憶 久遠劫前 性多貪欲。有佛出世 名曰空王 說多淫人 成
억   구 원 겁 전   성 다 탐 욕   유 불 출 세   명 왈 공 왕   설 다 음 인   성
猛火聚 教我遍觀 百骸四肢 諸冷暖氣 神光內凝 化多淫心
맹 화 취   교 아 편 관   백 해 사 지   제 냉 난 기   신 광 내 응   화 다 음 심
成智慧火 從是諸佛 皆呼召我 名爲火頭 我以火光 三昧力
성 지 혜 화   종 시 제 불   개 호 소 아   명 위 화 두   아 이 화 광   삼 매 력

故 成阿羅漢 心發大願 諸佛成道 我爲力士 親伏魔寃。佛
問圓通 我以諦觀 身心煖觸 無礙流通 諸漏旣消 生大寶焰
登無上覺 斯爲第一。

오추슬마烏芻瑟摩가 부처님 앞에서 합장하고 부처님의 발에 정례하고 부처님께 사뢰었습니다.

"저는 항상 생각해 보니 오랜 겁 전에 음욕에 대한 욕심이 많았나이다. 부처님이 세상에 나오시니 그 이름이 공왕불空王佛이었습니다. 저에게 말씀하시기를 너같이 음욕이 많은 사람은 맹렬히 타는 불더미가 된다고 하시면서, 저로 하여금 백골과 사지의 차고 따뜻한 기운을 두루 주시하라 하시었습니다. 그렇게 항상 차고 더운 기운을 불더미로 주시하였더니 신기한 광명이 몸속으로 엉기면서, 그렇게 많던 음란한 마음이 지혜의 불(智慧火)이 되었습니다. 그때부터 여러 부처님들께서 저를 화두火頭라 이름하셨습니다. 저는 불을 주시하는 화광삼매火光三昧의 힘으로 아라한을 이루었습니다. 그리고 다시 큰 서원을 세웠습니다. 저는 모든 부처님들께서 성도하실 적에는 언제나 제가 힘센 화두금강이 되어 마구니와 원수들을 항복받겠다는 원을 세웠으므로 제불이 성도를 하실 적에 항상 그렇게 항복을 받고는 합니다.

부처님께서 원통을 물으시니, 저의 생각에는 몸과 마음 가운데 차고 따뜻한 촉감을 불로 주시하여 걸림 없이 유통케 함으로써 식심을 소멸하고 큰 각성의 불꽃 보염寶焰이 일어나게 하여 더 이상 없는 깨달음에 오름이 제일이 되겠나이다."

持地菩薩 卽從座起 頂禮佛足 而白佛言, 我念往昔 普光如
지지보살 즉종좌기 정례불족 이백불언 아념왕석 보광여
來 出現於世 我爲比丘 常於一切 要路津口 田地險隘 有不
래 출현어세 아위비구 상어일체 요로진구 전지험애 유불
如法 妨損車馬 我皆平塡 或作橋梁 或負沙土 如是勤苦 經
여법 방손거마 아개평전 혹작교량 혹부사토 여시근고 경
無量佛 出現於世。
무량불 출현어세
或有衆生 於闤闠處 要人擎物 我先爲擎 至其所詣 放物卽
혹유중생 어환궤처 요인경물 아선위경 지기소예 방물즉
行 不取其直 毗舍浮佛 現在世時 世多飢荒 我爲負人 無問
행 불취기직 비사부불 현재세시 세다기황 아위부인 무문
遠近 唯取一錢 或有車牛 被於陷溺 我有神力 爲其推輪 拔
원근 유취일전 혹유거우 피어함닉 아유신력 위기추륜 발
其苦惱。時國大王 延佛設齋 我於爾時 平地待佛 毗舍如來
기고뇌 시국대왕 연불설재 아어이시 평지대불 비사여래
摩頂謂我, 當平心地 則世界地 一切皆平 我卽心開 見身微
마정위아 당평심지 즉세계지 일체개평 아즉심개 견신미
塵 與造世界 所有微塵 等無差別 微塵自性 不相觸摩 乃至
진 여조세계 소유미진 등무차별 미진자성 불상촉마 내지
刀兵 亦無所觸 我於法性 悟無生忍 成阿羅漢 迴心今入 菩
도병 역무소촉 아어법성 오무생인 성아라한 회심금입 보
薩位中 聞諸如來 宣妙蓮華 佛知見地 我先證明 而爲上首。
살위중 문제여래 선묘련화 불지견지 아선증명 이위상수
佛問圓通 我以諦觀 身界二塵 等無差別 本如來藏 虛妄發
불문원통 아이체관 신계이진 등무차별 본여래장 허망발
塵 塵消智圓 成無上道 斯爲第一。
진 진소지원 성무상도 사위제일

지지보살持地菩薩이 자리에서 일어나 부처님의 발에 정례하고 부처님께 사뢰었습니다.

"제가 생각하니, 지난 옛적에 보광여래普光如來께서 세상에 출현을 하셨는데, 저는 그때 비구가 되어 모든 길에 구렁이 생기고 길이 험하여 사람이나 우마가 편히 다닐 수가 없겠다 싶으면 제가 평탄하게 고르고 구덩이를 메우기도 했으며 하천에 다리를 놓아 주기도 하고 흙과 돌을 지는 등 어렵고 힘든 노동을 계속하였습니다. 이렇게 한량없는 부처님이 출현하실 때까지 근고를 했습니다.

만약 어떤 중생이 복잡한 시가지에서 짐꾼을 얻어 삯짐을 지우려 하면, 제가 먼저 그들의 짐을 지고 그들이 가는 목적지까지 가서는, 짐을 내려놓고 곧 돌아왔을 뿐 품삯을 받지 않았습니다. 비사부불毘舍浮佛이 세상에 계실 적에는 흉년이 들었는데, 제가 짐꾼이 되어 멀고 가깝고를 불문하고 일전만 받았습니다. 만약 수레를 멘 소가 흙구렁에 빠지게 되면 저의 신력으로 바퀴를 밀어 고뇌하는 소와 사람을 구출해 주었습니다.

그때 국왕이 부처님과 제자들에게 음식공양을 대접하는 재齋를 올리게 되었습니다. 그때에 제가 왕궁으로 가는 길을 평탄하게 닦으면서 부처님을 기다리고 있었습니다. 비사부여래께서 저의 정수리를 만지시면서 말씀하시기를 '마음의 땅(心

地)을 평탄하게 하면 온 세계의 땅이 모두 평탄하여진다'고 하시는 말씀을 듣는 순간, 제가 평소에 높다 낮다 하는 식심이 홀연히 벗어지면서 마음의 밑바탕(心地)에 있는 각명覺明의 광명장이 환히 드러나 제 몸에 있는 세포(微塵) 하나와 저 세계를 조성한 미진이 서로 평등하여 차별이 없음을 보았습니다. 몸이나 세계를 만든 미진微塵과 그 자성이 원융하여져서 서로 침탈하여 자극을 주지 아니하므로 저 칼이나 병장기도 제 몸을 저촉抵觸할 수가 없게 되었습니다. 저는 명각明覺의 성품에 들어가서 생멸이 없는 묘각의 각성인 무생법인無生法忍을 깨달아 아라한이 되었습니다. 지금은 식심이 소멸된 마음을 돌이켜서 묘각妙覺으로 올라가는 보살지위에 참여하게 되었습니다.

여래께서 묘련화妙蓮華와 같은 묘각으로 올라가는 열두 단계의 등각等覺의 지위를 말씀하심을 듣잡고, 불지견지佛智見地를 증명하는 데 있어서는 제가 으뜸(上首)이 되었나이다.

부처님께서 원통을 물으시니, 저의 생각에는 몸과 세계를 이룬 두 미진이 서로 같고 다를 것도 없이 평등하여 차별이 없음을 관하되 다만 본묘각의 여래장(本來如來藏) 가운데서 허망하게 일어난 사념들이 모여 티끌이 되었고, 그 티끌들이 모여 몸과 세계가 된 줄을 자세히 주시함으로써 사념의 티끌들

이 스러지고 뚜렷하게 만법을 드러내어 보이는 각명의 지견智
見이 원만하게 되는 것이 제일이 되겠나이다."

月光童子 卽從座起 頂禮佛足 而白佛言, 我憶往昔 恒河沙
월광동자 즉종좌기 정례불족 이백불언 아억왕석 항하사
劫 有佛出世 名爲水天 敎諸菩薩 修習水精 入三摩地 觀於
겁 유불출세 명위수천 교제보살 수습수정 입삼마지 관어
身中 水性無奪 初從涕唾 如是窮盡 津液精血 大小便利 身
신중 수성무탈 초종체타 여시궁진 진액정혈 대소편리 신
中旋復 水性一同 見水身中 與世界外 浮幢王刹 諸香水海
중선부 수성일동 견수신중 여세계외 부당왕찰 제향수해
等無差別。我於是時 初成此觀 但見其水 未得無身 當爲比
등무차별 아어시시 초성차관 단견기수 미득무신 당위비
丘 室中安禪 我有弟子 窺牕觀室 唯見淸水 遍在屋中 了無
구 실중안선 아유제자 규창관실 유견청수 편재옥중 요무
所見 童稚無知 取一瓦礫 投於水中 激水作聲 顧眄而去 我
소견 동치무지 취일와력 투어수중 격수작성 고면이거 아
出定後 頓覺心痛 如舍利弗 遭違害鬼。我自思惟 '今我已
출정후 돈각심통 여사리불 조위해귀 아자사유 금아이
得 阿羅漢道 久離病緣 云何今日 忽生心痛 將無退失?' 爾
득 아라한도 구리병연 운하금일 홀생심통 장무퇴실 이
時童子 捷來我前 說如上事 我則告言. 汝更見水 可卽開門
시동자 첩래아전 설여상사 아즉고언 여갱견수 가즉개문
入此水中 除去瓦礫. 童子奉敎 後入定時 還復見水 瓦礫宛
입차수중 제거와력 동자봉교 후입정시 환부견수 와력완
然 開門除出 我後出定 身質如初。逢無量佛 如是至於 山
연 개문제출 아후출정 신질여초 봉무량불 여시지어 산
海自在 通王如來 方得亡身 與十方界 諸香水海 性合眞空
해자재 통왕여래 방득망신 여시방계 제향수해 성합진공
無二無別 今於如來 得童眞名 預菩薩會. 佛問圓通 我以水
무이무별 금어여래 득동진명 예보살회 불문원통 아이수
性 一味流通 得無生忍 圓滿菩提 斯爲第一。
성 일미류통 득무생인 원만보리 사위제일

월광동자月光童子가 자리에서 일어나 부처님의 발에 정례하고 부처님께 사뢰었습니다.

"제가 생각해 보니, 지난 옛적 항하사 겁 전에 부처님이 세상에 출현하셨는데 그 이름이 수천水天이십니다. 수천 부처님은 보살들로 하여금 수관水觀으로 삼마지三摩地에 들게 하셨습니다.

수행의 요령으로는 몸 안에 있는 모든 물의 성품(水性)은 물질과는 달리 서로 침범을 하거나 무엇을 빼앗아 감이 없음을 주시하라 하셨습니다. 처음 생각하기를 콧물이나 침으로부터 땀 같은 진액과 몸에 흐르는 정혈精血과 소·대변까지를 궁구해서 들어가 보니 몸 가운데에 순환하는 모든 물의 성품은 동일하고, 몸 가운데 있는 물이나 몸 밖에 떠돌아다니는 무량무수의 부당왕찰浮幢王刹 세계에 있는 향수해香水海들로 더불어 모두가 평등하여 차별이 없음을 보았나이다.

제가 그때 처음 이 수관水觀을 성취하니 다만 물만이 보일 뿐이고 이 몸이 없어지지 않았습니다. 제가 비구가 되어 방에서 편안히 좌선을 하고 있었습니다. 그때 저의 어린 제자가 창틈으로 방 안을 들여다보니 맑은 물만 방안에 가득할 뿐 다른 것은 아무것도 보이지를 않으니까 어린 것이 철이 없어서 기와 조각 하나를 그 물에 던져서 물소리를 내고는 힐끔 돌아보며 가버렸던 모양입니다.

제가 선정에서 나오니 가슴이 아픈 것이 마치 사리불舍利弗이 위해귀違害鬼를 만난 것 같았습니다, 제 스스로 생각을 해보니 나는 이미 아라한의 도를 얻어서, 오래전부터 모든 병의 증상을 다 여의었는데, 오늘 따라 가슴이 어찌하여 갑자기 이렇게 아플까? 이러다가 앞으로 해탈의 경계를 잃어버리는 것은 아닌가 하였습니다.

그때 어린 제자가 제게 와서 말했습니다. 스승님의 방안을 들여다보았더니 맑은 물만 가득하고 스님은 안 보여서 제가 기와 조각을 하나 던졌다고 말하기에 제가 어린 제자에게 부탁을 했습니다. '네가 다시 물을 보거든 문을 열고 물에 들어가서 기와 조각을 다시 집어내라' 하였더니, 제자가 그 말의 뜻을 알아듣고는 제거했던 모양입니다. 뒤에 선정에서 나오니 몸이 그전과 같이 편안했습니다.

그로부터 한량없는 부처님을 만났습니다. 산해자재통왕여래山海自在通王如來 때에 이르러서 비로소 몸이 없어지고, 시방세계의 향수해香水海로 더불어 성품이 진공眞空에 합하여 둘이 없고 차별이 없이 되었습니다.

지금 여래께서 원통을 물으시니, 저의 생각에는 물의 성품과 같이 한결같이 서로 두루 통함으로써 무생법인無生法忍을 얻어 깨달음을 원만하게 함이 제일이 되겠나이다."

琉璃光法王子 卽從座起 頂禮佛足 而白佛言, 我憶往昔 經
恒沙劫 有佛出世 名無量聲 開示菩薩 本覺妙明 觀此世界
及衆生身 皆是妄緣 風力所轉 我於爾時 觀界安立 觀世動
時 觀身動止 觀心動念 諸動無二 等無差別。我時了覺 此
群動性 來無所從 去無所至 十方微塵 顚倒衆生 同一虛妄
如是乃至 三千大千 一世界內 所有衆生 如一器中 貯百蚊
蚋 啾啾亂鳴 於分寸中 鼓發狂鬧。逢佛未幾 得無生忍 爾
時心開 乃見東方 不動佛國 爲法王子 事十方佛 身心發光
洞徹無礙。佛問圓通 我以觀察 風力無依 悟菩提心 入三摩
地 合十方佛 傳一妙心 斯爲第一。

유리광법왕자琉璃光法王子가 자리에서 일어나 부처님의 발에 정례하고 부처님께 사뢰었습니다.

"저는 생각하니 지나간 항하사 겁 전에 무량성無量聲이라 하시는 부처님이 세상에 출현하셨습니다. 그 부처님께서는 보살들에게 본각本覺이 본래로 묘명함을 열어 보이실 적에 이 세계와 저 중생들의 몸이 모두 부질없이 돌고도는 망상으로 생긴 바람의 힘으로 움직여 돌고 있음을 주시하라 하셨습니다.

제가 그때에 안정되어 보이는 세계를 주시하고, 세상이 변천하는 시절을 주시하고 이 몸이 동하고 정지되어 있음을 관하고, 식심과 사념이 동함을 관하니 결국 모든 동함은 평등하

없고 망상으로 생멸하는 그 자체와 저 허공이 둘이 아니란 것과 불국이 본래로 동일한 것임을 자세히 관찰한 까닭입니다. 저는 동일한 데서 묘각을 발명해서 무생법인無生法忍을 얻었습니다.

부처님께서 원통을 물으시니 제 생각에는 허공이 무변함을 관찰하여 삼마지에 들고, 묘한 지혜의 힘인 지력智力이 두루 밝음이 제일이 되겠나이다."

彌勒菩薩 卽從座起 頂禮佛足 而白佛言, 我憶往昔 經微塵
劫 有佛出世 名日月燈明 我從彼佛 而得出家 心重世名 好
遊族姓 爾時世尊 敎我修習 唯心識定 入三摩地 歷劫已來
以此三昧 事恒沙佛 求世名心 歇滅無有。至然燈佛 出現於
世 我乃得成 無上妙圓 識心三昧 乃至盡空 如來國土 淨穢
有無 皆是我心 變化所現。世尊！我了如是 唯心識故 識
性流出 無量如來 今得授記 次補佛處。佛問圓通 我以諦觀
十方唯識 識心圓明 入圓成實 遠離依他 及遍計執 得無生
忍 斯爲第一。

미륵보살彌勒菩薩이 자리에서 일어나 부처님의 발에 정례하고 부처님께 사뢰었습니다.

"저는 생각하니, 지나간 옛적 미진겁微塵劫 전에 부처님이 세상에 출현하셨는데 그 이름이 일월등명日月燈明 부처님이셨습니다. 저는 그 부처님을 따라 출가를 했으나 마음 가운데는 항상 세상에 이름나는 명예를 좋아해서 소중히 여겼습니다. 그래서 이름 있는 가문을 찾아다니기를 무척이나 좋아하였습니다.

그때 세존께서 저로 하여금 오로지 생멸하는 식심을 고요히 정관靜觀을 해서 선정에 드는 유심식정唯心識定을 닦아 각성의 경계인 삼마지에 들게 하였습니다. 그후 여러 겁 동안 이 식심을 고요히 하는 정관삼매靜觀三昧로써 항하사 부처님을 만나 섬겼더니, 비로소 세상의 명성을 구하는 마음이 소멸하였습니다.

연등불然燈佛이 세상에 출현하신 때에 비로소 더 이상 없는 묘각이 두루 원만해지는 무상묘원식심삼매無上妙圓識心三昧를 성취했습니다. 더 이상 없는 식심삼매를 이루고 보니 저 허공에 가득 찬 여래의 불국토가 모두 청정하거나 더럽거나 있고 없음이 모두가 제 마음의 변화로 나타났다는 사실을 알았나이다.

세존이시여, 저는 이러한 모든 것이 오직 식심이기 때문에 식성識性에서 무량한 여래가 흘러나왔음을 알았습니다. 이제 수기를 받아 다음에 부처가 될 자리에 있게 되었습니다.

　부처님께서 원통을 물으시니 저의 생각에는 시방이 오직 파도처럼 일어났다 꺼졌다 하는 식심이란 것을 자세히 주시함으로 해서 식심識心이 두루 밝아졌고, 두루 원만한 진여성眞如性인 원성실성圓成實性에 들어갔습니다. 그리고 또한 묘각성妙覺性을 등지고 인연에 의해서 일어나는 성품인 의타기성依他起性과 또 이리저리 집착해서 허망하게 생기는 성질의 성품인 변계소집성徧計所執性도 멀리 여의어서 아무것도 없는, 없는 그것까지도 없어졌습니다.

　그러므로 그 무엇도 일어날 수 없는 경지인 무생법인無生法忍을 얻는 것이 제일이 되겠나이다."

大勢至法王子 與其同倫 五十二菩薩 卽從座起 頂禮佛足
대세지법왕자 여기동륜 오십이보살 즉종좌기 정례불족
而白佛言, 我憶往昔 恒河沙劫 有佛出世 名無量光 十二如
이백불언 아억왕석 항하사겁 유불출세 명무량광 십이여
來 相繼一劫 其最後佛 名超日月光 彼佛敎我 念佛三昧 譬
래 상계일겁 기최후불 명초일월광 피불교아 염불삼매 비
如有人 一專爲憶 一人專忘 如是二人 若逢不逢 或見非見
여유인 일전위억 일인전망 여시이인 약봉불봉 혹견비견
二人相憶 二憶念深 如是乃至 從生至生 同於形影 不相乖
이인상억 이억념심 여시내지 종생지생 동어형영 불상괴
異。十方如來 憐念衆生 如母憶子 若子逃逝 雖憶何爲？
이 시방여래 연념중생 여모억자 약자도서 수억하위
子若憶母 如母憶時 母子歷生 不相違遠。若衆生心 憶佛念
자약억모 여모억시 모자력생 불상위원 약중생심 억불염

佛 現前當來 必定見佛 去佛不遠 不假方便 自得心開 如染
香人 身有香氣 此則名曰 香光莊嚴。我本因地 以念佛心
入無生忍 今於此界 攝念佛人 歸於淨土。佛問圓通 我無選
擇 都攝六根 淨念相繼 得三摩地 斯爲第一。

대세지법왕자大勢至法王子가 같은 지위에 오른 52보살과 함께 자리에서 일어나 부처님의 발에 정례하고 부처님께 사뢰었습니다.

"저는 생각을 해보니 지나간 옛적 항하사 겁 전에 부처님이 세상에 출현을 하셨는데 그 이름이 무량광여래無量光如來이시었습니다. 그후로 열두 분의 여래(十二如來)가 일 겁 동안에 계속해서 출현하셨습니다. 그 최후의 부처님이 나셨는데 이름이 초일월광여래超日月光如來셨습니다. 그 초일월광 부처님이 저에게 부처님을 생각하는 염불삼매念佛三昧를 가르쳐 주셨습니다.

부처님이 말씀하시기를 '염불삼매란 흡사 자식이 부모를 이별하고 부모와 자식이 서로 찾을 때에 한 사람은 연연히 끊임없이 생각하나, 한 사람은 전혀 생각하지 않고 잊고 있다면, 이 두 사람은 만나도 만나지 못함과 같고 서로 보아도 보지 못함과 같으니라. 하지만 만약 두 사람이 서로 깊이 생각하는 마음으로 간절히 연연히 생각하기를 이 생에서 저 생에 이르도록 지극하다면 마치 형상에 그림자가 따르듯이 서로는 영원히 하나가 되어 떠나지 아니할 것이다. 시방의 여래가 중생을 생각하는 것이 어미가 자식을 생각하듯 하건마는, 만일 그 자식이 도망하여 떠나가 버리면 그 어머니가 아무리 생각한들 무엇 하겠느냐? 만약 자식이 어머니 생각하기를 어머니가 자식을 생각하듯이 한다면, 어머니와 그 자식은 수만 생을 지난다 하더라도 서로 어긋나지 아니할 것이다.

 중생이 마음으로 부처님을 간절히 생각하면서 부처님을 염念하게 되면, 현생에서나 앞으로 올 세상에서는 결정코 부처님을 만나볼 것이다. 부처님을 만나게 되면 멀지 아니하여 굳이 특별한 수행이나 특수한 방편을 갖지 않고서도 스스로 마음이 열릴 것이다. 마음이 열리는 그 이치가 마치 향기를 맡는 사람은 그 몸에 향기가 배는 듯하리니, 이것을 일러 향광장엄香光莊嚴이라 이름 한다'고 하셨습니다.

 저는 처음부터 깨닫고 아는 각성의 자리인 본인지本因地에서 염불念佛하는 마음으로 생멸이 있을 수 없는 무생법인無生法忍에 바로 들어갔습니다. 지금도 이 세계에서 염불하는 사람들을 모두 다 거두어들여서 청정묘각의 정토淨土로 들어가게 하나이다.

 부처님께서 원통을 물으시니, 저의 생각에는 수행하는 여러 가지 방편들을 이것저것을 다 접어 두고 선택하지 말고, 육근에서 생기는 식심을 모두 거두어들여서 깨끗한 한 생각으로 부처님을 계속 염하여 몸과 사념과 마음이 두루 다 깨닫고 아는 각성의 위치인 삼마지三摩地로 들어가는 것이 제일이 되겠나이다."

수능엄경 제6권

⑤ 관세음보살觀音菩薩의 이근원통耳根圓通

爾時 觀世音菩薩 卽從座起 頂禮佛足 而白佛言, 世尊! 憶
이시 관세음보살 즉종좌기 정례불족 이백불언 세존 억
念 我昔無數 恒河沙劫 於時有佛 出現於世 名觀世音 我於
념 아석무수 항하사겁 어시유불 출현어세 명관세음 아어
彼佛 發菩提心 彼佛敎我 從聞思修 入三摩地 初於聞中 入
피불 발보리심 피불교아 종문사수 입삼마지 초어문중 입
流亡所 所入旣寂 動靜二相 了然不生 如是漸增 聞所聞盡
류망소 소입기적 동정이상 요연불생 여시점증 문소문진
盡聞不住 覺所覺空 空覺極圓 空所空滅 生滅旣滅 寂滅現
진문부주 각소각공 공각극원 공소공멸 생멸기멸 적멸현
前。忽然超越 世出世間 十方圓明 獲二殊勝 一者上合 十
전 홀연초월 세출세간 시방원명 획이수승 일자상합 시
方諸佛 本妙覺心 與佛如來 同一慈力 二者下合 十方一切
방제불 본묘각심 여불여래 동일자력 이자하합 시방일체
六道衆生 與諸衆生 同一悲仰。
육도중생 여제중생 동일비앙

이때 관세음보살觀世音菩薩이 자리에서 일어나 부처님의 발에 정례하고 부처님께 사뢰었습니다.

"세존이시여, 저는 생각하니 옛적 수없는 항하사 겁 전에 부처님이 세상에 나오셨습니다. 그 이름이 관세음이시고 저는 그 부처님을 만나 깨달음의 마음(菩提心)을 내었습니다. 그 부처님이 저를 지도해 주시기를, 듣고(聞), 느끼고(思), 느낌을 따라 들어가는 수행(修)을 해서 삼마지三摩地에 들라 하시었나이다.

저는 처음으로 수행을 할 때에 먼저 소리 들음을 은밀히 느끼는 수행으로 들어갔습니다. 그렇게 소리가 있고 없음을 은

밀히 느낌으로 소리와 고요를 여의게 되었습니다. 그러므로 자연스럽게 소리를 듣는 의식에서 벗어났습니다. 밖에서 들어오는 동정과 그 동정을 느끼는 청각을 의식하는 각성으로 들어가니 이미 소리 자체의 동정動靜이란 두 가지 성품이 분명하게 일어나지를 아니 하였습니다.

이와 같이 점점 증진해서 소리를 듣고 그 소리를 느끼는 각성이 다하여지고, 들음(聞)이 다했다는 느낌도 머물러 있지 아니 하였습니다. 그러니 홀연히 두루 다 깨닫고 밝게 아는 각성도 공하여졌습니다. 공하여진 그 각성이 지극히 두루 원만하면서 공하고 공한 가운데 그렇게 밝게 아는 공마저도 멸하여졌습니다. 소리와 고요를 느끼는 각성마저 이미 멸하고 나니 본래부터 움직이지 않고 생멸이 있을 수 없는 적멸이 앞에 나타났습니다.

홀연히 인연법인 세간과 무연의 출세간을 뛰어넘어 초월超越의 경지로 들어가니 시방이 두루 밝아지면서, 두 가지 수승殊勝한 경계를 얻었습니다.

첫째는 위로 시방 제불의 본묘각의 마음과 하나가 되었습니다. 그러므로 제불 여래와 더불어 굽어보는 연민의 힘(慈力)이 동일해졌습니다.

두 번째는 아래로 시방의 일체 육도중생들과 하나가 되어 모든 중생들로 더불어 슬피 우러러 사모하는 비앙심悲仰心이 동일해졌습니다.

世尊! 由我供養 觀音如來 蒙彼如來 授我如幻 聞薰聞修
金剛三昧 與佛如來 同慈力故 今我身成 三十二應 入諸國
土。世尊! 若諸菩薩 入三摩地 進修無漏 勝解現圓 我現
佛身 而爲說法 令其解脫 若諸有學 寂靜妙明 勝妙現圓 我
於彼前 現獨覺身 而爲說法 令其解脫。

　세존이시여, 저는 관세음여래觀世音如來께 공양을 올리고, 그 여래께서 환상과 같은 소리가 있고 없음을 항상 듣는 청각을 의식하는 여환문훈문수금강삼매如幻聞薰聞修金剛三昧를 일러 주심을 받아서 부처님 여래와 한가지로 굽어보는 힘(慈力)이 동일해졌으므로, 제 이 한 몸은 서른두 가지로 인연 따라 어디든 몸을 드러내 보이는 삼십이응신(三十二應身)을 나투어서 여러 국토에 어디든 들어가나이다.

　세존이시여, 만일 보살들이 묘각의 광명장인 성각性覺의 경지인 삼마지三摩地에 들어가, 샘이 없는 무루無漏를 닦아서 뛰어난 해탈의 경계가 두루 드러나면 제가 그때에 부처님의 몸을 나타내어 그에게 부처님의 묘각을 성취케 하나이다."

[해설]

본문에서 관세음보살이 불도의 적절한 경계가 나타나면 관음보살이 법을 설하여 그로 하여금 해탈케 한다는 내용에서 그 설법은 입으로 말씀을 하실 수도 있지만 말씀이란 의미보다도 실제의 도의 경계를 그대로 입력시켜 준다는 장엄의 표현이 적절합니다.

만약에 관음보살의 말씀만을 듣고 어떤 이치를 깨달아서 부처가 되고, 보살이 되고, 벽지불이 되고, 나한이 된다면 저 외도들의 절대 유일신론자들의 독선과 무엇이 다릅니까?

혹 깨달음이 아닌 영적인 중생 소망의 경우라면 얼마든지 관음보살의 음성을 듣고도 불가사의한 가피력을 얻을 수 있습니다.

그래서 관세음보살이 법을 설하여 모든 경계를 성취케 한다는 경문의 내용을 새롭게 잘 음미해 보아야 합니다. 저 석가세존의 십대제자 중 한 사람인 해공제일解空第一 수보리와 같은 소승도 자신이 수증한 해공의 경계를 적법한 사람에게는 그대로 터득케 해 준다고 했습니다. 그와 같이 관세음보살도 구도자들이 묘각으로 올라가는 과정에서 부처님의 경계가 앞에 나타나면 부처님의 몸을 그 사람 앞에 나투어서 그 사람에게 적절한 묘각의 경계를 나투어서 성취케 한다는 의미입니다. 가장

쉬운 비유로는 새로 컴퓨터를 구입하여 자신이 원하는 대로 그 컴퓨터에 새로운 프로그램을 깔고 새로운 환경을 설정해 주는 이치로 이해하면 좋겠습니다. 만약 왜곡되게 잘못 이해를 하면 일반 무속들의 영매적인 환시 환청의 귀신이 들려주는 신탁으로 곡해할 수도 있습니다. 그래서 조언을 해둡니다.

若諸有學 斷十二緣 緣斷勝性 勝妙現圓 我於彼前 現緣覺
약제유학 단십이연 연단승성 승묘현원 아어피전 현연각
身 而爲說法 令其解脫。若諸有學 得四諦空 修道入滅 勝
신 이위설법 영기해탈 약제유학 득사제공 수도입멸 승
性現圓 我於彼前 現聲聞身 而爲說法 令其解脫。
성현원 아어피전 현성문신 이위설법 영기해탈

"만일 모든 유학有學들이 마음이 적정寂靜해져서 묘명妙明하게 뛰어난 경계가 두루 드러나면 제가 그의 앞에서 독각신獨覺身으로 나타나서 그를 위하여 독각의 멸진정의 경계로 들어가게 합니다.

만약 모든 유학들이 12인연을 끊어서 인연이 끊어진 수승한 성품에서 영묘한 경계가 나타나면 제가 그의 앞에 연각의 몸으로 나타나서 그 연각의 경계를 성취케 하나이다.

만약 배울 것 있는 유학有學들이 사제四諦가 공하여짐을 얻고 도를 닦아서 적멸에 들어가 수승한 성품이 원만하게 나타나면 제가 그의 앞에 성문신聲聞身으로 나타나서 그를 위하여 성문의 경계를 성취케 하나이다."

[해설]

위의 성과聖果는 관음보살이 직접 도의 과를 나투어서 성취케 한다는 내용이 되고 있습니다. 그러나 지금부터 중생계의 모든 현신의 기적은 모두 설법만으로 득력을 한다는 말씀이 되고 있습니다.

若諸衆生 欲心明悟 不犯欲塵 欲身淸淨 我於彼前 現梵王
약제중생 욕심명오 불범욕진 욕신청정 아어피전 현범왕
身 而爲說法 令其解脫 若諸衆生 欲爲天主 統領諸天 我於
신 이위설법 영기해탈 약제중생 욕위천주 통령제천 아어
彼前 現帝釋身 而爲說法 令其成就。若諸衆生 欲身自在
피전 현제석신 이위설법 영기성취 약제중생 욕신자재
遊行十方 我於彼前 現自在天身 而爲說法 令其成就 若諸
유행시방 아어피전 현자재천신 이위설법 영기성취 약제
衆生 欲身自在 飛行虛空 我於彼前 現大自在天身 而爲說
중생 욕신자재 비행허공 아어피전 현대자재천신 이위설
法 令其成就。
법 영기성취
若諸衆生 愛統鬼神 救護國土 我於彼前 現天大將軍身 而
약제중생 애통귀신 구호국토 아어피전 현천대장군신 이
爲說法 令其成就 若諸衆生 愛統世界 保護衆生 我於彼前
위설법 영기성취 약제중생 애통세계 보호중생 아어피전
現四天王身 而爲說法 令其成就 若諸衆生 愛生天宮 驅使
현사천왕신 이위설법 영기성취 약제중생 애생천궁 구사
鬼神 我彼於前 現四天王國太子身 而爲說法 令其成就。
귀신 아피어전 현사천왕국태자신 이위설법 영기성취
若諸衆生 樂爲人王 我於彼前 現人王身 而爲說法 令其成
약제중생 낙위인왕 아어피전 현인왕신 이위설법 영기성

就 若諸衆生 愛主族姓 世間推讓 我於彼前 現長者身 而爲
說法 令其成就 若諸衆生 愛談名言 淸淨自居 我於彼前 現
居士身 而爲說法 令其成就。
若諸衆生 愛治國土 剖斷邦邑 我於彼前 現宰官身 而爲說
法 令其成就 若諸衆生 愛諸數術 攝衛自居 我於彼前 現婆
羅門身 而爲說法 令其成就。

"만일 모든 중생들이 만악의 근본에 음욕심이 자리하고 있음을 밝게 깨닫고, 일체 성행위를 범치 아니하여 그 몸이 청정해지려고 하면, 제가 그때에 범왕梵王의 몸으로 나타나서 그를 위하여 설법을 해서 성욕으로부터 해탈케 하나이다.

만일 모든 중생이 천주天主가 되어 모든 하늘을 다스리려고 하면 제가 그 앞에서 제석신帝釋身으로 나타나서 그를 위하여 설법을 해서 그의 소망을 성취케 하나이다.

만일 모든 중생이 몸이 자유자재로 시방세계를 마음대로 다니려고 하면 제가 그 앞에서 자재천신自在天身으로 나타나서 그를 위하여 설법을 해서 성취케 하나이다.

만일 모든 중생이 몸이 마음대로 허공을 날아다니려고 하면 제가 그 앞에서 대자재천신大自在天身을 나타내어 법을 설하여 성취케 하나이다.

만일 중생이 귀신을 통솔하여 국토를 구호하려고 하면 제가 그 앞에서 천대장군신天大將軍身의 몸으로 나타나서 법을 설하여 성취케 하나이다.

만일 모든 중생들이 세계를 통솔해서 중생을 보호하려고 하면 제가 그 앞에서 사천왕신四天王身의 몸으로 나타나서 법을 설하여 성취케 하나이다.

만일 모든 중생이 천궁에 나서 귀신을 부리려고 하면 제가 그 앞에서 사천왕국四天王國의 태자의 몸으로 나타나 법을 설해서 성취케 하나이다.

만일 모든 중생이 인간의 임금 되기를 좋아하면 제가 그 앞에서 인간의 왕의 몸으로 나타나서 법을 설하여 성취케 하나이다.

만일 중생이 씨족 중에 어른이 되어 세간이 받들어 주기를 좋아하면 제가 그 앞에서 장자의 몸으로 나타나서 법을 설하여 성취케 하나이다.

만일 모든 중생이 명언을 즐기며 깨끗하게 살기를 좋아하면 제가 그 앞에서 거사의 몸을 나타내어 거사의 법을 설하여 성취케 하나이다.

만일 모든 중생이 국토를 통치하여 지방의 제도를 바로 잡고자 하면 제가 그 앞에서 재관의 몸(宰官身)으로 나타나서 법을 설하여 성취케 하나이다.

만일 모든 중생이 술수를 배워서 자신의 건강을 잘 조섭하려고 하면 제가 그 앞에서 바라문의 몸(婆羅門身)으로 나타나서 법을 설하여 성취케 하나이다.

若有男子 好學出家 持諸戒律 我於彼前 現比丘身 而爲說法 令其成就 若有女子 好學出家 持諸禁戒 我於彼前 現比丘尼身 而爲說法 令其成就 若有男子 樂持五戒 我於彼前 現優婆塞身 而爲說法 令其成就 若復女子 五戒自居 我於彼前 現優婆夷身 而爲說法 令其成就。
若有女人 內政立身 以修家國 我於彼前 現女主身 及國夫人, 命婦大家 而爲說法 令其成就。若有衆生 不壞男根 我於彼前 現童男身 而爲說法 令其成就 若有處女 愛樂處身 不求侵暴 我於彼前 現童女身 而爲說法 令其成就。

만일 어떤 남자가 학문을 좋아하고 출가를 해서 계율을 잘 지키려 하면 제가 그 앞에서 스님의 몸(比丘身)으로 나타나서 법을 설하여 성취케 하나이다.

만일 어떤 여인이 학문을 좋아하고 출가를 해서 금계로 자신을 잘 지키려 하면 제가 그 앞에서 비구니의 몸으로 나타나서 법을 설하여 성취케 하나이다.

만일 남자가 오계五戒를 지키면서 살기를 좋아하면 제가 그 앞에서 우바새優波塞의 몸으로 나타나서 그에게 법을 설하여 성취케 하나이다.

만일 여인이 오계를 지키면서 살려고 하면 제가 우바이優波夷의 몸으로 나타나서 법을 설하여 성취케 하나이다.

만일 어떤 여인이 집안이나 정치에 뜻을 두어 가정이나 국가를 잘 다스리려 하면 제가 그 앞에서 왕후나 재상의 부인의 몸으로 나타나서 그에게 법을 설하여 성취케 하나이다.

만일 어떤 남자가 성기를 깨끗이 지키려 하면 제가 그 앞에서 순결한 어린 남아(童男)의 몸으로 나타나서 그를 위하여 법을 설해서 성취케 하나이다.

만일 어느 처녀가 여성의 몸을 잘 지키기를 바라면서 남성들로부터 성추행을 당하지 않으려 하면 제가 그 앞에서 어린 소녀(童女)의 몸으로 나타나 법을 설해서 성취케 하나이다.

若有諸天 樂出天倫 我現天身 而爲說法 令其成就 若有諸龍 樂出龍倫 我現龍身 而爲說法 令其成就。若有藥叉 樂度本倫 我於彼前 現藥叉身 而爲說法 令其成就 若乾闥婆 樂脫其倫 我於彼前 現乾闥婆身 而爲說法 令其成就 若阿

修羅 樂脫其倫 我於彼前 現阿修羅身 而爲說法 令其成就
若緊那羅 樂脫其倫 我於彼前 現緊那羅身 而爲說法 令其
成就 若摩呼羅伽 樂脫其倫 我於彼前 現摩呼羅伽身 而爲
說法 令其成就 若諸衆生 樂人修人 我現人身 而爲說法 令
其成就 若諸非人 有形無形 有想無想 樂度其倫 我於彼前
皆現其身 而爲說法 令其成就。
是名妙淨 三十二應 入國土身 皆以三昧 聞薰聞修 無作妙
力 自在成就。

  만일 하늘 사람들이 하늘의 무리에서 탈출을 하려 하면 제가 하늘 사람의 몸으로 나타나서 천륜에서 벗어나는 법을 설하여 성취케 하나이다.

  만일 용들이 용의 무리에서 벗어나려 하면 제가 용의 몸으로 나타나서 그를 위하여 법을 설해서 성취케 하나이다.

  만일 약차(藥叉)들이 본 무리에서 벗어나고자 하면 제가 그 앞에 약차의 몸으로 나타나서 법을 설하여 성취케 하나이다.

  만일 건달바(乾闥婆)들이 그들의 무리에서 탈출하려고 하면 제가 그 앞에 건달바의 몸으로 나타나서 법을 설하여 성취케 하나이다.

  만일 아수라(阿修羅)들이 그 무리에서 탈출하려 하면 제가 그 앞에 아수라의 몸으로 나타나서 법을 설하여 성취케 하나이다.

만일 간나라緊那羅들이 그 무리에서 벗어나려 하면 제가 그 앞에 간나라의 몸으로 나타나서 법을 설하여 성취케 하나이다.

만일 마호라가摩呼羅伽들이 그 무리에서 탈출하려 하면 제가 그 앞에 마호라가의 몸으로 나타나서 법을 설하여 성취케 하나이다.

만일 중생들이 사람을 좋아하여 사람의 도를 닦으면 제가 사람의 몸으로 나타나서 법을 설하여 성취케 하나이다.

만일 사람 같으면서도 사람이 아닌 비인非人으로서 형체가 있고 형체가 없거나, 생각이 있고 생각이 없거나 간에 각기 그들의 무리에서 벗어나려고 하면, 제가 그들의 앞에 그들과 같은 몸으로 나타나서 법을 설하여 성취케 하나이다.

이렇게 곳에 따라 서른두 가지의 몸을 마음대로 나투는 것은 제가 묘하게 맑고 깨끗(妙淨)한 청정한 법신을 얻어서 모든 국토에 자유자재로 들어가기 때문입니다. 이러한 위신력은 제가 수행을 할 때에 소리를 받아들여 그 소리를 듣는 청각을 돌이켜 의식하는 문훈문수聞熏聞修삼매를 닦은 묘지력妙智力의 힘입니다. 이 묘한 힘으로 몸을 서른두 가지로 나투는 삼십이응신三十二應身을 성취했습니다."

[해설]

응신應身이란 말은 손뼉을 치면 그 두 손이 치는 성질의 여하에 따라서 적절한 소리가 그에 응해 일어나듯 함을 말하고, 마치 골짜기에서 소리를 치면 메아리가 골짜기의 생김 여하에 따라서 소리가 울려오듯 함을 말합니다.

세상에 뛰어나게 거룩한 성인이나 반대로 극악무도한 살인마가 존재하는 이치도 그와 마찬가지입니다. 그 시대의 환경적 조건 여하에 따라 인물도 나고 환경 여하에 따라서 만생이 생멸하는 이치도 모두 응화신應化身의 한 일면입니다.

世尊! 我復以此 聞薰聞修 金剛三昧 無作妙力 與諸十方 三世六道 一切衆生 同悲仰故 令諸衆生 於我身心 獲十四種無畏功德。一者 由我 不自觀音 以觀觀者 令彼十方 苦惱衆生 觀其音聲 卽得解脫。二者 知見旋復 令諸衆生 設入大火 火不能燒。三者 觀聽旋復 令諸衆生 大水所漂 水不能溺。四者 斷滅妄想 心無殺害 令諸衆生 入諸鬼國 鬼不能害。五者 薰聞成聞 六根消復 同於聲聽 能令衆生 臨當被害 刀段段壞 使其兵戈 猶如割水 亦如吹光 性無搖動。六者 聞薰精明 明遍法界 則諸幽暗 性不能全 能令衆生

藥叉, 羅刹　鳩槃茶鬼　及毗舍遮　富單那等　雖近其旁　目不
能視。七者　音性圓消　觀聽返入　離諸塵妄　能令衆生　禁繫
枷鎖　所不能著。八者　滅音圓聞　遍生慈力　能令衆生　經過
險路　賊不能劫。九者　薰聞離塵　色所不劫　能令一切　多淫
衆生　遠離貪欲。十者　純音無塵　根境圓融　無對所對　能令
一切　忿恨衆生　離諸瞋恚。十一者　消塵旋明　法界身心　猶
如琉璃　朗徹無礙　能令一切　昏鈍性障　諸阿顚迦　永離癡暗。
十二者　融形復聞　不動道場　涉入世間　不壞世界　能遍十方
供養微塵　諸佛如來　各各佛邊　爲法王子　能令法界　無子衆
生　欲求男者　誕生福德　智慧之男。十三者　六根圓通　明照
無二　含十方界　立大圓鏡　空如來藏　承順十方　微塵如來　秘
密法門　受領無失　能令法界　無子衆生　欲求女者　誕生端正,
福德柔順　衆人愛敬　有相之女。十四者　此三千大千世界
百億日月　現住世間　諸法王子　有六十二恒河沙數　修法垂範
教化衆生　隨順衆生　方便智慧　各各不同。
由我所得　圓通本根　發妙耳門　然後身心　微妙含容　周徧法
界　能令衆生　持我名號　與彼共持　六十二恒河沙　諸法王子
二人福德　正等無異。世尊！我一名號　與彼衆多　名號無異
由我修習　得眞圓通。是名十四　施無畏力　福備衆生。

"세존이시여, 저는 또 저 고요함과 동적인 소리가 있고 없음을 두루 다 듣고 깨닫고 아는 묘각의 각성을 느끼는 문훈문수 금강聞熏聞修金剛삼매의 힘으로 어떻게 하고자 하는 지음이 없는 마음의 묘한 힘이 생겨 시방세계의 육도중생들과 슬피 우러러 사모하는 마음이 동일해졌습니다. 그러므로 저의 몸과 마음에서 중생들로 하여금 열네 가지의 두려울 것이 없는 무외공덕無畏功德을 얻게 하나이다.

첫째는 제가 스스로 저들의 내면의 소리(音)를 듣는 청각을 의식하지 않고 의식하는 자를 주시(觀)함으로써, 시방에서 고뇌하는 중생들로 하여금 그 음성을 두루 관찰함으로써 모든 중생들이 받고 있는 온갖 고뇌로부터 벗어나게 하나이다.

둘째는 보고 앎을 돌이켜서 각성을 회복시켰으므로 중생들로 하여금 큰 불에 들어가도 불이 감히 태우지 못하게 하나이다.

셋째는 듣는 자를 듣는 관청觀聽으로 묘각의 각성을 회복시켰으므로 중생들로 하여금 큰물에 표류漂流하게 되어도 물이 감히 떠내려가게 하지를 못하게 하나이다.

넷째는 망상을 끊어 소멸시켜서 살해할 마음이 없으므로 중생들이 귀신의 나라로 들어가게 되어도 귀신들이 전연 해롭게 하지를 못하게 하나이다.

다섯째는 들음을 돌이키어 듣는 자를 주시하는 관청을 이루었으므로 육근이 녹아서 각성으로 회복되었음이 소리를 들음과 같으므로, 중생들이 병장기에 피해를 당하게 되어도, 칼이 조각조각 부서지며 칼로 물을 베는 듯, 빛을 바람이 부는 듯하여 본 성품에는 아무런 이상이 없게 하나이다.

여섯째 항상 두루 들음(聞熏)이 정미롭게 밝음이 법계法界에 두루 비치어서 모든 어두운 성품이 제 모습을 갖추지 못함으로 해서 약차藥叉, 나찰羅刹, 구반다鳩槃茶, 비사차毗舍遮, 부단나富單那 등이 그 사람의 곁에 가더라도 그들이 눈으로 보지를 못하나이다.

일곱째는 마음의 소리의 성품인 음音이 원만히 소멸하고 들음을 주시하는 관청觀廳을 돌이키어 각성으로 깊이 들어갔기 때문에 식심의 티끌과 허망함을 모두 벗어났으므로, 중생들로 하여금 얽어 묶고 구속하는 수갑 같은 형기들이 몸에 전연 결박되지 않게 되나이다.

여덟째는 음音이 소멸하고 들음이 원만해져서 자비로운 힘이 법계에 두루 가득하게 되었으므로 중생들로 하여금 험악한 길을 지나가더라도 도적들이 겁탈하지 못하게 되었나이다.

아홉째는 두루 들음(聞)을 항상 익혀 왔기 때문에 분별하는 식심의 티끌을 이미 벗어났으므로 성욕의 색심이 심신에 설치지 못하므로, 음욕婬欲이 많은 모든 중생으로 하여금 온갖 욕정의 탐욕을 멀리 여의게 되나이다.

　열째는 내면의 소리인 음音이 각성으로 통일되었으므로 식심의 진塵이 없어지고 지각하는 각覺과 근根을 자극하는 대상이 두루 융통하게 되어서 주관과 객관이 있을 수 없으므로, 모든 갈등과 원한이 많은 중생들로 하여금 악한 성질인 진에瞋恚를 여의게 되나이다.

　열하나째는 식심이 스러지고 명묘한 각성에 돌아가서 법계法界와 몸과 마음이 유리처럼 맑고 밝아서 장애가 됨이 없으므로, 모든 것이 혼돈되어 어둡고 아둔함이 맑은 본성을 막아버려서 영원히 성불할 수 없는 일천제(阿顚底迦)들로 하여금 어리석고 어두운 치암癡暗을 영원히 여의게 하나이다.

　열두째는 들음으로 각성을 회복시켰으므로 모든 현상이 소멸되어 두루 융통하게 되어 깨달음을 얻으려고 몸을 움직이지 아니하고도 세간을 도량道場으로 다 끌어들이되 세간의 질서나 존재들이 훼손되거나 손상이 되지 아니합니다. 이렇게 도량에 앉아서 시방의 미진 같은 제불세계를 두루 다니며 공양합니다.

　저는 여러 부처님의 법왕자法王子가 되었습니다. 그러므로 법계에 자식 없는 중생들이 아들 낳기를 구하면 그들로 하여금 복덕이 있고 지혜가 많은 남아를 탄생케 하나이다.

열셋째는 육근이 한가지로 두루 통하여 밝게 비춤이 둘이 없어서 시방세계를 다 머금고 있습니다. 그러므로 둥근 거울처럼 일체를 두루 다 비추어 드러내어 보는 지혜의 경지인 대원경지大圓鏡智와 제불세계가 다 들고 나오는 공여래장空如來藏을 세워서 시방의 미진 같은 여래의 비밀한 법문에 따라 순종하여 따르는 법을 이어받아 잃지 않았으므로, 법계에 자식 없는 중생들이 딸 낳기를 구하는 이가 있으면 단정하고 복덕이 많은 세상 사람들이 애경愛敬하는 잘생긴 딸을 탄생케 되나이다.

열넷째는 이 삼천대천세계三千大千世界 안에는 백억의 일월이 있고 인간이 사는 세간에 현재 머물고 있는 법왕자가 62억 항하의 모래 수와 같이 많이 있습니다. 그들은 모두 성불로 가는 법을 수행하면서 모든 중생들에게 모범을 보이며 중생들을 교화합니다. 저마다 중생들의 근기와 적성에 따라 수순하면서 다양한 방편과 그 지혜가 각각 같지 않습니다.

제가 얻은 원통圓通의 근본은 묘각으로 들어가는 이문耳門을 발명한 연후에 미묘하게 몸과 마음을 다 머금고 두루 다 용납시켜서 법계에 두루 가득하게 하였으므로, 중생들이 제 이름 하나만을 지니고 외워도 저 62억 항하사 법왕자들의 이름을 모조리 다 지송하는 사람의 복덕福德과 그 공덕이 똑같아서 다르지 않게 되었나이다.

세존이시여, 저 한 사람의 이름이 여러 보살의 이름과 다르지 아니함은 제가 참된 원통을 닦아 익힌 까닭입니다.

이것이 열네 가지로 두려움이 없는 무외력無畏力입니다. 이 열네 가지의 무외력을 중생들에게 베풀어서 복福과 덕德을 주는 이라 이름 하나이다.

世尊! 我又獲是 圓通修證 無上道故 又能善獲 四不思議
無作妙德。一者 由我初獲 妙妙聞心 心精遺聞 見聞覺知 不
能分隔 成一圓融 淸淨寶覺 故我能現 衆多妙容 能說無邊
秘密神呪 其中或現 一首三首 五首七首 九首十一首 如是
乃至 一百八首 千首萬首 八萬四千 爍迦羅首 二臂四臂
六臂八臂 十臂十二臂 十四十六 十八二十 至二十四 如
是乃至 一百八臂 千臂萬臂 八萬四千 母陀羅臂 二目三目
四目九目 如是乃至 一百八目 千目萬目 八萬四千 淸淨寶
目 或慈或威 或定或慧 救護衆生 得大自在。二者 由我聞
思 脫出六塵 如聲度垣 不能爲礙 故我妙能 現一一形 誦一
一呪 其形其呪 能以無畏 施諸衆生 是故十方 微塵國土 皆
名我爲 施無畏者。三者 由我修習 本妙圓通 淸淨本根 所遊

世界 皆令衆生 捨身珍寶 求我哀愍。四者 我得佛心 證於究
竟 能以珍寶 種種供養 十方如來 旁及法界 六道衆生 求妻
得妻 求子得子 求三昧得 三昧求長 壽得長壽 如是乃至 求
大涅槃 得大涅槃。

 세존이시여, 저는 이 원통을 얻어서 더 이상 없는 도를 닦아 증득하였으므로 또한 네 가지 불가사의한 묘한 덕을 얻었습니다. 그것은 무엇을 어떻게 한다는 생각도 없이 저절로 이루어지고 되어지는 지음이 없는 무작묘덕無作妙德입니다.

 첫째로 제가 처음으로 묘한 가운데 묘하게 듣는 묘한 마음을 얻고는 마음이 정미로워져서 듣는 귀를 빌리지 않더라도 보고(見), 듣고(聞), 느끼고 깨닫고(覺), 앎(知)이 한결같아졌습니다. 이 육근의 견문각지見聞覺知가 따로 기능들이 분리되지 않아 한결같이 두루 서로 상통하게 되고 원융圓融하여져서 육근이 보배로운 청정한 보각寶覺을 이루었습니다. 그러므로 저는 여러 가지 묘한 용모를 두루 나투며 끝도 한도 없이 신비롭고 치밀한 비밀의 신주神呪를 설하나이다.

 그 중에서 머리를 나투는데 혹 하나나 셋 또는 다섯, 일곱, 아홉, 열하나의 머리로부터 일백팔로, 천으로, 만으로, 팔만사천의 삭가라爍迦羅 머리를 나타내기도 하고, 팔을 나투는데 둘, 넷, 여섯, 여덟, 열, 열둘, 열넷, 열여섯, 열여덟, 스물, 스물넷으로부터 백여덟, 천만으로부터 팔만사천의 모다라母陀羅의 팔을 나투기도 하고, 눈을 둘, 셋, 넷, 아홉으로부터 백여덟, 천만으로부터 팔만사천의 청정한 보목寶目을 나투어 보이기도 하는데, 혹은 자비롭게 혹은 위엄 있게 혹은 선정에 든 눈으로 혹은 지혜의 눈으로 중생들을 구호하는 데 조금도 걸림이 없는 대자재를 얻었나이다.

두 번째로는 저는 소리를 듣는 청각을 각관으로 주시하기 때문에 육근의 반연인 식심(六塵)을 여의고 벗어난 것이, 마치 소리가 담을 넘어가되 장애되지 않는 듯함으로 제가 능수능란하게 여러 가지 형상形象으로 가지가지 주문呪文을 외워서 그 형상과 그 주문이 중생에게 두려움 없음을 베푸는 것이므로, 시방의 미진 국토에서 저를 두려움 없음을 베푸는 이라 이름하나이다.

세 번째는 제가 본래로 묘명妙明하고 두루 통하는 원통圓通한 청정묘각의 근본을 닦아 익혀 왔으므로, 세계를 두루 다니면서 중생들로 하여금 몸과 값진 보배를 버리어서 저에게 슬피 사모하는 애민심哀愍心을 품도록 하나이다.

네 번째는 제가 구경까지 부처님과 같은 마음을 증득해서 충분히 온갖 값진 보물(珍寶)로써 시방 여래께 여러 가지 공양을 올렸으므로 밖으로는 법계의 육도 중생에게까지 그 공덕이 미치었습니다. 그래서 아내(妻)를 구하는 이는 아내를 얻고, 자식을 바라는 이는 자식을 얻고, 심신과 환경을 벗어난 삼매 三昧를 구하는 이는 그 삼매를 얻고, 장수(長壽)를 구하는 이는 장수를 얻습니다. 이렇게 더 나아가 제불이 성취하신 대열반 大涅槃까지도 얻게 하나이다.

佛問圓通 我從耳門 圓照三昧 緣心自在 因入流相 得三摩
地 成就菩提 斯爲第一。世尊! 彼佛如來 歎我善得 圓通
法門 於大會中 授記我爲 觀世音號 由我觀聽 十方圓明 故
觀音名 遍十方界。

　지금 부처님께서 저에게 원통圓通을 물으시니, 제가 수행해서 묘각妙覺을 성취한 바로는 소리를 따라 귀로 들어가서 듣는 성품인 청각(聽覺耳聞)을 두루 관조(圓照)하는 삼매로부터 반연으로 일어나는 중생들의 식심이 자재하여졌습니다. 그로 인하여 온갖 중생의 생멸심을 돌이켜서 등각에 오르는 삼마지三摩地를 얻어서 묘각을 성취하는 것이 제일이라 하겠나이다.

　세존이시여, 저 모든 부처님 여래들께서 저를 찬탄하시기를 원통법문圓通法門을 잘 얻었다고 칭찬하시고, 대중들 가운데서 저를 수기授記하여 주시기를 관세음觀世音이라 하셨습니다. 그러므로 제가 수행한 소리를 듣는 청각을 주시하는 관청觀廳이 시방에 두루 밝아졌으므로 관세음이란 이름이 시방세계에 두루하였나이다."

爾時世尊 於師子座 從其五體 同放寶光 遠灌十方 微塵如
이시세존 어사자좌 종기오체 동방보광 원관시방 미진여
來 及法王子 諸菩薩頂 彼諸如來 亦於五體 同放寶光 從微
래 급법왕자 제보살정 피제여래 역어오체 동방보광 종미
塵方 來灌佛頂 幷灌會中 諸大菩薩 及阿羅漢 林木池沼 皆
진방 내관불정 병관회중 제대보살 급아라한 임목지소 개
演法音 交光相羅 如寶絲網 是諸大衆 得未曾有 一切普獲
연법음 교광상라 여보사망 시제대중 득미증유 일체보획
金剛三昧 卽時天雨 百寶蓮華 青黃赤白 間錯紛糅 十方虛
금강삼매 즉시천우 백보련화 청황적백 간착분유 시방허
空 成七寶色 此娑婆界 大地山河 俱時不現 唯見十方 微塵
공 성칠보색 차사바계 대지산하 구시불현 유견시방 미진
國土 合成一界 梵唄詠歌 自然敷奏。
국토 합성일계 범패영가 자연부주

이때에 세존이 사자좌師子座에서 오체五體로부터 보배로운 광명을 놓으시어 시방의 미진 수 여래와 모든 법왕자보살法王子菩薩들의 정수리에 대시었습니다. 그러자 저 시방의 여래들도 역시 오체에서 동시에 보광寶光을 놓으시니 미진 수 방위로부터 보배로운 광명이 사바세계로 와서 부처님의 정상頂上에 대시고, 아울러 모임 가운데 있는 모든 대보살과 아라한들의 머리에도 대시었습니다.

이때에 대지의 숲(林), 나무(木), 연못(池), 웅덩이(沼)에서 모두 진리의 소리를 연설하니 광명과 소리가 서로 교차하여서 마치 빛의 실로 비단을 짠 것과 같았습니다. 이를 보는 모든 대중들이 세상에 보지 못한 신기한 일이라 미증유未曾有를 얻고 모두가 내면의 각성을 의식하는 금강삼매金剛三昧를 얻었습니다. 즉시에 하늘에서 백 가지 보배로 빛나는 백보련화百寶蓮華가 비내리듯 하니, 푸르고 누르고 붉고 흰 것이 고루 섞여서 찬란함으로 시방의 허공이 칠보七寶 빛으로 찬란하였습니다.

이때 이 사바세계의 대지와 강하가 동시에 보이지 아니하고, 시방의 미진 국토가 합하여 한 세계가 된 것으로 보이면서 범천의 노래 범패梵唄와 진리를 읊는 가영歌詠이 저절로 연주되었습니다.

⑥ 문수보살의 선택

於是如來 告文殊師利法王子, 汝今觀此 二十五無學 諸大
어 시 여 래   고 문 수 사 리 법 왕 자   여 금 관 차   이 십 오 무 학   제 대
菩薩 及阿羅漢 各說最初 成道方便 皆言修習 眞實圓通 彼
보 살   금 아 라 한   각 설 최 초   성 도 방 편   개 언 수 습   진 실 원 통   피
等修行 實無優劣 前後差別 我今欲令 阿難開悟 二十五行
등 수 행   실 무 우 열   전 후 차 별   아 금 욕 령   아 난 개 오   이 십 오 행
誰當其根? 兼我滅後 此界衆生 入菩薩乘 求無上道 何方
수 당 기 근   겸 아 멸 후   차 계 중 생   입 보 살 승   구 무 상 도   하 방
便門 得易成就? 文殊師利法王子 奉佛慈旨 卽從座起 頂
편 문   득 역 성 취   문 수 사 리 법 왕 자   봉 불 자 지   즉 종 좌 기   정

禮佛足 承佛威神 說偈對佛,
례불족 승불위신 설게대불

이때에 여래께서 문수사리법왕자文殊師利法王子에게 말씀하셨습니다.

"문수 그대가 이제 이 더 배울 것이 없는 25인의 아라한과 대보살들을 보라. 제각기 자신이 처음 도를 이룬 방편을 말하면서 모두 진실한 원통圓通을 닦았다고 말을 하니 저들의 수행에는 실로 우수하고 열등함이나 앞뒤의 차별이 없겠지마는, 내가 지금 아난으로 하여금 깨닫게 하려면, 25인의 수행에서 어느 것이 아난의 근기에 적당하겠는가?

또 내가 멸도한 뒤에 이 세계 중생들이 보살승菩薩乘에 들어가 무상도無上道를 구하려 할 때에 과연 어느 방편의 문으로 수행을 해야만 쉽게 성취할 수 있겠는지를 그대가 말하여 보아라."

문수사리법왕자가 부처님의 자비하신 뜻을 받아 자리에서 일어나 부처님의 발에 정례하고 부처님의 위신력을 이어 받아 게송偈頌으로 부처님께 대답하였습니다.

覺海性澄圓　圓澄覺元妙　元明照生所　所立照性亡
각 해 성 징 원　원 징 각 원 묘　원 명 조 생 소　소 립 조 성 망
迷妄有虛空　依空立世界　想澄成國土　知覺乃衆生。
미 망 유 허 공　의 공 립 세 계　상 징 성 국 토　지 각 내 중 생

空生大覺中　如海一漚發　有漏微塵國　皆從空所生
공생대각중　여해일구발　유루미진국　개종공소생

漚滅空本無　況復諸三有？　歸元性無二　方便有多門
구멸공본무　황부제삼유　귀원성무이　방편유다문

聖性無不通　順逆皆方便　初心入三昧　遲速不同倫。
성성무불통　순역개방편　초심입삼미　지속부동륜

色想結成塵　精了不能徹　如何不明徹　於是獲圓通。
색상결성진　정료불능철　여하불명철　어시획원통

音聲雜語言　但伊名句味　一非含一切　云何獲圓通？
음성잡어언　단이명구미　일비함일체　운하획원통

香以合中知　離則元無有　不恒其所覺　云何獲圓通？
향이합중지　이즉원무유　불항기소각　운하획원통

味性非本然　要以味時有　其覺不恒一　云何獲圓通？
미성비본연　요이미시유　기각불항일　운하획원통

觸以所觸明　無所不明觸　合離性非定　云何獲圓通？
촉이소촉명　무소불명촉　합리성비정　운하획원통

法稱爲內塵　憑塵必有所　能所非遍涉　云何獲圓通？
법칭위내진　빙진필유소　능소비편섭　운하획원통

見性雖洞然　明前不明後　四維虧一半　云何獲圓通？
견성수동연　명전불명후　사유휴일반　운하획원통

鼻息出入通　現前無交氣　支離匪涉入　云何獲圓通？
비식출입통　현전무교기　지리비섭입　운하획원통

舌非入無端　因味生覺了　味亡了無有　云何獲圓通？
설비입무단　인미생각료　미망료무유　운하획원통

身與所觸同　各非圓覺觀　涯量不冥會　云何獲圓通？
신여소촉동　각비원각관　애량불명회　운하획원통

知根雜亂思　湛了終無見　想念不可脫　云何獲圓通？
지근잡란사　담료종무견　상념불가탈　운하획원통

識見雜三和　詰本稱非相　自體先無定　云何獲圓通？
식견잡삼화　힐본칭비상　자체선무정　운하획원통

心聞洞十方　生于大因力　初心不能入　云何獲圓通？
심문동시방　생우대인력　초심불능입　운하획원통

鼻想本權機　只令攝心住　住成心所住　云何獲圓通？
비상본권기　지령섭심주　주성심소주　운하획원통

說法弄音文　開悟先成者　名句非無漏　云何獲圓通？
설법농음문　개오선성자　명구비무루　운하획원통

持犯但束身　非身無所束　元非遍一切　云何獲圓通？
지범단속신　비신무소속　원비편일체　운하획원통

神通本宿因　何關法分別　念緣非離物　云何獲圓通？
신통본숙인　하관법분별　염연비리물　운하획원통

若以地性觀　堅礙非通達　有爲非聖性　云何獲圓通？
若以水性觀　想念非眞實　如如非覺觀　云何獲圓通？
若以火性觀　厭有非眞離　非初心方便　云何獲圓通？
若以風性觀　動寂非無對　對非無上覺　云何獲圓通？
若以空性觀　昏鈍先非覺　無覺異菩提　云何獲圓通？
若以識性觀　觀識非常住　存心乃虛妄　云何獲圓通？
諸行是無常　念性元生滅　因果今殊感　云何獲圓通？
我今白世尊　佛出娑婆界　此方眞敎體　淸淨在音聞
欲取三摩提　實以聞中入　離苦得解脫　良哉觀世音！
於恒沙劫中　入微塵佛國　得大自在力　無畏施衆生
妙音觀世音　梵音海潮音　救世悉安寧　出世獲常住。
我今啓如來　如觀音所說　譬如人靜居　十方俱擊鼓
十處一時聞　此則圓眞實。
目非觀障外　口鼻亦復然　身以合方知　心念紛無緖
隔垣聽音響　遐邇俱可聞　五根所不齊　是則通眞實。
音聲性動靜　聞中爲有無　無聲號無聞　非實聞無性。
聲無旣無滅　聲有亦非生　生滅二圓離　是則常眞實。
縱令在夢想　不爲不思無　覺觀出思惟　身心不能及。
今此娑婆國　聲論得宣明　衆生迷本聞　循聲故流轉。
阿難縱強記　不免落邪思　豈非隨所淪　旋流獲無妄。

阿難汝諦聽　我承佛威力　宣說金剛王　如幻不思議
아난여체청　아승불위력　선설금강왕　여환부사의
佛母眞三昧。
불모진삼매
汝聞微塵佛　一切秘密門　欲漏不先除　畜聞成過誤
여문미진불　일체비밀문　욕루불선제　축문성과오
將聞持佛佛　何不自聞聞？　聞非自然生　因聲有名字
장문지불불　하부자문문　문비자연생　인성유명자
旋聞與聲脫　能脫欲誰名？　一根旣返源　六根成解脫
선문여성탈　능탈욕수명　일근기반원　육근성해탈
見聞如幻翳　三界若空華　聞復翳根除　塵銷覺圓淨。
견문여환예　삼계약공화　문부예근제　진소각원정
淨極光通達　寂照含虛空　却來觀世間　猶如夢中事。
정극광통달　적조함허공　각래관세간　유여몽중사
摩登伽在夢　誰能留汝形？　如世巧幻師　幻作諸男女
마등가재몽　수능류여형　여세교환사　환작제남녀
雖見諸根動　要以一機抽　息機歸寂然　諸幻成無性。
수견제근동　요이일기추　식기귀적연　제환성무성
六根亦如是　元依一精明　分成六和合　一處成休復
육근역여시　원의일정명　분성육화합　일처성휴부
六用皆不成
육용개불성
塵垢應念消　成圓明淨妙　餘塵尚諸學　明極卽如來。
진구응념소　성원명정묘　여진상제학　명극즉여래
大衆及阿難　旋汝倒聞機　反聞聞自性　性成無上道
대중급아난　선여도문기　반문문자성　성성무상도
圓通實如是。
원통실여시
此是微塵佛　一路涅槃門　過去諸如來　斯門已成就
차시미진불　일로열반문　과거제여래　사문이성취
現在諸菩薩　今各入圓明　未來修學人　當依如是法
현재제보살　금각입원명　미래수학인　당의여시법
我亦從中證　非唯觀世音。
아역종중증　비유관세음
誠如佛世尊　詢我諸方便　以救諸末劫　求出世間人
성여불세존　순아제방편　이구제말겁　구출세간인
成就涅槃心　觀世音爲最
성취열반심　관세음위최
自餘諸方便　皆是佛威神　卽事捨塵勞　非是長修學
자여제방편　개시불위신　즉사사진로　비시장수학

淺深同說法。
천 심 동 설 법

頂禮如來藏 無漏不思議 願加被未來 於此門無惑
정 례 여 래 장　무 루 부 사 의　원 가 피 미 래　어 차 문 무 혹

方便易成就 堪以敎阿難 及末劫沈淪 但以此根修
방 편 역 성 취　감 이 교 아 난　급 말 겁 침 륜　단 이 차 근 수

圓通超餘者 眞實心如是。
원 통 초 여 자　진 실 심 여 시

각의바다　그성품은　밝고두루해
두루하온　밝은각은　원래묘하네
본래밝은　빛이라서　밝음을내고
밝은빛이　비치고는　비춤이없네
돌이키어　못비추는　조성과같이
비춤없는　허망에서　생긴마음이
고요하여　무변계의　허공이되고
저허공을　의지해서　세계가성립
망상들이　가라앉아　국토가되고
깨달으며　아는것을　중생이라네
묘각중에　허공계가　생기게된것
바다에서　물거품이　일어나는듯
미진같이　수가없는　유루국토들
허공계를　의지하여　생기었으니
물거품들　스러지면　허공없거늘
어떻게　　저삼유가　있을까보냐

근원으로 가는성품 둘아니건만
방편으론 여러가지 문이있다네
성현들의 성품으론 모두가원통
순과역이 모두다가 방편이지만
초심으로 삼마지로 들어가려면
더디고도 빠른길이 같지않다네
색진이란 망상들이 맺혀서된것
심정으로 알려하면 뚫지못하리
분명하게 뚫을수가 없는것으로
어떻게 원통함을 얻사오리까
음성들이 섞이어서 언어가된것
오직이나 명사들과 구절과의미
한단어로 모든뜻을 포함못하니
어떻게 원통함을 얻사오리까
향진이란 비근에서 합해야알고
떠나며는 애초부터 있지않나니
어떻게 원통함을 얻사오리까
맛의성품 본연한것 아닌것이고
맛을보는 그때에만 있는것이니
항상있지 아니하는 그성품으로

어떻게   원통함을   얻사오리까
촉감이란   닿을때만   밝혀지나니
닿음없인   감촉됨을   밝힐수없어
합리로는   그성품이   일정찮거니
어떻게   원통함을   얻사오리까
법성이란   내진이라   이름하는것
塵이라면   있는데가   있어야하며
처소있다   하게되면   두루못하니
어떻게   원통함을   얻사오리까
보는성품   제아무리   환하다해도
앞만보고   뒷면으론   보지못하니
사방에서   하나반이   모자라는것
어떻게   원통함을   얻사오리까
콧숨으론   들고남이   통하지마는
코앞에서   교차하는   기운이없어
갈라져서   코에들매   교섭없거늘
어떻게   원통함을   얻사오리까
혀의느낌   까닭없이   있지아니해
맛으로야   깨달음을   내게되나니
맛없으면   느낄바도   있지않거늘

어떻게　　원통함을　　얻사오리까
몸의의식　　닿인감각　　모두한가지
몸과촉감　　뚜렷하게　　주시못하니
억측으론　　뜻을모아　　잡을수없어
어떻게　　원통함을　　얻사오리까
앎의뿌리　　잡된생각　　섞인것이라
고요함을　　마침내는　　볼수없나니
상념들을　　벗어나는　　수가없거늘
어떻게　　원통함을　　얻사오리까
보고앎은　　세가지가　　화합해된것
근본으로　　따져보면　　모양아니니
애초부터　　그자체가　　결정찮거늘
어떻게　　원통함을　　얻사오리까
마음으로　　듣는것은　　시방에가득
큰인연의　　힘으로써　　생긴것이라
초심으론　　들어가지　　못하는것을
어떻게　　원통함을　　얻사오리까
코의끝을　　보라심은　　숨길따르며
식심들을　　붙들어서　　머무르게함
머문다면　　이마음도　　머물것이니

어떻게   원통함을   얻사오리까
설법이란   음성문자   희롱하는것
먼저부터   마음열린   이나하는일
명자구절   샘이없는   무루아닌데
어떻게   원통함을   얻사오리까
계율갖고   범하는일   이몸단속뿐
몸아닌것   단속할바   전연없으니
원래부터   온갖것에   두루찮거늘
어떻게   원통함을   얻사오리까
신통이란   본래부터   숙세의인연
의식으로   분별함관   관계가없어
생각인연   물질들을   못여의거늘
어떻게   원통함을   얻사오리까
地大란것   성품으로   관찰한다면
굳고막혀   통달하지   못하였으니
유위법은   성인들의   성품아닌데
어떻게   원통함을   얻사오리까
水大라는   성품으로   관찰한다면
상념이란   진실하지   않은것이요
한결같이   각관하는   것이아닌데

어떻게   원통함을 얻사오리까
火大갖고 성품으로 관찰한다면
싫어함은 참여읜것 되지못하며
초념으로 수행할바 방편아닌데
어떻게   원통함을 얻사오리까
風大라는 성품으로 관찰한다면
동과정이 상대함이 없지아니해
상대라면 무상각이 될수없거늘
어떻게   원통함을 얻사오리까
空大라는 성품으로 관찰한다면
혼돈됨은 애초부터 각이아니요
각없으면 깨달음과 다른것이니
어떻게   원통함을 얻사오리까
識大라는 성품으로 관찰한다면
관한다는 惟識부터 상주아니요
이마음을 둔다는일 허망하거늘
어떻게   원통함을 얻사오리까
모든행은 본래부터 무상한것이
생각하는 성품부터 원래가생멸
원인과는 다른과를 얻은것인데

238

어떻게 원통함을 얻사오리까
제가지금 세존님께 사뢰옵니다
부처님이 사바세계 출현하시어
여기에서 가르치는 참된교체는
청정하온 음성문에 있사옵니다
삼마제를 잘닦아서 얻으려하면
진실하온 들음으로 들어가야해
모든고통 여의고서 해탈얻은인
아무래도 착하시온 관세음보살
항하강의 모래처럼 오랜겁동안
미진수의 불국토를 드나들면서
크옵고도 자재하온 신력얻어서
두렴없이 중생들에 베푸옵니다
세상소리 듣고보는 묘음관세음
깨끗하온 음성이며 해조음으로
기세간을 구호하여 안녕케하고
세간에를 벗어나서 상주케하네
제가지금 여래앞에 사뢰옵니다
앞에서도 말씀하신 관세음같이
사람들이 고요하게 쉬고있을때

시방에서 한꺼번에 북을치거든
열곳소리 일시에다 듣사옵니다
이를일러 두루하온 진실이라해
눈으로는 장벽밖을 보지못하고
입으로도 코마저도 그러하듯이
몸으로는 촉감들이 닿아야알고
마음생각 분분하여 두서없지만
담과벽을 넘어서도 음향을듣고
멀다거나 가깝거나 모두들어서
오근으론 귀공덕에 비길수없네
이근으로 말하자면 通眞實이요
음성이야 동정으로 반응하지만
들음중엔 소리있고 없기도하며
소리있다 없다한들 들음없다나
어찌해서 듣는성품 실로없으랴
소리들이 없을적도 멸하지않고
소음들이 있다하여 나지도않아
생과멸을 모두다 여의었으니
이것이야 틀림없는 진실이라네
우리들이 살고있는 사바국토는

말소리로 자기뜻을 설명하거늘
중생들이 듣는성품 잊어버리고
소리로만 따르므로 유전합니다
아난존자 제아무리 기억잘해도
삿된생각 따라감을 못면했으니
구처없이 망상속에 빠져있지만
흐름만을 돌이키면 허망없다네
아난이여 자세하게 내말들어라
내가이제 부처님의 위신받아서
금강왕의 환술같고 불가사의한
불모이신 진삼매를 말씀하리라
네가비록 미진수불 부처님들의
비밀법문 일체다를 들었다해도
욕정따라 흐르는맘 미리못끊고
많이들음 쌓아놓아 허물되느냐
들음만이 부처님의 불법만같고
어찌하여 듣는성품 듣지못하냐
들음이란 자연으로 생기지않고
소리들을 인하여서 이름있나니
들음돌려 소리에서 해탈한다면

벗어던진　그자체를　뭐라하리요
한뿌리가　본원으로　돌아간다면
여섯근이　한가지로　해탈얻으리
보고들음　눈병같아　허망한환상
저삼계도　허공중에　꽃과같나니
들음만을　회복하여　눈병제하면
티끌들은　스러지고　각이깨끗해
끝까지다　깨끗하면　빛이환하리
고요하게　비추어서　허공삼킬때
현실에로　돌아와서　세간을보라
꿈속에서　보던일과　다름없나니
마등가도　오히려다　꿈속일러니
뉘라해서　그대몸을　붙들겠느냐
세상에서　기괴하온　요술쟁이가
환술로써　만들어논　남자와여자
아무려나　모든근을　놀리더라도
고동만은　한곳에서　트는것이니
틀던고동　잠이들어　고요해지면
요술로된　남자여자　어디있으랴
우리들의　여섯근도　한精明에서

한곳만이	쉬어져서	회복된다면
여섯작용	한가지도	이룰수없네
한생각에	티끌들이	소멸되어서
두루밝아	깨끗하여	묘하게되네
티끌들이	남은이는	아직도유학
밝고맑음	지극하면	여래되리라
대중들아	아난이여	모두들어라
밖으로만	듣는기관	돌이키어라
들음만을	돌이키어	자성들으면
그성품이	무상도를	이루오리니
원통이란	진실함이	이러하니라
이법문은	미진같은	많은부처님
이한길로	열반언덕	들어가는문
지난세상	수도많은	여래께서도
이문으로	무상정각	이루시었고
이세상에	현재계신	모든보살도
저마다들	원명한데	들어갔으며
오는세상	수행하는	여러학인도
마땅히들	이법문을	의지하리라
나도역시	이문으로	증득했으니

관음보살　혼자만이　아니러니라
황송하게　부처님인　세존께옵서
나로하여　쉬운방편　물으십니다
말세중생　정법으로　구원하시고
출세간을　하려는이　애호하시어
위도없는　열반심을　성취하려면
관세음의　이근원통　으뜸이옵고
그밖에도　여러가지　방편문들은
모두다가　부처님의　위신력으로
근기따라　사연따라　설하심인것
진로에서　벗어나게　하심이언정
얕고깊은　근기들에　맞게일러줄
항상닦을　법문들이　아니옵니다
말로써도　할수없고　생각도못할
샘이없는　여래장에　정례합니다
미래세의　저중생들　가피하시사
이법문에　의심일랑　없게하소서
성취하기　아주쉬운　방편이오며
아난다를　가르치기　적당하오니
말겁중에　헤매이는　여러중생들

이근으로　배워익혀　닦게하소서
무엇보다　월등하게　동뜬원통문
진실하온　제마음이　이러합니다

[발원]

문수보살　게송설법　끝났습니다
불초죄생　제불전에　비옵나이다
아무쪼록　이불자들　살펴주시와
의심없이　부처님경　믿게하소서
이리좋은　가르침이　있었건마는
하나같이　화두선에　헤매입니다
세상바다　남자신도　여자신도님
우리들은　부처님의　아들딸이니
이몸바쳐　경전대로　수행합시다
사생자부　시아본사　석가모니불

於是阿難　及諸大衆　身心了然　得大開示　觀佛菩提　及大涅槃
어시아난　급제대중　신심요연　득대개시　관불보리　급대열반
猶如有人　因事遠遊　未得歸還　明了其家　所歸道路　普會大衆
유여유인　인사원유　미득귀환　명료기가　소귀도로　보회대중
天龍八部　有學二乘　及諸一切　新發心菩薩　其數凡有　十恒河
천룡팔부　유학이승　급제일체　신발심보살　기수범유　십항하

沙 皆得本心 遠離塵垢 獲法眼淨 性比丘尼 聞說偈已 成阿
사 개득본심 원리진구 획법안정 성비구니 문설게이 성아
羅漢 無量衆生 皆發無等等 阿耨多羅三藐三菩提心。
라한 무량중생 개발무등등 아뇩다라삼막삼보리심

  그때에 아난과 모든 대중들이 몸과 마음이 분명하게 밝아 크게 열림을 얻었습니다. 부처님의 깨달음과 대열반을 보니 마치 일이 있어서 멀리 갔던 사람이 아직 집에 돌아오지는 못하였으나 그 돌아갈 길을 환하게 아는 것과 같았습니다. 거기 모인 대중들과 하늘, 용 등 팔부와 배우고 있는 이승과 새로 발심한 보살들을 포함하여 그 수가 대체로 십 항하사와 같았는데 그들이 모두 본마음을 얻고는 식심의 티끌과 염정의 때를 멀리 여의고 청정한 법안을 얻었으며 성비구니는 문수보살의 게송을 듣고 나서 아라한이 되었습니다. 한량없는 중생이 모두 무등등 아뇩다라삼먁삼보리심을 발원하였습니다.

19. 도량道場 차리고 수행하는 일

① 네 가지의 율의律儀

阿難 整衣服 望大衆中 合掌頂禮 心跡圓明 悲欣交集 欲益
未來 諸衆生故 稽首白佛, 大悲世尊! 我今已悟 成佛法門
是中修行 得無疑惑 常聞如來 說如是言, 自未得度 先度人
者 菩薩發心 自覺已圓 能覺他者 如來應世 我雖未度 願度
末劫 一切衆生。世尊! 此諸衆生 去佛漸遠 邪師說法 如
恒河沙 欲攝其心 入三摩地 云何令其 安立道場 遠諸魔事
於菩提心 得無退屈?

아난이 의복을 정돈하고는 대중 가운데서 부처님께 합장하고 정례하였습니다. 아난은 묘각 중에 마음의 그림자가 두루 밝아지면서 슬픔과 기쁨이 한꺼번에 북받치어 형언할 수 없는 표정으로 미래세의 중생들에게 한량없는 이익을 주고 싶은 간절한 마음으로 부처님께 머리를 숙여 절을 올리면서 부처님께 사뢰었습니다.

"대비하신 세존이시여, 저는 이미 성불하는 법문法門을 깨달아 수행하는 일에는 의혹이 없나이다.

일찍이 들었습니다. 여래께서 말씀하시기를 '자기는 제도濟度되어 도를 이루지 못했더라도 먼저 남을 제도하려는 마음을 갖는 것은 보살의 발심이요, 자기가 이미 깨달은 각이 원만하고 나서 다른 이를 깨닫게 하는 것은 여래가 세상에 출현하시어 하시는 일이라' 하셨습니다. 저는 비록 깨닫지 못하였으나 말겁시대의 일체 중생들을 제도하려 하나이다.

세존이시여, 이 중생들이 부처님을 떠난 지가 점점 멀어지고 나면 삿된 스승들이 펴는 설법이 항하사와 같을 적에, 중생들이 마음을 각성으로 거둬들이는 삼마지三摩地에 들려고 하면 도량을 어떻게 안전하게 세워야만 종교 사업이나 하는 마사魔事을 멀리하고 깨닫겠다는 초발심에서 물러나는 일이 없겠나이까?"

爾時世尊 於大衆中 稱讚阿難, 善哉善哉! 如汝所問 安立
이시세존 어대중중 칭찬아난 선재선재 여여소문 안립
道場 救護衆生 末劫沈溺 汝今諦聽 當爲汝說! 阿難大衆
도량 구호중생 말겁침닉 여금체청 당위여설 아난대중
唯然奉敎。
유연봉교

이때 세존이 대중 가운데서 아난을 찬탄하셨습니다.

"선재 선재라, 네가 묻는 바와 같이 수행을 하기 좋은 도량을 안전하게 세워서 말겁에 경전을 멀리하여 사도에 빠진 중생들을 구호하려 하니, 너는 자세히 들어라. 너에게 말하여 주리라."

아난과 대중이 "세존의 가르치심을 잘 받들겠나이다" 하였습니다.

佛告阿難, 汝常聞我 毘奈耶中 宣說修行 三決定義 所謂攝
불고아난 여상문아 비나야중 선설수행 삼결정의 소위섭
心爲戒 因戒生定 因定發慧 是則名爲 三無漏學。阿難!
심위계 인계생정 인정발혜 시즉명위 삼무루학 아난
云何攝心 我名爲戒? 若諸世界 六道衆生 其心不淫 則不
운하섭심 아명위계 약제세계 육도중생 기심불음 즉불
隨其 生死相續。汝修三昧 本出塵勞 淫心不除 塵不可出。
수기 생사상속 여수삼매 본출진로 음심부제 진불가출
縱有多智 禪定現前 如不斷淫 必落魔道 上品魔王 中品魔
종유다지 선정현전 여부단음 필락마도 상품마왕 중품마
民 下品魔女 彼等諸魔 亦有徒衆 各各自謂 成無上道。我
민 하품마녀 피등제마 역유도중 각각자위 성무상도 아
滅度後 末法之中 多此魔民 熾盛世間 廣行貪淫 爲善知識
멸도후 말법지중 다차마민 치성세간 광행탐음 위선지식
令諸衆生 落愛見坑 失菩提路。
영제중생 낙애견갱 실보리로
汝敎世人 修三摩地 先斷心淫 是名如來 先佛世尊 第一決
여교세인 수삼마지 선단심음 시명여래 선불세존 제일결
定 淸淨明誨。
정 청정명회
是故阿難 若不斷淫 修禪定者 如蒸沙石 欲成其飯 經百千
시고아난 약부단음 수선정자 여증사석 욕성기반 경백천
劫 只名熱沙。何以故? 此非飯本 沙石成故。汝以淫身 求
겁 지명열사 하이고 차비반본 사석성고 여이음신 구
佛妙果 縱得妙悟 皆是淫根 根本成淫 輪轉三途 必不能出
불묘과 종득묘오 개시음근 근본성음 윤전삼도 필불능출

如來涅槃 何路修證? 必使淫機 身心俱斷 斷性亦無 於佛
여래열반 하로수증　필사음기 신심구단 단성역무 어불
菩提 斯可希冀。如我此說 名爲佛說 不如此說 卽波旬說。
보리 사가희기　여아차설 명위불설 불여차설 즉파순설

부처님이 아난에게 말씀하셨습니다.

"너는 항상 들었으리라. 나의 계율을 총칭하는 비나야毗奈耶 중에 수행하는 데 있어서 마음에 꼭 필요한 세 가지 결정한 뜻을 말하였다. 이른바 신심身心의 반연인 식심을 거두어들임(攝收)을 계라 하고, 계로 인하여 고요한 안정(定)이 생기고, 정定으로 인하여 맑은 식정인 혜慧가 일어난다고 하였다. 이것을 세 가지 샘이 없는 무루학無漏學이라 하느니라.

아난아, 어찌하여 마음을 거두어들임을 계라 하느냐? 만일 모든 세계의 육도중생들이 마음이 요란하지 않으면 나고 죽는 생사 따라 상속하지 아니 한다.

네가 삼매三昧를 닦음은 정신적인 피로에서 벗어나려 함이나 그렇게 하자면 무엇보다 음심淫心을 제거하지 않고는 온갖 괴로움에서 벗어나지 못한다. 비록 지혜가 많아 맑고 밝은 선정禪定이 혹 앞에 나타나더라도 음심을 끊지 못하면 반드시 마도魔道에 떨어져서 상품은 마왕魔王이 되고, 중품은 마의 백성이 되고 하품은 마의 계집이 되리라.

저 마魔들도 역시 따르는 무리가 있다. 저들도 저마다 말하기를 무상도無上道를 얻었다 할 것이다. 내가 멸도한 후에 부처님의 법이 없는 말법 가운데 이러한 마의 백성들이 세간에 치성할 것이다. 저들은 음탐淫貪을 널리 행하면서 선지식善知識이라 하고 중생들로 하여금 애욕과 사견의 구렁텅이에 떨어지게 하여서 깨달음의 길을 잃게 할 것이다.

　네가 세상 사람들로 하여금 삼마지를 닦게 하려면 먼저 마음 가운데 음욕심을 끊게 해야 한다. 이것이 모든 여래와 먼저 왔다 가신 선불세존先佛世尊이 제일 먼저 첫째로 결정하신 청정한 가르침이니라.

　그러므로 아난아, 음행을 끊지 않고 선정을 닦는 이는 모래를 삶아서 밥을 만들려는 것과 똑같아서 백천겁을 지내더라도 바라던 밥은 되지 않고 뜨거운 모래뿐일 것이다. 왜냐하면 이것은 밥 될 근본이 아니고 다만 모래이기 때문이다. 네가 음행하는 몸으로 부처님의 묘한 깨달음의 과를 구한다면 비록 묘한 깨달음이 있다 손치더라도 그 묘오妙悟는 음란에다 바탕을 둔 것이다. 근본을 음란에 두었기 때문에 삼악도에 떨어져 윤회에서 벗어나지 못하리니 여래의 열반을 어떻게 닦아서 증득하겠느냐?

　그러므로 반드시 음란한 뿌리까지 몸과 마음에서 아주 끊어 버리고 끊었다는 생각까지도 없어져야만 부처님의 보리를 희망할 수 있느니라. 나와 같이 이렇게 하는 말은 부처님의 말

이라 하고, 이렇지 아니한 말은 진리를 깨트리는 마왕 파순波
旬이 하는 말이라 하느니라.

阿難！ 又諸世界 六道衆生 其心不殺 則不隨其 生死相續。
汝修三昧 本出塵勞 殺心不除 塵不可出。縱有多智 禪定現
前 如不斷殺 必落神道 上品之人 爲大力鬼 中品卽爲 飛行
夜叉 諸鬼帥等 下品當爲 地行羅刹 彼諸鬼神 亦有徒衆 各
各自謂 成無上道。我滅度後 末法之中 多此鬼神 熾盛世間
自言食肉 得菩提路。阿難！ 我令比丘 食五淨肉 此肉皆我
神力化生 本無命根。汝婆羅門 地多蒸濕 加以沙石 草菜不
生 我以大悲 神力所加 因大慈悲 假名爲肉 汝得其味 奈何
如來 滅度之後 食衆生肉 名爲釋子。汝等當知 是食肉人
縱得心開 似三摩地 皆大羅刹 報終必沈 生死苦海 非佛弟
子。如是之人 相殺相呑 相食未已 云何是人 得出三界？
汝敎世人 修三摩地 次斷殺生 是名如來 先佛世尊 第二決
定 淸淨明誨。
是故阿難 若不斷殺 修禪定者 譬如有人 自塞其耳 高聲大
叫 求人不聞 此等名爲 欲隱彌露。淸淨比丘 及諸菩薩 於
岐路行 不蹋生草 況以手拔？ 云何大悲 取諸衆生 血肉充

食? 若諸比丘 不服東方 絲綿絹帛 及是此土 靴履裘毳 乳
酪醍醐 如是比丘 於世眞脫 酬還宿債 不遊三界。何以故?
服其身分 皆爲彼緣 如人食其 地中百穀 足不離地。必使身
心 於諸衆生 若身身分 身心二途 不服不食 我說是人 眞解
脫者。如我此說 名爲佛說 不如此說 卽波旬說。

아난아, 또 모든 세계의 육도 중생들이 마음에 살생을 하지 않으면 나고 죽음을 따름이 계속되지 아니하리라. 네가 삼매를 닦음은 온갖 정신적 고뇌에서 벗어나고자 함이 목적인데 살생하는 마음을 제거하지 않는다면 괴로운 세상에서 벗어날 수가 없느니라. 비록 지혜가 많아 선정이 앞에 나타나더라도, 살생을 끊지 않으면 반드시 귀신의 길에 떨어져서 상품은 대력귀大力鬼가 되고, 중품은 비행야차飛行夜叉나 귀수鬼帥가 되고, 하품은 지행나찰地行羅刹이 되리라.

저 모든 귀신들도 역시 따르는 무리가 있어서 스스로 말하기를 무상도無上道를 이루었노라 하리니, 내가 멸도한 후에 말겁 가운데서는 이러한 귀신들이 세간에 치성하여 고기를 먹고도 보리의 길을 얻는다 하리라.

아난아, 내가 비구들로 하여금 다섯 가지 깨끗한 고기(五淨肉)를 먹게 하였으나, 이 고기는 나의 신력의 조화로 생긴 것이어서 본래 목숨이 있는 것이 아니었느니라.

너희 바라문(婆羅門)들의 땅이 무덥고 모래와 돌이 많아서 풀과 채소가 생산되지 않으므로 내가 자비신력으로 가공을 해서 만든 것이니라. 대자비를 빌려서 고기라 이름하는 것을 너희가 먹었다. 그러나 여래가 멸도한 후에 중생들의 고기를 먹는 이를 어떻게 석가모니의 아들(釋子)이라 하겠느냐?

　너희들은 분명히 알라. 이 고기 먹는 사람은 비록 마음이 열려서 삼마지를 얻은 듯하더라도 모두 대나찰(大羅刹)이라, 과보가 끝나면 반드시 생사고해에 빠질 것이니 이는 부처님의 제자가 아니며, 이런 사람들은 서로 죽이고 서로 삼키어 서로 잡아먹힐 것이니 이런 사람이 어떻게 삼계(三界)에서 벗어날 수가 있겠느냐?

　네가 세상 사람들로 하여금 삼마지를 닦게 하려면, 다음으로 살생을 끊게 해야 한다. 이것이 여래와 과거 모든 부처님 세존이 두 번째로 결정하신 청정한 가르침이니라.

　그러므로 아난아, 살생을 끊지 않고 선정(禪定)을 닦는 이는 마치 어떤 사람이 제 귀를 막고 큰 소리를 치면서 남이 듣지 못하기를 바라는 것 같나니, 이런 것을 말하여 숨길수록 더욱 드러나는 것이라고 하느니라.

　청정한 비구와 보살들이 길에 다닐 적에 산 풀도 밟지 않는데, 하물며 제 손으로 스스로 뽑을까 보냐. 어찌 대자대비를

행한다고 말하면서 중생의 혈육血肉을 취하여 먹고사는 음식으로 대신하면 되겠느냐?

만일 비구들이 동방에서 생산이 되는 명주와 털 솜으로 짠 비단옷도 입지 않고, 추운 지방에서 생산되는 가죽신, 가죽옷, 털옷 등을 신거나 입지 말고, 그리고 짐승의 젖과 또는 그것으로 가공한 낙酪, 제호醍醐를 먹지 않으면 이런 비구는 세속에서 해탈을 얻고 숙세의 빚을 갚게 되므로 욕계, 색계, 무색계란 삼계에 다시 나지 아니하리라.

왜냐하면 그러한 중생들 몸의 한 부분으로 된 것을 입거나 먹는다면 그것이 다시 그들과 인연이 되는 것이다. 마치 사람이 땅에서 나는 백가지 곡식을 먹음으로 말미암아 발이 땅에서 떨어지지 않음과 같으니라.

반드시 몸이나 마음으로 중생들의 피와 살과 또는 그 몸의 어느 부분으로 된 것을 입지도 않고 먹지도 않으면, 이런 사람은 참으로 해탈한 자라고 내가 말하느니라.

나와 같이 이렇게 하는 말은 부처님의 말씀이라 하고, 이렇지 아니한 말은 파순波旬의 말이라 하느니라.

阿難! 又復世界 六道衆生 其心不偸 則不隨其 生死相續。
아 난   우 부 세 계 육 도 중 생 기 심 불 투 즉 불 수 기 생 사 상 속

汝修三昧 本出塵勞 偸心不除 塵不可出。縱有多智 禪定現前 如不斷偸 必落邪道 上品精靈 中品妖魅 下品邪人 諸魅所著 彼等群邪 亦有徒衆 各各自謂 成無上道。我滅度後 末法之中 多此妖邪 熾盛世間 潛匿姦欺 稱善知識 各自謂已 得上人法 詃惑無識 恐令失心 所過之處 其家耗散。我教比丘 循方乞食 令其捨貪 成菩提道 諸比丘等 不自熟食 寄於殘生 旅泊三界 示一往還 去已無反 云何賊人 假我衣服 裨販如來 造種種業 皆言佛法 却非出家 具戒比丘 爲小乘道 由是疑誤 無量衆生 墮無間獄。若我滅後 其有比丘 發心決定 修三摩地 能於如來 形像之前 身然一燈 燒一指節 及於身上 爇一香炷 我說是人 無始宿債 一時酬畢 長揖世間 永脫諸漏 雖未卽明 無上覺路 是人於法 已決定心。若不爲此 捨身微因 縱成無爲 必還生人 酬其宿債 如我馬麥 正等無異。

아난아, 또 모든 세계의 육도중생들이 마음에 훔치지 않으면 생사가 계속되지 않는다. 네가 삼매를 닦음은 괴로운 세상에서 벗어나려는 것이다. 그런데 훔치는 마음을 버리지 않고는 괴로운 세상에서 벗어날 수가 없다.

비록 지혜가 많아 선정이 앞에 나타나더라도 훔치는 일을 끊지 못하면 반드시 사도邪道에 떨어져서 상품은 정령精靈이 되고 중품은 요매妖魅가 되고 하품은 사매邪魅가 붙은 사람이 되리라.

저 삿된 요사妖邪들도 역시 따르는 무리가 있어서 스스로 말하기를 무상도無上道를 이루었다 할 것이다. 내가 멸도한 뒤에 말법 가운데 이런 요사한 것들이 세간에 치성해서 옳지 못한 일을 가만히 숨기고 감추고 속이면서 스스로 선지식善知識이라 자칭하면서 말하기를 나는 이미 높은 사람의 법을 얻었노라 하면서 무식한 사람들을 현혹하기를 두렵고 겁나는 요사한 말로써 저들의 본래로 편안했던 마음을 잃게 하여 그 무리들이 가는 곳마다 남의 집 재물을 교묘히 빼앗고 훔쳐서 망하게 하리라.

내가 비구들로 하여금 간 데마다 걸식케 한 것은 탐욕을 버리고 깨달음의 도(菩提道)를 이루게 함이다. 만약 비구들이 제 손으로 밥을 지어 먹어서도 아니된다. 오로지 살아 있는 동안 삼계를 순례하는 나그네가 되어 한번 이 세상을 다녀가고 나면 다시는 이 고해에 오지 아니하는 길을 보인 것이다. 그런데 어찌하여 도적들이 나의 옷을 빌어 입고 여래를 팔아 갖가지 업을 지으면서 모두 불법이라 말하고, 출가하여 구족계를 지니는 비구들을 오히려 소승의 도道라고 비방하면서 무량한 중생들을 왜곡되게 가르치고 의혹케 하여서 무간지옥에 떨어지게 한단 말이냐?

만약 내가 멸도한 뒤에 어떤 비구가 발심하여 삼마제 닦기를 결심하고 여래의 형상 앞에서 몸에 한 등燈을 켜거나, 손가락 한 마디를 태우거나, 몸 위에 향香 한 개를 사르면, 이 사람은 시초가 없는 과거로부터 지어온 묵은 빚을 일시에 갚아 버리고 이 세상을 영원히 하직하고 모든 번뇌에서 해탈할 것이다. 비록 무상각無上覺을 이루지는 않았더라도 이 사람은 벌써 깨달을 마음은 이미 결정되었다고 하리라.

만일 이렇게 몸을 버리는 작은 인이라도 짓지 않는다면, 비록 함이 없는 경지에 이르렀을지라도, 반드시 인간에 다시 태어나서 묵은 빚을 갚는 것이니 마치 내가 말이 먹는 사료인 보리껍질(馬麥)을 먹은 일과 다름이 없느니라."

[해설]

석존께서 한없는 과거세에 한 부처님이 출현하시었는데 그때에 부처님이 많은 제자들을 데리고 걸식을 하시는 모습을 보고 어찌나 불만스러웠든지 비방을 하면서 남의 집 밀기울을 슬쩍 훔쳐다가 부처님의 발우에다가 담아드린 그 경솔한 행위로 인한 그 응보로 석존 자신이 부처님이 되어 가지고도 옛 부처님께 무례한 그 응보를 그대로 받게 되었다는 '석존 마맥'

사건의 설화입니다.

무슨 내용인가 하면, 세존 당시 아사달이란 바라문의 왕이 있었습니다. 그 왕이 직접 석존을 찾아와서는 청원했습니다. 세존과 오백의 제자들에게 여름 하안거 동안 일체의 공양물을 공급해 드리겠다고 했습니다. 그래서 부처님은 아사달 왕의 공양을 받기로 했던 것입니다.

그런데 왕은 시관들에게 하명만 해놓고는 세존의 공양에 대해서는 조금도 관심을 두지 않았습니다. 그때 나라에 심한 흉년도 들고 해서 국왕의 시행관들이 부처님과 오백의 성중들에게 평소에 못된 마음을 먹고 있었기 때문에 말이 먹는 밀기울을 공급해 드렸다고 합니다. 이를 잡수시게 된 부처님은 말할 수도 없고 또한 오백의 제자들은 이를 먹고는 모두 영양실조로 쓰러지기도 했다고 전합니다.

이때 사리불과 목건련은 부처님을 따라가지 못했다고 합니다. 사리불이 몸이 몹시 불편해서 친구인 목건련이 간병을 해주어야만 했기 때문에 두 사람은 특별한 처소에서 잘 지내고 있었습니다. 그래서 사리불과 목건련만은 마맥의 악식을 면했다고 합니다.

이때 목건련이 부처님께 문안차 대중이 머물고 있는 아사달 왕국에 와보고는 기가 막힌 상황에 너무 놀란 나머지 부처님께 이런 말씀을 드렸습니다.

"세존이시여, 제가 이웃 나라에 가서 좋은 식량을 많이 얻어서 신통력으로 가지고 오겠습니다."

하지만 세존께서는 이렇게 말리셨다고 합니다.

"너는 먼 타국까지 날아가서 많은 식량을 신통력으로 다 실어올 수가 있다마는 저 말세의 제자들은 신통력이 없을 터인데 그들은 어쩌란 말인가. 그만두시게."

그때 누구보다도 가슴이 아픈 사람은 부처님 시봉을 맡았던 아난이었다고 합니다. 부처님이 사람도 못 먹는 말먹이 밀을 잡수시는 모습을 보고 눈물을 감추지 못하는 아난의 기특한 모습을 보시고 부처님께서 말씀하셨습니다.

"아난아, 너무 마음 아파하지 말거라. 부처님은 설사 독약을 먹더라도 입안에만 들어가면 별미로 변화를 짓느니라. 그러므로 무엇을 먹든 괜찮다. 만일 네가 내말을 못 믿겠다면 내 입안에서 나온 이 밀알 한 개를 한번 직접 맛을 보아라."

그러시면서 입안에서 밀알 한 개를 꺼내시어 아난에게 주시었다고 합니다.

아난이 받아서 입안에 넣어 보았더니 아니 이럴 수가, 아난의 입안에서는 졸지에 불가사의한 맛의 춤이 일어났습니다. 그 밀알 한 개에서 선정삼매의 맛인 법미法味와 천상의 최상미라 하는 감로미(甘露味)와 세존 당시에는 있을 수도 없었던 오늘날 아이스크림과 같은 신선미가 아난의 몸과 마음 안에서 신기루를 이루면서 온갖 고뇌를 몽땅 용해시키는 환희의 절정을 맛보았다고 합니다.

이러한 몹쓸 짓을 저지른 아사달 왕은 백 일이 지나서야 이러한 몹쓸 짓을 알고는 모두가 자신의 불찰이라는 사실을 크게 깨닫고는 부처님께 사죄를 했다고 합니다.

汝敎世人 修三摩地 後斷偸盜 是名如來 先佛世尊 第三決
여교세인 수삼마지 후단투도 시명여래 선불세존 제삼결
定 淸淨明誨。
정 청정명회
是故阿難 若不斷偸 修禪定者 譬如有人 水灌漏巵 欲求其
시고아난 약부단투 수선정자 비여유인 수관누옹 욕구기
滿 縱經塵劫 終無平復。若諸比丘 衣鉢之餘 分寸不畜 乞
만 종경진겁 종무평부 약제비구 의발지여 분촌불축 걸
食餘分 施餓衆生 於大集會 合掌禮衆 有人捶詈 同於稱讚
식여분 시아중생 어대집회 합장례중 유인추리 동어칭찬
必使身心 二俱捐捨 身肉骨血 與衆生共 不將如來 不了義
필사신심 이구연사 신육골혈 여중생공 부장여래 불요의
說 廻爲己解 以誤初學 佛印是人 得眞三昧。如我所說 名
설 회위기해 이오초학 불인시인 득진삼매 여아소설 명
爲佛說 不如此說 卽波旬說。
위불설 불여차설 즉파순설

"네가 세상 사람들로 하여금 삼마지를 닦게 하려면, 다시 훔치는 일을 끊게 해야 한다. 이것이 여래와 과거 모든 부처님이 세 번째로 결정하신 청정한 가르침이니라.

그러므로 아난아, 훔치는 행위를 끊지 않고 선정을 닦는 이는, 마치 사람이 새는 그릇에 물을 부으면서 가득 차기를 바라는 것과 같아서 미진 겁을 지내어도 될 수가 없느니라.

모든 비구들이 옷 한 벌과 발우 하나밖에는 한 치의 것도 갖지 말아야 한다. 다만 빌어온 밥은 남기어서 주린 중생에게 줄 것이며, 대중이 모인 곳에서는 항상 합장하고 예배할 것이며, 다른 이가 치고 꾸짖는 것을 칭찬하는 것과 같이 고맙게 여겨야 한다. 반드시 몸과 마음을 모두 버리고 몸과 살과 뼈와 피로 중생들과 함께할 것이며, 여래가 설하신 구경의 뜻이 아닌 방편설인 불요의설不了義說을 가져다가 제가 편리한 대로 뜻을 해석하여 처음 배우는 초학들을 잘못되게 하지 아니하면, 이 사람은 진삼매眞三昧를 얻는다고 부처님이 인가印可를 하느니라.

나와 같이 이렇게 하는 말은 부처님의 말씀이라 하고, 이렇지 아니한 말은 파순波旬의 말이라 하느니라.

阿難！ 如是世界 六道衆生 雖則身心 無殺盜淫 三行已圓
아난   여시세계 육도중생 수즉신심 무살도음 삼행이원
若大妄語 卽三摩地 不得淸淨 成愛見魔 失如來種 所謂未
약대망어 즉삼마지 부득청정 성애견마 실여래종 소위미
得謂得 未證言證。 或求世間 尊勝第一 謂前人言 我今已得
득위득 미증언증   혹구세간 존승제일 위전인언 아금이득

須陀洹果 斯陀含果, 阿那含果, 阿羅漢道 辟支佛乘 十地
地前 諸位菩薩 求彼禮懺 貪其供養。
是一顚迦 消滅佛種 如人以刀 斷多羅木 佛記是人 永殞善
根 無復知見 沈三苦海 不成三昧。我滅度後 勒諸菩薩 及
阿羅漢 應身生彼 末法之中 作種種形 度諸輪轉 或作沙門
白衣居士 人王宰官, 童男童女 如是乃至 淫女寡婦 姦偸屠
販 與其同事 稱讚佛乘 令其身心 入三摩地 終不自言 我眞
菩薩 眞阿羅漢 洩佛密因 輕言末學 唯除命終 陰有遺付 云
何是人 惑亂衆生 成大妄語? 汝敎世人 修三摩地 後復斷
除 諸大妄語 是名如來 先佛世尊 第四決定 淸淨明誨。
是故阿難 若不斷其 大妄語者 如刻人糞 爲旃檀形 欲求香
氣 無有是處。我敎比丘 直心道場 於四威儀 一切行中 尙
無虛假 云何自稱 得上人法? 譬如窮人 妄號帝王 自取誅
滅 況復法王 如何妄竊? 因地不直 果招紆曲 求佛菩提 如
噬臍人 欲誰成就? 若諸比丘 心如直絃 一切眞實 入三摩
地 永無魔事 我印是人 成就菩薩 無上知覺。如我所說 名
爲佛說 不如此說 卽波旬說。

아난아, 이와 같이 세계의 육도중생이 비록 몸과 마음에 살생과 훔치는 일과 음심淫心이 없어져서 세 가지의 행실이 맑은 삼행三行이 원만하더라도, 만일 대망어大妄語를 하게 되면 삼마지가 청정하지 못하게 된다. 세상 사람들에게 돋보이려고 하는 애견愛見의 마魔가 되어서 마침내 여래의 불종자佛種子를 잃게 되느니라. 이를테면 얻지 못한 것을 얻었다 하고, 수행을 해서 증득하지 못한 것을 증득했다 하는 것이니라.

혹 세간에서 제가 가장 높다고 하기 위하여 사람들에게 말하기를 '내가 이미 수다원과須陀洹果, 사다함과斯陀含果, 아나함과阿那含果, 아라한도阿羅漢道와 벽지불승辟支佛乘과, 십지十地, 지전地前의 모든 보살의 지위를 얻었노라 하면서 저들로 하여금 예경을 구하고 공양을 탐하리라. 이러한 이찬티카(一顚迦)는 불종자를 끊어 버린 것이 마치 사람이 칼로 다라목多羅木을 끊는 듯할 것이다. 이런 사람은 선근善根이 영원히 없어져서 삼계고해에 빠져서 다시는 마음의 해탈인 삼매를 이루지 못한다고 부처님이 인정하느니라.

내가 멸도한 후에 보살이나 아라한들을 시켜서 그 시대와 그 환경에 맞는 몸을 나투는 응화신應化身으로 말법 중에 태어나 가지가지 형태로 윤회하는 이를 제도케 할 적에 혹 사문이나 백의거사白衣居士나, 세상의 왕(人王)이나 재관宰官, 동남동녀와 심지어 음녀, 과부, 간사한 도적, 도살자, 육류판매자가 되어 그들과 일을 같이 하면서 불승을 늘 찬양해서 그들의 몸과 마음으로 하여금 삼마지에 들어가게 하면서도 끝끝내 '내가 참보살이며 참아라한이다' 하는 말로 부처님의 비밀한 밀인密印을 누설해서 말세에 배우는 학인들에게 절대로 경솔하게 말을 못하게 하였다.

다만 죽을 적에 가만히 유언할 수는 있다 하였거늘, 이런 사람이 어떻게 감히 중생들을 혼란스럽게 하는 대망어大妄語를 하겠느냐? 네가 세상 사람들로 하여금 삼마지를 닦게 하려면, 반드시 대망어를 끊게 해야 한다. 이것이 지금 여래와 과거 모든 부처님 세존이 네 번째로 결정하신 청정한 가르침이니라.

그러므로 아난아, 대망어를 끊지 않는 사람은 마치 인분人糞을 깎아 전단향栴檀香과 같이 만들려고 하는 것과 같아서 아무리 향기 나기를 바라도 될 수가 없느니라.

내가 비구들을 가르치되 곧은 마음, 직심直心이 도량이라 했다. 그러므로 스님네는 반드시 갖추어야 할 네 가지 바른 품위가 있다. 이를 사위의四威儀라 하는데 일체 행동 중에서도 오히려 헛되고 거짓됨이 없게 하였다. 그런데 어떻게 함부로 상인의 법인 깨달음을 얻었노라 자칭하겠느냐?

마치 빈궁한 사람이 '내가 제왕帝王이다'라고 망령된 호칭을 함부로 해도 죽임을 당하는데 하물며 어떻게 법왕法王을 사칭하겠느냐? 마음의 바탕 인지因地가 참되지 못하면 도를 얻는 과보도 옳지 못한 것이 된다. 그러므로 부처님의 깨달음인 보리를 아무리 구하려고 해도 배꼽을 씹는 사람과 같으니, 어떻게 성취할 수가 있겠느냐?

비구의 마음이 활줄 같으면 모든 것이 진실하여 삼마지에 듦에 있어서 마사魔事가 영원히 없다. 나는 이런 사람을 보살의 위없는 지혜로 깨달음(無上智覺)을 성취하리라고 인가하노라. 나와 같이 이렇게 하는 말은 부처님의 말씀이라 하고, 이렇지 아니한 말은 파순波旬의 말이라 하느니라."

수능엄경 제7권

② 다라니陀羅尼 외우는 일

阿難! 汝問攝心 我今先說 入三摩地 修學妙門 求菩薩道
要先持此 四種律儀 皎如冰霜 自不能生 一切枝葉 心三口
四 生必無因。阿難! 如是四事 若不遺失 心尚不緣 色香
味觸 一切魔事 云何發生? 若有宿習 不能滅除 汝敎是人
一心誦我 佛頂光明摩訶悉怛多般怛囉 無上神咒 斯是如來
無見頂相 無爲心佛 從頂發輝 坐寶蓮華 所說心咒。且汝宿
世 與摩登伽 歷劫因緣 恩愛習氣 非是一生 及與一劫 我一
宣揚 愛心永脫 成阿羅漢 彼尙淫女 無心修行 神力冥資 速
證無學 云何汝等 在會聲聞 求最上乘 決定成佛 譬如以塵
揚于順風 有何艱險?
若有末世 欲坐道場 先持比丘 淸淨禁戒 要當選擇 戒淸淨
者 第一沙門 以爲其師 若其不遇 眞淸淨僧 汝戒律儀 必不
成就。戒成已後 著新淨衣 然香閑居 誦此心佛 所說神咒
一百八遍 然後結界 建立道場 求於十方 現住國土 無上如
來 放大悲光 來灌其頂。阿難! 如是末世 淸淨比丘 若比
丘尼 白衣檀越 心滅貪淫 持佛淨戒 於道場中 發菩薩願 出
入澡浴 六時行道 如是不寐 經三七日 我自現身 至其人前
摩頂安慰 令其開悟。

"아난아, 네가 마음을 바로 잡고 수행하는 법을 묻기에 내가 먼저 삼마지에 들어가는 묘한 문을 말하였다. 보살도를 구하려면 먼저 이 네 가지의 율위律儀를 추상같이 잘 지켜서 깨끗하기가 얼음장같이 맑고 깨끗해야 한다. 그렇게 하면 일체 나쁜 습관의 가지들이 일어나지 못할 것이다. 나쁜 지엽이란 마음으로 짓는 세 가지 탐貪 · 진瞋 · 치痴와 입(口)으로 짓는 네 가지 구업으로 악담하고 두 가지 말 하고 속이는 말을 하고 쓸데없는 망어를 즐기는 허물이 생길 까닭이 없느니라.

아난아, 만약 이 네 가지를 잊어버리지 않고 잘 지킨다면, 마음으로 물질이나 빛깔, 향기, 맛, 접촉 따위에 연연하지 않을 것이니 어떻게 모든 마사가 발생하겠느냐? 만일 전생으로부터 익혀온 악습이 있어 좀처럼 나쁜 습관을 소멸시켜 버리지 못하겠거든, 그 사람은 나의 불정광명마하살달다반달라佛頂光明摩訶薩怛多槃怛囉, 더 이상 없는 무상신주無上神呪를 일심으로 외우게 하라.

이 신주는 무엇을 어떻게 하고자 함이 없는 무위불심無爲佛心으로 화현한 부처님께서 그 누구도 여래의 정상을 볼 수가 없는 무견정상無見頂上에서 활짝 피어난 보련화寶蓮華에 앉아서 대광명을 놓으면서 외우신 심주心呪니라.

그리고 너는 과거세에 마등가摩登伽와 더불어 여러 겁 살아온 인연으로 그 깊고 중한 은애의 습기가 한 생이나 일 겁만이 아니지마는, 내가 한번 펴 보인 이 신주의 힘으로 마등가는 서로 아끼고 사랑하는 마음에서 아주 해탈을 해서 아라한을 이루었다. 저 마등가는 본래 음녀로 수행할 마음이 전연 없었는데도 신주의 신력神力으로 배울 것이 없는 무학無學을 빨리 얻은 것이니라.

너희들은 이 회상에 있는 성문들로서 최상승最上乘의 불도를 구하는 자들이니 결정코 성불할 것이다. 마치 순풍에 먼지를 날리는 것과 같은데 무슨 어려움이 있겠느냐?

만일 말세에서 도량에 앉아서 수도를 하려거든, 먼저 비구가 지켜할 청정한 금계를 추상같이 가져야 한다. 마땅히 계행戒行부터 청정하게 갖춤이 첫째가는 사문의 길이니라. 그러므로 계행이 청정한 계사戒師를 택하여 스승으로 삼아야 한다. 만일에 참으로 계행이 청정한 스님을 만나지 못한다면 너의 계율이 성취되지 못하느니라.

계가 성취된 연후에는 깨끗한 법의法衣를 입고 향을 피워 놓고는 고요히 앉아서 이 심불心佛이 외우신 신주를 일백팔 번을 외운 연후에 주위 환경과 지리적 조건이 합당한 자리를 택하여 도량을 건립해라. 그리고 나서 곧 도량에 앉아 발원하기를 시방국토에 현재 계시는 더 이상 없는 여래께서 대비大悲의 광명을 놓아 정상頂上에 대어 주시기를 소망할지니라.

아난아, 이렇게 말세의 청정한 비구·비구니나 세상에 사는 남자신도, 여자신도 백의단월白衣檀越들이 마음에서 일어나는 음욕을 탐하는 마음을 소멸시키고 부처님의 깨끗한 계를 지니고, 도량에서 보살원菩薩願을 세워야 할 것이다. 도량을 들고 날 적마다 반드시 목욕을 하고 여섯 때로 도 행하기를 3·7일 동안 그치지 않으면, 내가 몸을 나타내고 그 사람의 앞에 가서 정수리를 만지면서 위안을 주고 도를 깨닫게(開悟) 하리라."

阿難 白佛言, 世尊! 我蒙如來 無上悲誨 心已開悟 自知修證 無學道成 末法修行 建立道場 云何結界 合佛世尊 清淨軌則? 佛告阿難, 若末世人 願立道場 先取雪山 大力白牛 食其山中 肥膩香草。此牛唯飲 雪山清水 其糞微細 可取其糞 和合旃檀 以泥其地。若非雪山 其牛臭穢 不堪塗地 別於平原 穿去地皮 五尺已下 取其黃土 和上旃檀 沈水蘇合 熏陸鬱金, 白膠青木, 零陵甘松 及雞舌香 以此十種 細羅爲粉 合土成泥 以塗場地。方圓丈六 爲八角壇 壇心置一 金銀銅木 所造蓮華 華中安鉢 鉢中先盛 八月露水 水中隨安 所有華葉。

取八圓鏡 各安其方 圍繞華鉢 鏡外建立 十六蓮華 十六香
로 간화포설   장엄향로   순소침수   무령견화   취백우유   치
鑪 間華鋪設 莊嚴香鑪 純燒沈水 無令見火。取白牛乳 置
십육기 유위전병 병제사당 유병유미   소합밀강   순소순밀
十六器 乳爲煎餅 幷諸砂糖 油餅乳糜, 蘇合蜜薑, 純酥純蜜
어련화외 각각십육 위요화외   이봉제불   급대보살   매이식
於蓮華外 各各十六 圍繞華外 以奉諸佛 及大菩薩 每以食
시 약재중야 취밀반승 용소삼합 단전별안 일소화로   이두
時 若在中夜 取蜜半升 用酥三合 壇前別安 一小火爐 以兜
루바향 전취향수 목욕기탄 연령맹치 투시소밀 어염로내
樓婆香 煎取香水 沐浴其炭 然令猛熾 投是酥蜜 於炎爐內
소령연진 향불보살
燒令煙盡 享佛菩薩。

아난이 부처님께 사뢰었습니다.

"세존이시여, 저는 여래의 위없이 자비하신 가르침을 받잡고 무학도無學道를 닦아 묘각으로 들어갈 줄은 알겠습니다. 다만 말법시대에 수행을 하는 이로서 도량을 건립하려면 어떻게 꾸며야만이 세존께서 말씀하신 청정한 법도에 합당하겠나이까?"

부처님이 아난에게 말씀하셨습니다.

"만일 말세 사람으로서 도량을 건립하려거든, 먼저 설산雪山에서 나는 비니향초肥膩香草를 먹는 힘센 흰소(大力白牛)를 구해야 한다. 그 흰소는 설산에서 맑은 물만 먹었으므로 똥이 매우 미세하니라. 그 똥을 취하여 전단梅檀과 잘 섞어서 땅바닥에 발라야 한다.

만일 설산의 흰 소가 아니면 똥이 더러워서 땅에 바를 수가

없다. 만약 흰 소의 똥을 못 구하면 특별한 방법을 써야 한다. 일단 지표에서 땅바닥을 5척 이상까지 흙을 파내어 버리고, 그 땅 밑에서 나온 황토 흙을 가지고 제일 좋은 전단과 침수향沈水香, 소합蘇合, 훈육熏陸, 울금鬱金, 백교白膠, 청목靑木, 영릉零陵, 감송甘松, 계설雞舌 등의 향과 섞되, 이 열 가지 종류의 향을 곱게 갈고 부드럽게 채로 쳐서 황토와 반죽을 해 진흙을 만들어 도량을 차릴 땅바닥에 발라야 하느니라.

둥글게 방원으로 장륙丈六의 팔각단八角壇을 만들고, 단 복판에는 금, 은, 동으로 반듯하고 원만하게 열여섯 자 되는 팔각의 단을 만들고 그 단의 한복판에다가는 금, 은, 동이나 나무 등으로 하나의 연화를 만들어 놓고, 그 연꽃 속에다 발우를 놓고, 발우 가운데에는 먼저 팔월달의 이슬 물을 담고, 그 물 가운데에는 그 당시에 있는 꽃잎을 두어야 한다.

그리고 둥근 거울 여덟 개를 가져다가 팔각의 각 면에 하나씩 놓아 두는데 꽃과 발우를 둘러싸게 하고, 둥근 거울 밖에는 열여섯 송이의 연꽃을 세워 놓고 그 연꽃 사이에 열여섯 개의 향로를 차려 놓고, 그 향로 안에다가는 오직 침수향만을 사르되 불이 보이지 않게 할 것이니라.

그리고 흰 소의 젖을 열여섯 그릇을 담아 놓고, 그 소젖을 따라 전병煎餠을 만들고 사탕과 유병油餠과 유미乳糜와 소합蘇合

과 밀강蜜薑과 순소純酥와 순밀純蜜 등 여러 가지 과자와 음식과 포도와 석밀石蜜 등 좋은 음식을 세워 놓은 연꽃 밖으로 열여섯 그릇씩 차려 놓고 모든 부처님과 대보살께 받들어 올리는데, 매일 식사 때와 한밤중에 꿀 반되와 소酥 삼 홉을 가져다 단 앞에 놓고, 따로 작은 화로 하나를 놓고는 도루바향兜樓婆香으로 다린 향수로 씻은 숯을 벌겋게 태우면서 그 불에 소酥와 밀蜜을 던져서 연기가 나도록 해서 부처님과 보살들께 공양할지니라.

令其四外 遍懸幡華 於壇室中 四壁敷設 十方如來 及諸菩薩 所有形象 應於當陽 張盧舍那 釋迦彌勒 阿閦彌陀 諸大變化 觀音形像 兼金剛藏 安其左右 帝釋梵王 烏芻瑟摩 幷藍地迦 諸軍茶利 與毗俱胝 四天王等 頻那夜迦 張於門側 左右安置 又取八鏡 覆懸虛空 與壇場中 所安之鏡 方面相對 使其形影 重重相涉。

단 밖에는 사방으로 깃발과 꽃을 두루 달고, 단실壇室 가운데 안쪽 벽에는 시방의 여래와 모든 보살들의 형상을 부설하되 정면에는 노사나불盧舍那佛, 석가모니불釋迦牟尼佛, 미륵불彌勒佛, 아촉불阿閦佛, 아미타불阿彌陀佛을 모시고 여러 가지로 크게 변화한 관음상과 금강장보살상金剛藏菩薩像을 좌우에 모셔 놓아야 하며, 그리고 제석帝釋, 범왕梵王, 오추슬마烏芻瑟摩, 남지가藍地迦, 군다리軍茶利, 비구지毗俱胝, 사천왕四天王 등과 빈나頻那와 야가夜迦를 좌우 문 옆에 안치해 놓고, 또 거울 여덟 개를 공중에 엎어 달아서 단에 깔아 놓은 거울과 마주치게 하여서 그 법당 안의 모든 형상들이 겹겹으로 서로 겹쳐서 보이도록 해야 한다.

於初七日中 至誠頂禮 十方如來 諸大菩薩 阿羅漢號 恒於六時 誦咒圍壇 至心行道 一時常行 一百八遍。第二七中 一向專心 發菩薩願 心無間斷 我毗奈耶 先有願教。第三七中 於十二時 一向持佛 般怛囉咒 至第七日 十方如來 一時出現 鏡交光處 承佛摩頂 卽於道場 修三摩地 能令如是 末世修學 身心明淨 猶如琉璃。

처음 칠 일 동안은 지성으로 시방의 여래와 대보살과 아라한께 절을 하고, 항상 여섯 시간을 주문을 외우면서 단을 빙글빙글 도는 행도行道를 지극한 마음으로 하되 한 시간에 일백팔 번씩 신주를 외울 것이며, 두 번째 칠 일 동안에는 일심으로 한결같이 보살의 원을 세우되 마음에 끊어짐이 없이 할 것이니라. 내가 설한 비나야에 발원을 어떻게 해야 하는 가르침이 있느니라.

세 번째 칠 일 동안에는 열두 시간을 꼬박 부처님의 반다라주般怛囉呪를 지송하라. 그리고 일곱째 날이 되면 시방의 여래가 일시에 거울의 빛이 교차되는 곳에서 출현하시어 친히 이마를 어루만져 주시게 되리라. 곧 그 도량에서 삼마지를 닦아야 한다. 꼭 이와 같이 하면 말세에서 수행을 하는 사람의 몸과 마음이 밝고 청정하기가 맑은 유리와 같게 되리라.

阿難! 若此比丘 本受戒師 及同會中 十比丘等 其中有一 不清淨者 如是道場 多不成就。從三七後 端坐安居 經一百日 有利根者 不起于座 得須陀洹 縱其身心 聖果未成 決定自知 成佛不謬 汝問道場 建立如是。

아난아, 만일 이 비구가 처음 계를 주신 스승이나 같이 수행을 하는 여러 비구스님들 중에서 단 한 사람이라도 계행이 청정하지 못한 이가 있으면 그런 도량에서는 흔히 도를 성취하지 못하느니라.

이렇게 3·7일이 지난 후부터는 단정히 앉아서 안거安居해야 한다. 이렇게 편안히 좌선하기를 백 일을 지나면 근성이

예리한 이는 그 자리에서 일어나지 않고 수다원과須陀洹果를 얻을 것이며, 설령 몸과 마음에 성과聖果를 이루지는 못했다 하더라도 결정코 성불成佛을 한다는 사실을 알아야 한다. 네가 물은 도량 차리는 방법은 이와 같으니라."

阿難 頂禮佛足 而白佛言, 自我出家 恃佛憍愛 求多聞故 未
아난 정례불족 이백불언 자아출가 시불교애 구다문고 미
證無爲 遭彼梵天 邪術所禁 心雖明了 力不自由 賴遇文殊
증무위 조피범천 사술소금 심수명료 역부자유 뇌우문수
令我解脫。
영아해탈
雖蒙如來 佛頂神呪 冥獲其力 尙未親聞 唯願大慈 重爲宣
수몽여래 불정신주 명획기력 상미친문 유원대자 중위선
說 悲救此會 諸修行輩 末及當來 在輪廻者 承佛密音 身意
설 비구차회 제수행배 말급당래 재윤회자 승불밀음 신의
解脫。
해탈
于時 會中一切大衆 普皆作禮 佇聞如來 秘密章句。
우시 회중일체대중 보개작례 저문여래 비밀장구

아난이 부처님의 발에 정례하고 부처님께 사뢰었습니다.

"제가 출가를 한 후로 부처님의 사랑을 믿고 많이 듣기만 했습니다. 그러므로 더 이상 무엇을 어떻게 할 일이 없는 무위無爲의 경지를 얻지 못해서 저 범천의 사술邪術에 걸렸습니다. 그 사술에 걸려 보니 이상하게 몸이 몹시 부자유스러워서 움직일 힘이 없었습니다. 비록 몸은 부자유스러웠으나 마음만은 명료했습니다. 그때에 문수보살을 만나 뵙는 즉시에 혼미한 신식에서 벗어났나이다. 비록 저는 여래의 불정신주佛頂神呪의 가피력은 직접 체험했습니다. 하오나 아직 친히 불정신주를 듣지 못하였습니다. 바라옵건대 대자비로 다시 그 신주를 선설하시어 이 회중에서 수행하는 이들을 구호하시고, 또한 당래세에 윤회에서 벗어나지 못하는 이들로 하여금 부처님의 비밀한 신주를 듣고 심신으로부터 해탈케 하옵소서."

이때에 회중의 일체 대중이 모두 예배하고 여래의 비밀한 신주의 글귀(章句)를 듣고자 하였습니다.

爾時世尊 從肉髻中 涌百寶光 光中涌出 千葉寶蓮 有化如來 坐寶華中 頂放十道 百寶光明 一一光明 皆遍示現 十恒河沙 金剛密迹 擎山持杵 遍虛空界 大衆仰觀 畏愛兼抱 求佛哀祐 一心聽佛 無見頂相 放光如來 宣說神咒。

그때 세존께서 육계肉髻로부터 백보광명百寶光明을 놓으시니, 그 광명 중에서 천 잎의 보배연꽃(千葉寶蓮)이 솟아올랐습니다. 그 보련화寶蓮華 가운데 한 분의 화신여래化身如來가 앉아 계셨습니다. 그 화신여래가 정상頂上으로부터 열 줄기 백보광명을 놓으시니 낱낱 광명마다 십 항하사 금강밀적金剛密迹이 나타났습니다. 모든 금강밀적이 한 팔에는 태산을 처들고 한 손에는

수능엄경 제7권 279

금강저金剛杵를 쥐고 서 있는데 온 허공계에는 그러한 금강밀적이 가득하였습니다. 이 엄청난 이적을 본 대중들이 저 어마어마한 장관에 놀라서 모두 함께 일어나서 존경하는 경외심으로 모두 세존을 우러러보면서 더없이 거룩하신 부처님께서 불쌍히 여겨 도와주심을 간절히 기다렸습니다. 도저히 쳐다볼 수도 없는 화신여래께서 무견정상無見頂上으로부터 방광을 놓으시면서 선설하시는 신주를 일심으로 모두 듣고 있었습니다.

[해설]

이 수능엄경의 능엄신주는 두 부류가 전해옵니다. 이 문제로 필자가 갈피를 잡지 못해서 해인사 지족암에 주석을 하고 계시던 일타 큰스님을 찾아뵈었습니다. 뵙고 두 종류의 능엄신주에 대한 연역을 큰스님으로부터 잘 들었습니다. 그 하나는 지금 이 능엄경을 동방에 전수하신 반라밀제 수능엄경의 능엄신주인데, 이것은 운허스님께서 한역을 그대로 음사한 번역본이라 하셨고, 또 하나는 불공 삼장법사가 전한 산스크리트어 원음을 그대로 음역한 것이 전해 온다고 하셨습니다.

1. 나무사다타소가다야아라하데삼먁삼본다샤
   南無薩怛他蘇伽多耶阿羅訶帝三藐三菩陀寫

2. 사다타붇다구지스니삼 薩怛他佛陀俱胝瑟尼釤

3. 나무살바붇다부디사다볘뱌 南無薩婆勃陀勃地薩跢鞞弊

4. 나무사다남삼먁삼볻다구지남 南無薩多南三藐三菩陀俱知南

5. 사스라바가싱가남 娑舍囉婆迦僧伽喃

6. 나무로계아라한다남 南無盧雞阿羅漢跢喃

7. 나무소로다파나남 南無蘇盧多波那喃

8. 나무사가리다가미남 南無娑羯唎陀伽彌喃

9. 나무로계삼먁가다남 南無盧雞三藐伽跢喃

10. 삼먁가파라디파다나남 三藐伽波囉底波多那喃

11. 나무데바리시난 南無提婆離瑟赧

12. 나무신다야비디야다라리시난 南無悉陀耶毗地耶陀囉離瑟赧

13. 샤바노게라하사하사라마타남 舍波奴揭囉訶娑訶娑囉摩他喃

14. 나무바라하마니 南無跋囉訶摩泥

15. 나무인다라야 南無因陀囉耶

16. 나무바가바데 南無婆伽婆帝

17. 로다라야 嚧陀囉耶

18. 오마바데 烏摩般帝

19. 사혜야야 娑醯夜耶

20. 나무바가바데 南無婆伽婆帝

21. 나라야나야 那囉野拏耶

22. 반자마하삼모다라 槃遮摩訶三慕陀囉

23. 나무신가리다야 南無悉羯唎多耶

24. 나무바가바데 南無婆伽婆帝

25. 마하가라야 摩訶迦羅耶

26. 디리바라나가라 地唎般剌那伽囉

27. 비다라바나가라야 毗陀囉波拏迦囉耶

28. 아디목데 阿地目帝

29. 시마샤나니바시니 尸摩舍那泥婆悉泥

30. 마다리가나 摩怛唎伽拏

31. 나무신가리다야 南無悉羯唎多耶

32. 나무바가바데 南無婆伽婆帝

33. 다타가다구라야 多他伽跢俱囉耶

34. 나무바두마구라야 南無般頭摩俱囉耶

35. 나무발사라구라야 南無跋闍囉俱囉耶

36. 나무마니구라야 南無摩尼俱囉耶

37. 나무가사구라야 南無伽闍俱囉耶

38. 나무바가바데 南無婆伽婆帝

39. 데리다슈라세나 帝唎茶輸囉西那

40. 파라하라나라사야 波囉訶囉拏囉闍耶

41. 다타가다야 跢他伽多耶

42. 나무바가바데 南無婆伽婆帝

43. 나무아미다바야 南無阿彌多婆耶

44. 다타가다야 哆他伽多耶

45. 아라하데 阿囉訶帝

46. 삼먁삼볻다야 三藐三菩陀耶

47. 나무바가바데 南無婆伽婆帝

48. 아추볘야 阿芻鞞耶

49. 다타가다야 哆他伽多耶

50. 아라하데 阿囉訶帝

51. 삼먁삼볻다야 三藐三菩陀耶

52. 나무바가바데 南無婆伽婆帝

53. 볘사사야구로볘쥬리야 鞞沙闍耶俱嚧吠柱唎耶

54. 바라바라사야 般囉婆囉闍耶

55. 다타가다야 哆他伽多耶

56. 나무바가바데 南無婆伽婆帝

57. 삼보스비다 三補師毖多

58. 살린나라라사야 薩憐捺囉剌闍耶

59. 다타가다야 哆他伽多耶

60. 아라하데 阿囉訶帝

61. 삼먁삼볻다야 三藐三菩陀耶

62. 나무바가바데 南無婆伽婆帝
63. 샤계야모나예 舍雞野母那曳
64. 다타가다야 路他伽多耶
65. 아라하데 阿囉訶帝
66. 삼먁삼볻다야 三藐三菩陀耶
67. 나무바가바데 南無婆伽婆帝
68. 라다나계도라사야 剌怛那雞都囉闍耶
69. 다타가다야 路他伽多耶
70. 아라하데 阿囉訶帝
71. 삼먁삼볻다야 三藐三菩陀耶
72. 데뵤나무사가리다 帝瓢南無薩羯唎多
73. 이담바가바다 翳曇婆伽婆多
74. 사다타가도스니삼 薩怛他伽都瑟尼釤
75. 사다다바다람 薩怛多般怛藍
76. 나무아바라시담 南無阿婆囉視耽
77. 바라데양기라 般羅帝揚岐囉
78. 사라바부다게라하 薩囉婆部多揭囉訶
79. 니가라하게가라하니 尼羯囉訶揭迦囉訶尼
80. 바라비디야치다니 跋囉毖地耶叱陀你
81. 아가라미리쥬 阿迦囉蜜唎柱

82. 바리다라야닝게리 般唎怛囉耶儜揭唎
83. 사라바반다나목차니 薩囉婆槃陀那目叉尼
84. 사라바도시다 薩囉婆突瑟吒
85. 도시빕바나니버라니 突悉乏般那你伐囉尼
86. 쟈도라시데남 赭都囉失帝南
87. 가라하사하사라야사 羯囉訶娑訶薩囉若闍
88. 비다붕사나가리 毗多崩娑那羯唎
89. 아시다빙샤데남 阿瑟吒冰舍帝南
90. 낙사차다라야사 那叉刹怛囉若闍
91. 파라사다나가리 波囉薩陀那羯唎
92. 아시다남 阿瑟吒南
93. 마하게라하야사 摩訶揭囉訶若闍
94. 비다붕사나가리 毗多崩薩那羯唎
95. 살바샤도로니바라야사 薩婆舍都嚧你婆囉若闍
96. 호람도시빕난자나샤니 呼藍突悉乏難遮那舍尼
97. 비사샤시다라 毖沙舍悉怛囉
98. 아기니오다가라야사 阿吉尼烏陀迦囉若闍
99. 아파라시다구람 阿般囉視多具囉
100. 마하바라전지 摩訶般囉戰持
101. 마하딥다 摩訶疊多

수능엄경 제7권 285

102. 마하데사 摩訶帝闍

103. 마하세다사바라 摩訶稅多闍婆囉

104. 마하바라반다라바시니 摩訶跋囉槃陀囉婆悉你

105. 아리야다라 阿唎耶多囉

106. 비리구지 毗唎俱知

107. 서바비사야 誓婆毗闍耶

108. 바사라마레디 跋闍囉摩禮底

109. 비샤로다 毗舍嚧多

110. 부드마가 勃騰罔迦

111. 바사라제하나아자 跋闍囉制喝那阿遮

112. 마라제바파라진다 摩囉制婆般囉質多

113. 바사라단지 跋闍囉擅持

114. 비샤라자 毗舍囉遮

115. 선다샤볘데바부시다 扇多舍鞞提婆補視多

116. 소마로파 蘇摩嚧波

117. 마하세다 摩訶稅多

118. 아리야다라 阿唎耶多囉

119. 마하바라아파라 摩訶婆囉阿般囉

120. 바사라샹가라제바 跋闍囉商羯囉制婆

121. 바사라구마리 跋闍囉俱摩唎

122. 구람다리 俱藍陀唎

123. 바사라하사다자 跋闍囉喝薩多遮

124. 비디야건자나마리가 毗地耶乾遮那摩唎迦

125. 구소모바가라다나 嘔蘇母婆羯囉跢那

126. 비로자나구리야 鞞嚧遮那俱唎耶

127. 야라토스니삼 夜囉菟瑟尼釤

128. 비지람바마니자 毗折藍婆摩尼遮

129. 바사라가나가파라바 跋闍囉迦那迦波囉婆

130. 로사나바사라돈치자 嚧闍那跋闍囉頓椎遮

131. 세다자가마라 稅多遮迦摩囉

132. 차샤시파라바 刹奢尸波囉婆

133. 이데이데 翳帝夷帝

134. 모다라가나 母陀羅羯拏

135. 사베라참 娑鞞囉懺

136. 굴반도 掘梵都

137. 인토나마마샤 印兔那麼麼寫

138. (외우는 이 여기서 제자 아무가 지닙니다) 옴 烏𤙖

139. 리시게나 唎瑟揭拏

140. 파라샤싣다 般剌舍悉多

141. 사다타가도스니삼 薩怛他伽都瑟尼釤

142. 훔 虎𤙖

143. 도로옹 都嚧雍

144. 점바나 瞻婆那

145. 훔 虎𤙖

146. 도로옹 都嚧雍

147. 신담바나 悉耽婆那

148. 훔 虎𤙖

149. 도로옹 都嚧雍

150. 파라비디야삼박차나가라 波羅㭽地耶三般叉拏羯囉

151. 훔 虎𤙖

152. 도로옹 都嚧雍

153. 살바야차하라차사 薩婆藥叉喝囉刹娑

154. 게라하야사 揭囉訶若闍

155. 비등붕사나가라 毗騰崩薩那羯囉

156. 훔 虎𤙖

157. 도로옹 都嚧雍

158. 쟈도라시디남 者都囉尸底南

159. 게라하사하사라남 揭囉訶娑訶薩囉南

160. 비등붕사나라 毗騰崩薩那囉

161. 훔 虎𤙖

162. 도로옹 都嚧雍

163. 라차 囉叉

164. 바가밤 伽梵梵

165. 사다타가도스니삼 薩怛他伽都瑟尼釤

166. 파라뎜사기리 波囉點闍吉唎

167. 마하사하사라 摩訶娑訶薩囉

168. 부수사하사라시리사 勃樹娑訶薩囉室唎沙

169. 구지사하살니데례 俱知娑訶薩泥帝嚇

170. 아볘뎨시바리다 阿弊提視婆唎多

171. 다타낭가 吒吒甖迦

172. 마하바사로다라 摩訶跋闍盧陀囉

173. 뎨리부바나 帝唎菩婆那

174. 만다라 曼茶囉

175. 옴 烏䣔

176. 사시뎨바바도 莎悉帝薄婆都

177. 마마 麽麽

178. 인토나마마사 印兎那麽麽寫

179. (여기서도 전처럼 이름을 부르라. 속인이면 제자 아무)
    라사바야 囉闍婆夜

180. 주라바야 主囉跋夜

181. 아기니바야 阿祈尼婆夜

182. 오다가바야 烏陀迦婆夜

183. 비사바야 毗沙婆夜

184. 샤사다라바야 舍薩多囉婆夜

185. 바라자가라바야 婆囉斫羯囉婆夜

186. 돌비차바야 突瑟叉婆夜

187. 아샤니바야 阿舍你婆夜

188. 아가라미리쥬바야 阿迦囉密唎柱婆夜

189. 다라니부미검파가바다바야 陀囉尼部彌劍波伽波陀婆夜

190. 오라가바다바야 烏囉迦婆多婆夜

191. 라사단다바야 剌闍壇茶婆夜

192. 나가바야 那伽婆夜

193. 비됴다바야 毗條怛婆夜

194. 소바라나바야 蘇波囉拏婆夜

195. 야차게라하 藥叉揭囉訶

196. 라차사게라하 囉叉私揭囉訶

197. 피리다게라하 畢唎多揭囉訶

198. 비샤자게라하 毗舍遮揭囉訶

199. 부다게라하 部多揭囉訶

200. 구반다게라하 鳩槃茶揭囉訶

201. 부단나게라하 補丹那揭囉訶
202. 가타부단나게라하 迦吒補丹那揭囉訶
203. 시간도게라하 悉乾度揭囉訶
204. 아파시마라게라하 阿播悉摩囉揭囉訶
205. 오단마다게라하 烏檀摩陀揭囉訶
206. 챠야게라하 車夜揭囉訶
207. 혜리바데게라하 醯唎婆帝揭囉訶
208. 사다하리남 社多訶唎南
209. 게바하리남 揭婆訶唎南
210. 로디라하리남 嚧地囉訶唎南
211. 망사하리남 忙娑訶唎南
212. 메다하리남 謎陀訶唎南
213. 마사하리남 摩闍訶唎南
214. 사다하리녀 闍多訶唎女
215. 시비다하리남 視比多訶唎南
216. 비다하리남 毗多訶唎南
217. 바다하리남 婆多訶唎南
218. 아슈쟈하리녀 阿輸遮訶唎女
219. 짇다하리녀 質多訶唎女
220. 뎨삼살볘삼 帝釤薩鞞釤

221. 살바게라하남 薩婆揭囉訶南
222. 비다야사친다야미 毗陀耶闍瞋陀夜彌
223. 기라야미 雞囉夜彌
224. 파리바라쟈가그리담 波唎跋囉者迦訖唎擔
225. 비다야사친다야미 毗陀夜闍瞋陀夜彌
226. 기라야미 雞囉夜彌
227. 다연니그리담 茶演尼訖唎擔
228. 비다야사친다야미 毗陀夜闍瞋陀夜彌
229. 기라야미 雞囉夜彌
230. 마하파슈반다야 摩訶般輸般怛夜
231. 로다라그리담 嚧陀囉訖唎擔
232. 비다야사친다야미 毗陀夜闍瞋陀夜彌
233. 기라야미 雞囉夜彌
234. 나라야나그리담 那囉夜拏訖唎擔
235. 비다야사친다야미 毗陀夜闍瞋陀夜彌
236. 기라야미 雞囉夜彌
237. 다타가로다사그리담 怛埵伽嚧茶西訖唎擔
238. 비다야사친다야미 毗陀夜闍瞋陀夜彌
239. 기라야미 雞囉夜彌
240. 마하가라마다리가나그리담 摩訶迦囉摩怛唎伽拏訖唎擔

241. 비다야사친다야미 毗陀夜闍瞋陀夜彌

242. 기라야미 雞囉夜彌

243. 가파리가그리담 迦波唎迦訖唎擔

244. 비다야사친다야미 毗陀夜闍瞋陀夜彌

245. 기라야미 雞囉夜彌

246. 사야가라마도가라 闍耶羯囉摩都羯囉

247. 살바라다사다나그리담 薩婆囉他娑達那訖唎擔

248. 비다야사친다야미 毗陀夜闍瞋陀夜彌

249. 기라야미 雞囉夜彌

250. 자도라바기니그리담 赭咄囉婆耆你訖唎擔

251. 비다야사친다야미 毗陀夜闍瞋陀夜彌

252. 기라야미 雞囉夜彌

253. 비리양그리지 毗唎羊訖唎知

254. 난다계사라가나파데 難陀雞沙囉伽拏般帝

255. 사혜야그리담 索醯夜訖唎擔

256. 비다야사친다야미 毗陀夜闍瞋陀夜彌

257. 기라야미 雞囉夜彌

258. 나게나사라바나그리담 那揭那舍囉婆拏訖唎擔

259. 비다야사친다야미 毗陀夜闍瞋他夜彌

260. 기라야미 雞囉夜彌

261. 아라한그리담비다야사친다야미 阿囉漢訖唎擔毗陀夜闍瞋陀夜彌

262. 기라야미 雞囉夜彌

263. 비다라가그리담 毗多囉伽訖唎擔

264. 비다야사친다야미 毗陀夜闍瞋夜彌

265. 기라야미바사라파니 雞囉夜彌跋闍囉波你

266. 구혜야구혜야 具醯夜具醯夜

267. 가디반데그리담 迦地般帝訖唎擔

268. 비다야사친다야미 毗陀夜闍瞋陀夜彌

269. 기라야미 雞囉夜彌

270. 라차망 囉叉罔

271. 바가밤 婆伽梵

272. 인토나마마샤 印兔那麼麼寫

273. (여기서도 전처럼 제자 아무라 하라)바가밤 婆伽梵

274. 시다다반다라 薩怛多般怛囉

275. 나무수도데 南無粹都帝

276. 아시다나라자가 阿悉多那囉剌迦

277. 파라바시보타 婆囉婆悉普吒

278. 비가사다다바데리 毗迦薩怛多鉢帝唎

279. 스부라스부라 什佛囉什佛囉

280. 다라다라 陀囉陀囉

281. 빈다라빈다라친다친다 頻陀囉頻陀囉瞋陀瞋陀
282. 훔 虎𤙖
283. 훔 虎𤙖
284. 반닥 泮吒
285. 반닥반닥반닥반닥 泮吒泮吒泮吒泮吒
286. 사바하 娑訶
287. 혜혜반 醯醯泮
288. 아모가야반 阿牟迦耶泮
289. 아파라데하다반 阿波囉提訶多泮
290. 바라파라다반 婆囉波囉陀泮
291. 아소라비다라파가반 阿素囉毗陀囉波迦泮
292. 살바데볘뱌반 薩婆提鞞弊泮
293. 살바나가뱌반 薩婆那伽弊泮
294. 살바야차뱌반 薩婆藥叉弊泮
295. 살바간달바뱌반 薩婆乾闥婆弊泮
296. 살바부다나뱌반 薩婆補丹那弊泮
297. 가타부다나뱌반 迦吒補丹那弊泮
298. 살바도랑기뎨뱌반 薩婆突狼枳帝弊泮
299. 살바도스비리그시뎨뱌반 薩婆突澀比唎訖瑟帝弊泮
300. 살바시바리뱌반 薩婆什婆唎弊泮

301. 살바아파시마리뱌반 薩婆阿播悉摩唎弊泮

302. 살바사라바나뱌반 薩婆舍囉婆拏弊泮

303. 살바디데계뱌반 薩婆地帝雞弊泮

304. 살바다마다계뱌반 薩婆怛摩陀繼弊泮

305. 살바비다야라서자리뱌반 薩婆毗陀耶囉誓遮唎弊泮

306. 사야가라마도가라 闍夜羯囉摩度羯囉

307. 살바라타사다계뱌반 薩婆囉他娑陀雞弊泮

308. 비디야자리뱌반 毗地夜遮唎弊泮

309. 쟈도라바기니뱌반 者都囉縛耆你弊泮

310. 바사라구마리 跋闍囉俱摩唎

311. 비댜야라서뱌반 毗陀夜囉誓弊泮

312. 마하파라딩양차기리뱌반 摩訶波囉丁羊叉耆唎弊泮

313. 바사랴샹가라야 跋闍囉商羯囉夜

314. 파라댱기라사야반 波囉丈耆囉闍耶泮

315. 마하가라야 摩訶迦囉夜

316. 마하마다리가나 摩訶末怛唎迦拏

317. 나무사가리다야반 南無娑羯唎多夜泮

318. 비시나비예반 毖瑟拏婢曳泮

319. 부라하모니예반 勃囉訶牟尼曳泮

320. 아기니예반 阿耆尼曳泮

321. 마하가리예반 摩訶羯唎曳泮

322. 가라단디예반 羯囉檀持曳泮

323. 메다리예반 蔑怛唎曳泮

324. 로다리예반 嘮怛唎曳泮

325. 자문다예반 遮文茶曳泮

326. 가라라다리예반 羯邏囉怛唎曳泮

327. 가파리예반 迦般唎曳泮

328. 아디목지다가시마샤나 阿地目質多迦尸摩舍那

329. 바사니예반 婆私你曳泮

330. 연기질 演吉質

331. 살타바샤 薩埵婆寫

332. 마마인토나마마샤 麼麼印兎那麼麼寫

333. (여기서도 전처럼 제자 아무라 하라)도시다짇다 突瑟吒質多

334. 아마다리짇다 阿末怛唎質多

335. 오사하라 烏闍訶囉

336. 가바하라 伽婆訶囉

337. 로디라하라 嚧地囉訶囉

338. 바사하라 婆娑訶囉

339. 마사하라 摩闍訶囉

340. 사다하라 闍多訶囉

341. 시비다하라 視毖多訶囉
342. 바랴야하라 跋略夜訶囉
343. 간다하라 乾陀訶囉
344. 포사파하라 布史波訶囉
345. 파라하라 頗囉訶囉
346. 사샤하라 婆寫訶囉
347. 반파진다 般波質多
348. 도시타진다 突瑟吒質多
349. 로다라진다 嘮陀囉質多
350. 야차그라하 藥叉揭囉訶
351. 라차사그라하 囉刹娑揭囉訶
352. 페레다그라하 閉隷多揭囉訶
353. 비사자그라하 毗舍遮揭囉訶
354. 부다그라하 部多揭囉訶
355. 구반다그라하 鳩槃茶揭囉訶
356. 시간다그라하 悉乾陀揭囉訶
357. 오다마다그라하 烏怛摩陀揭囉訶
358. 차야그라하 車夜揭囉訶
359. 아파사마라그라하 阿播薩摩囉揭囉訶
360. 타카혁다기니그라하 宅袪革茶耆尼揭囉訶

361. 리븐데그라하 唎佛帝揭囉訶
362. 사미가그라하 闍彌迦揭囉訶
363. 샤구니그라하 舍俱尼揭囉訶
364. 모다라난디가그라하 姥陀囉難地迦揭囉訶
365. 아람바그라하 阿藍婆揭囉訶
366. 간도파니그라하 乾度波尼揭囉訶
367. 시버라예가헤가 什伐囉堙迦醯迦
368. 듀데야가 墜帝藥迦
369. 다례데야가 怛隷帝藥迦
370. 쟈돌타가 者突託迦
371. 니뎨시버라비사마시버라 昵提什伐囉毖釤摩什伐囉
372. 박디가 薄底迦
373. 비디가 鼻底迦
374. 시례시미가 室隷瑟密迦
375. 사니반데가 娑你般帝迦
376. 살바시버라 薩婆什伐囉
377. 시로기뎨 室嚧吉帝
378. 말다볘다로제검 末陀鞞達嚧制劍
379. 아기로검 阿綺嚧鉗
380. 목카로검 目佉嚧鉗

381. 가리도로검 羯唎突嚧鉗

382. 게라하그람 揭囉訶揭藍

383. 갈나슈람 羯拏輸藍

384. 단다슈람 憚多輸藍

385. 흐리야슈람 迄唎夜輸藍

386. 말마슈람 末麽輸藍

387. 바리시바슈람 跋唎室婆輸藍

388. 비리시다슈람 毖栗瑟吒輸藍

389. 오다라슈람 鄔陀囉輸藍

390. 가디슈람 羯知輸藍

391. 바시데슈람 跋悉帝輸藍

392. 오로슈람 鄔嚧輸藍

393. 샹가슈람 常伽輸藍

394. 하시다슈람 喝悉多輸藍

395. 바다슈람 跋陀輸藍

396. 사방앙가파라댱가슈람 娑房盎伽般囉丈伽輸藍

397. 부다비다다 部多毖跢茶

398. 다기니시바라 茶耆尼什婆囉

399. 다도로가건도로기디바로다비 陀突嚧迦建咄嚧吉知婆路多毗

400. 살반로하링가 薩般嚧訶凌伽

401. 슈사다라사나가라 輸沙怛囉娑那羯囉

402. 비사슈가 毗沙喩迦

403. 아기니오다가 阿耆尼烏陀迦

404. 마라비라건다라 末囉毗囉建跢囉

405. 아가라미리두다렴부가 阿迦囉密唎咄怛歛部迦

406. 디리라탁 地栗剌吒

407. 비리시질가 苾唎瑟質迦

408. 살바나구라 薩婆那俱囉

409. 사잉가뱌그라리야차다라츄 肆引伽弊揭囉唎藥叉怛囉芻

410. 마라시볘데삼사볘삼 末囉視吠帝釤娑鞞釤

411. 시다다파다라 悉怛多鉢怛囉

412. 마하바사로스니삼 摩訶跋闍嚧瑟尼釤

413. 마하반라당기람 摩訶般賴丈耆藍

414. 야바도다샤유사나 夜波突陀舍喩闍那

415. 변다례나 辮怛隸拏

416. 비다야반담가로미 毗陀耶槃曇迦嚧彌

417. 데슈반담가로미 帝殊槃曇迦嚧彌

418. 반라비다반담가로미 般囉毗陀槃曇迦嚧彌

419. 다냐타 跢姪他

420. 옴 唵

수능엄경 제7권 301

421. 아나례 阿那隷

422. 비샤데 毗舍提

423. 볘라바사라다리 鞞囉跋闍囉陀唎

424. 반다반다니 槃陀槃陀你

425. 바사라방니반 跋闍囉謗尼泮

426. 훔 도로옹반 虎𤙖都嚧甕泮

427. 사바하 莎婆訶

③ 다라니의 공덕

阿難! 是佛頂光聚 悉怛多般怛羅 秘密伽陀 微妙章句 出
아난   시불정광취 실달다반달라   비밀가타   미묘장구 출
生十方 一切諸佛 十方如來 因此咒心 得成無上 正遍知覺。
생시방 일체제불 시방여래 인차주심 득성무상 정변지각
十方如來 執此咒心 降伏諸魔 制諸外道。十方如來 乘此咒
시방여래 집차주심 항복제마 제제외도   시방여래 승차주
心 坐寶蓮華 應微塵國。十方如來 含此咒心 於微塵國 轉
심 좌보련화 응미진국   시방여래 함차주심 어미진국 전
大法輪。十方如來 持此咒心 能於十方 摩頂授記 自果未成
대법륜   시방여래 지차주심 능어시방 마정수기 자과미성
亦於十方 蒙佛授記。十方如來 依此咒心 能於十方 拔濟群
역어시방 몽불수기   시방여래 의차주심 능어시방 발제군
苦 所謂地獄, 餓鬼, 畜生 盲聾瘖瘂 冤憎會苦 愛別離苦 求
고 소위지옥   아귀   축생 맹롱음아 원증회고 애별리고 구
不得苦 五陰熾盛 大小諸橫 同時解脫 賊難兵難 王難獄難
부득고 오음치성 대소제횡 동시해탈 적난병난 왕난옥난
風火水難 饑渴貧窮 應念銷散。
풍화수난 기갈빈궁 응념소산

十方如來 隨此咒心 能於十方 事善知識 四威儀中 供養如
意 恒沙如來 會中推爲 大法王子。十方如來 行此咒心 能
於十方 攝受親因 令諸小乘 聞秘密藏 不生驚怖。十方如來
誦此咒心 成無上覺 坐菩提樹 入大涅槃。
十方如來 傳此咒心 於滅度後 付佛法事 究竟住持 嚴淨戒
律 悉得淸淨。若我說是 佛頂光聚般怛羅咒 從旦至暮 音聲
相聯 字句中間 亦不重疊 經恒沙劫 終不能盡。亦說此咒
名如來頂 汝等有學 未盡輪廻 發心至誠 取阿羅漢 不持此
咒 而坐道場 令其身心 遠諸魔事 無有是處。

"아난아, 이것이 부처님 정수리에서 나온 광명으로 이루어진 시다바다라의 비밀한 가타伽陀며 미묘한 장구章句로서 시방의 모든 부처님을 출생케 한다. 시방의 여래가 이 주문의 마음으로 인하여 최상의 깨달음을 성취하셨느니라. 시방의 여래가 마음을 잡아서 마魔를 항복받고 모든 외도들을 제압하였느니라. 시방의 여래가 이 주문의 마음을 타서 보련화에 앉아 미진국토에 응화應化를 하느니라. 시방의 여래가 이 주문의 마음을 머금어서 미진 국토에서 대법륜을 굴리시느니라.

시방의 여래가 이 주문의 마음을 가지고 능히 시방에서 마정수기摩頂授記를 하며 자기의 과를 이루지 못하였을 때는 시방의 부처님으로부터 수기를 받느니라.

시방의 여래가 이 주문의 마음에 의하여 능히 시방에서 여러 가지 고통을 구제하여 주시는데 이를테면 지옥, 아귀, 축생의 고통과 눈멀고 귀 어둡고 벙어리 된 고통과 원수와 만나는 고통, 사랑하는 이와 헤어지는 고통, 구해도 얻지 못하는 고통, 중독성과 같은 오음五陰이 치성하는 고통, 크고 작은 횡액을 동시에 해탈하게 하며 도적·난리·법망에 걸리는 것, 감옥에 갇히는 것과 바람·불·물의 난리 외에 기갈飢渴과 빈궁 등이 생각하는 마음에 따라 소멸케 하느니라.

시방의 여래가 이 주문의 마음을 따라서 시방에서 선지식을 잘 섬기되 행주좌와行住座臥에 있어서 뜻과 같이 공양하고 항하사 여래의 회중에서 법왕자로 추대되느니라. 시방의 여래가 이 주문의 마음을 행하여서 충분히 시방에서 친근한 인연을 거두고 모든 소승으로 하여금 비밀한 법문을 듣고도 놀라지 않게 하느니라.

시방의 여래가 이 주문의 마음을 외워서 최상의 깨달음을 성취하고 보리수에 앉으며 대열반에 들게 되느니라. 시방의 여래가 이 주문의 마음을 전하여 멸도한 뒤에 불법을 부촉하여 끝까지 머물게 하며 계율을 엄정히 하여 청정하게 하느니라.

만약에 내가 이 부처님의 정수리 광명으로 된 만다라 주문의 공덕을 말하려 하면 아침부터 저녁까지 끊임없는 음성으로 중복되는 말이 없이 항하사 겁이 지나도록 하여도 다할 수 없느니라.

또 이 주문을 여래정如來頂이라고 이름 한다. 너희들 아직 윤회를 끊지 못하여 배워야 하는 자들이 발심하여 지성으로 아뇩다라삼먁삼보리로 나아가려 하면서도 이 주문을 지니지 않으면 도량에 앉아서 그 몸과 마음으로 하여금 모든 마장에서 멀리 한다는 것은 옳지 않느니라.

阿難! 若諸世界 隨所國土 所有衆生 隨國所生 樺皮貝葉
아난   약제세계 수소국토 소유중생 수국소생 화피패엽
紙素白氎 書寫此咒 貯於香囊 是人心昏 未能誦憶 或帶身
지소백첩 서사차주 저어향낭 시인심혼 미능송억 혹대신
上 或書宅中 當知是人 盡其生年 一切諸毒 所不能害。
상 혹서택중 당지시인 진기생년 일체제독 소불능해
阿難! 我今爲汝 更說此咒 救護世間 得大無畏 成就衆生
아난   아금위여 갱설차주 구호세간 득대무외 성취중생
出世間智。若我滅後 末世衆生 有能自誦 若敎他誦 當知如
출세간지   약아멸후 말세중생 유능자송 약교타송 당지여
是 誦持衆生 火不能燒 水不能溺 大毒小毒 所不能害 如是
시 송지중생 화불능소 수불능닉 대독소독 소불능해 여시
乃至 龍天鬼神 精祇魔魅 所有惡咒 皆不能著 心得正受 一
내지 용천귀신 정지마매 소유악주 개불능착 심득정수 일
切咒詛 厭蠱毒藥 金毒銀毒 草木蟲蛇 萬物毒氣 入此人口
체주저 염고독약 금독은독 초목충사 만물독기 입차인구
成甘露味 一切惡星 幷諸鬼神 磣心毒人 於如是人 不能起
성감로미 일체악성 병제귀신 참심독인 어여시인 불능기
惡 頻那夜迦 諸惡鬼王 幷其眷屬 皆領深恩 常加守護。
악 빈나야가 제악귀왕 병기권속 개령심은 상가수호

阿難! 當知 是咒常有 八萬四千 那由他恒河沙俱胝 金剛
藏王菩薩種族 一一皆有 諸金剛眾 而爲眷屬 晝夜隨侍。設
有眾生 於散亂心 非三摩地 心憶口持 是金剛王 常隨從彼
諸善男子 何況決定 菩提心者? 此諸金剛菩薩藏王 精心陰
速 發彼神識 是人應時 心能記憶 八萬四千 恒河沙劫 周遍
了知 得無疑惑。從第一劫 乃至後身 生生不生 藥叉羅刹
及富單那 迦吒富單那 鳩槃茶, 毗舍遮等 幷諸餓鬼 有形無
形 有想無想 如是惡處 是善男子 若讀若誦 若書若寫 若帶
若藏 諸色供養 劫劫不生 貧窮下賤 不可樂處。此諸眾生
縱其自身 不作福業 十方如來 所有功德 悉與此人 由是得
於 恒河沙阿僧祇 不可說不可說劫 常與諸佛 同生一處 無
量功德 如惡叉聚 同處薰修 永無分散。
是故能令 破戒之人 戒根清淨 未得戒者 令其得戒 未精進者
令其精進 無智慧者 令得智慧 不清淨者 速得清淨 不持齋戒
自成齋戒。阿難! 是善男子 持此咒時 設犯禁戒 於未受時
持咒之後 眾破戒罪 無問輕重 一時消滅 縱經飲酒 食噉五辛
種種不淨 一切諸佛 菩薩金剛, 天仙鬼神 不將爲過。設著不
淨 破弊衣服 一行一住 悉同清淨 縱不作壇 不入道場 亦不
行道 誦持此咒 還同入壇 行道功德 無有異也 若造五逆 無
間重罪 及諸比丘比丘尼, 四棄八棄 誦此咒已 如是重業 猶

如猛風 吹散沙聚 悉皆滅除 更無毫髮。
여맹풍 취산사취 실개멸제 갱무호발

　아난아, 모든 세계와 모든 국토의 중생들이 그 국토에서 생산되는 나무껍질로 된 종이처럼 만든 화피樺皮나 종이 대용으로 쓰든 패다라 잎이나 종이나 흰색 모직의 천으로 된 백첩白氎 따위에 이 주문을 써서 향주머니香囊에 간직하면 이 사람이 마음이 혼미하여서 외우지는 못하더라도 혹은 몸에 지니거나 집안에 써서 두는 것만으로도 이 사람이 한평생 모든 독해毒害에 걸리지 않으리라.

　아난아, 내가 이제 다시 너를 위하여 말하리라. 이 주문은 세간을 구호하여 대무애大無礙를 얻게 하고 중생으로 하여금 출세간의 지혜를 성취케 하느니라. 내가 멸도한 뒤 말세에서 스스로 외우거나 남에게 가르쳐서 충실히 외우게 하면 이런 중생은 불이 태울 수 없고 또한 물이 빠뜨릴 수 없으며 크고 작은 어떠한 독해도 해칠 수가 없다. 이와 더불어 용·하늘·귀신·정령精靈·도깨비·마귀들의 악한 주문이 감히 붙지 못하며, 마음에 올바른 신주를 얻었기 때문에 어떠한 저주도 독약도, 금독·은독도, 초목의 독·독충이나 독사 따위와 만물의 독기도 이 사람의 입에만 들어가면 감로미가 되며, 온갖 나쁜 별이나 귀신들이나 해독심을 품은 사람이 이러한 사람에게는 악해를 끼치지 못할 것이다. 저 빈나頻那, 야가夜迦 등 악한

귀왕과 그 권속들이 오히려 감사한 깊은 은혜를 입고 항상 수호하느니라.

아난아, 마땅히 알아야 한다. 이 주문은 항상 팔만사천 나유타 항하사 구지의 금강장왕보살의 종족과 그 종족의 모든 금강신중이 한 권속이 되어서 주야로 따라다니며 시위하느니라. 설혹 어떤 중생이 삼마지가 아닌 산란한 마음으로 신주를 기억하거나 외우거나 해도 금강장왕이 저 선남자를 항상 따라다닌다. 더구나 보리심이 결정된 자이겠느냐? 이 금강장왕보살의 정미로운 마음인 정심精心이 은밀한 가운데 신속하게 저들의 신식身識을 발명케 하여 그 사람이 무엇을 알고자 할 때에는 즉시에 응하여 충분히 깨닫게 하는데 팔만사천 항하사 겁 일을 잘 기억하고 두루 알아서 의혹이 없게 되리라.

제1겁으로부터 다음 몸을 받을 때까지 태어날 적마다 야차, 나찰, 부단나, 가타부단나, 구반다, 비사차 따위나 모든 아귀나 형체가 있거나 생각이 있거나 없거나 한 여러 부류의 나쁜 곳에는 태어나지 않느니라.

이 모든 중생이 비록 그 자신은 복을 짓지 못하였더라도 시방의 여래께서 지니신 그 공덕을 모두 이 사람에게 주시나니 이로 말미암아 항하사 아승지 말할 수 없는 겁 동안을 항상 모든 부처님과 함께 동일한 처소에 환생하게 되므로 한량없는 공덕이 마치 인도에서 나는 악차 나무의 씨앗들이 물위를 떠다니다가 모두 한 곳에 어우러져서 한 덩어리가 되듯이 그 공덕이 영원히 흩어짐이 없으리라.

그러므로 파계한 사람은 계의 근본(戒根)이 청정하여져서 깨끗하게 되고 계를 얻지 못한 자는 계를 얻게 되며, 정진을 못하는 자는 정진을 하게 되고, 지혜가 없는 자는 지혜를 얻게 하며, 청정하지 못한 자는 속히 청정함을 얻게 하고, 재계齋戒로 품위를 갖추지 못한 자는 스스로 재계를 이루게 하느니라.

아난아, 선남자가 이 주문을 지송할 때는 설혹 금계를 지키지 못해서 그 범한 계가 주문을 받기 전이거나 받은 뒤의 일이라 하더라도 여러 가지 파계한 죄가 가볍고 중함을 물을 것도 없이 일시에 소멸한다. 또 비록 술을 먹고 오신채五辛菜를 먹어서 여러 가지로 청정하지 못하더라도 모든 불보살과 금강장왕과 하늘, 신선, 귀신들까지도 이를 허물로 삼지 않느니라.

설사 깨끗하지 못하고 떨어진 의복을 입었을지라도 걷거나 머물거나 간에 모두 청정할 것이며, 비록 단을 만들지도 않고 도량에도 들어가지도 않고 도를 수행하지 않더라도 이 주문을 지송하면 단에 들어가서 행도한 공덕과 다를 것이 없느니라.

만약 오역五逆의 무간중죄를 지었거나 비구 비구니가 사기四棄와 팔기八棄를 범하였더라도 이 주문을 외우면 이와 같이 무

거운 중죄업이 마치 사나운 바람에 모래를 날리어 흩어지게 하듯 모두 없어져서 털끝만큼도 남음이 없으리라.

阿難！ 若有衆生 從無量無數劫來 所有一切 輕重罪障 從
아난   약유중생 종무량무수겁래 소유일체 경중죄장 종
前世來 未及懺悔 若能讀誦 書寫此咒 身上帶持 若安住處
전세래 미급참회 약능독송 서사차주 신상대지 약안주처
莊宅園館 如是積業 猶湯消雪 不久皆得 悟無生忍。
장택원관 여시적업 유탕소설 불구개득 오무생인
復次阿難！ 若有女人 未生男女 欲求孕者 若能至心 憶念
부차아난   약유여인 미생남녀 욕구잉자 약능지심 억념
斯咒 或能身上 帶此悉怛多般怛羅者 便生福德 智慧男女
사주 혹능신상 대차실달다반달라자 변생복덕 지혜남녀
求長命者 卽得長命 欲求果報 速圓滿者 速得圓滿 身命色
구장명자 즉득장명 욕구과보 속원만자 속득원만 신명색
力 亦復如是 命終之後 隨願往生 十方國土 必定不生 邊地
력 역부여시 명종지후 수원왕생 시방국토 필정불생 변지
下賤 何況雜形？ 阿難！ 若諸國土 州縣聚落 饑荒疫癘 或
하천 하황잡형   아난   약제국토 주현취락 기황역려 혹
復刀兵 賊難鬪爭 兼餘一切 厄難之地 寫此神咒 安城四門
부도병 적난투쟁 겸여일체 액난지지 사차신주 안성사문
幷諸支提 或脫闍上 令其國土 所有衆生 奉迎斯咒 禮拜恭
병제지제 혹탈도상 영기국토 소유중생 봉영사주 예배공
敬 一心供養 令其人民 各各身佩 或各各安 所居宅地 一切
경 일심공양 영기인민 각각신패 혹각각안 소거택지 일체
災厄 悉皆消滅。
재액 실개소멸

아난아, 만약 어느 중생이든 무량무수겁으로부터 가볍거나 중하거나 죄장이 있는데 이것을 전부터 참회하지 못하고 있었 더라도 이 주문을 외우거나 쓰거나 인쇄하거나 해서 몸에 지니든지 거처하는 집이나 별장이나 서재 같은 곳에 소중하게 두면 이런 업장이 끓는 물에 던져진 눈이 녹듯 없어질 것이며,

오래지 않아서 무생법인無生法忍을 얻으리라.

그리고 또 아난아, 만약 어느 여인이 아들도 딸도 낳지 못하여 아들 딸 낳기를 구할 때에 이 주문을 외우거나 몸에 지니거나 하면 문득 복과 덕이 있고 지혜 있는 아들딸을 낳게 되며, 명이 길기를 바라는 자는 곧 명이 길어짐을 얻을 것이요 과보가 어서 원만하기를 구하면 곧 원만한 과보를 얻을 것이며, 몸도 정신도 인물도 힘도 역시 그렇게 될 것이다. 그리고 목숨이 다한 뒤에는 원에 따라서 시방의 어떠한 국토든 간에 소망에 따라 태어나게 된다. 반드시 산악지대 같은 변방에 하천한 신분으로 태어나지 않을 것인데 어찌 하물며 삼악도 같은 잡류의 몸을 받겠느냐?

아난아, 만약 모든 국토의 주나 현이나 취락에 흉년이 들든지 전염병이 돌든지 난리가 나든지 도적이 들든지 싸움이 일어나든지 그 밖에 여러 가지 액난이 있을 때에는 이 신주를 써서 성의 사대문에나 공양간 같은 지제支提에나 깃대를 넣는 탈도脫闍 같은 곳에 받들어 모셔 두고 그 국토의 모든 중생들로 하여금 이 주문을 받들어 예배 공경하며, 모두 일심으로 공양하게 하며, 또 그들이 각각 몸에 지니거나 혹은 각기 그 집 안에 모시어 두도록 하면 재앙이 모두 소멸되느니라.

阿難! 在在處處 國土衆生 隨有此咒 天龍歡喜 風雨順時
五穀豐殷 兆庶安樂 亦復能鎭 一切惡星 隨方變怪 災障不
起 人無橫夭 杻械伽鎖 不著其身 晝夜安睡 常無惡夢。阿
難! 是娑婆界 有八萬四千 災變惡星 二十八大惡星 而爲
上首 復有八大惡星 以爲其主 作種種形 出現世時 能生衆
生 種種災異 有此咒地 悉皆消滅 十二由旬 成結界地 諸惡
災祥 永不能入。是故如來 宣示此咒 於未來世 保護初學
諸修行者 入三摩地 身心泰然 得大安隱 更無一切 諸魔鬼
神 及無始來 冤橫宿殃 舊業陳債 來相惱害。汝及衆中 諸
有學人 及未來世 諸修行者 依我道場 如法持戒 所受戒主
逢淸淨僧 持此咒心 不生疑悔 是善男子 於此父母 所生之
身 不得心通 十方如來 便爲妄語。

아난아, 어느 곳에 있어서나 어느 국토에서나 어느 중생에게나 이 주문이 있으면 하늘도 용도 기뻐하고 바람과 비가 때를 맞춰서 순조로워 오곡이 풍성하며 모든 백성들이 안락하리라. 그리고 또 모든 나쁜 별(惡星)이 곳에 따른 온갖 변괴와 재앙과 환난을 일으키는데 이들이 감히 해롭게 하지 못하게 된다. 그리고 사람들이 횡액을 만나거나 요사夭死하는 일이 없으며 어떠한 형벌 주는 도구나 흉기도 그 몸을 해하지 못할 것이며 낮에나 밤에나 항상 편안한 마음으로 살 수가 있어서 언

제나 사나운 꿈도 없으리라.

　아난아, 이 사바세계에는 팔만사천의 재변을 일으키는 악한 별들이 있는데 그중에서도 유독 이십팔의 대악성이 그 우두머리가 되고 있다. 또 그 위에 여덟 개의 대악성이 있다. 그들이 주력을 잡고 있는 주장이 되어 갖가지 형상으로 세상에 나타나는데 이때 중생들에게는 여러 가지 재변과 이상한 괴변이 생기게 마련이지만 이 주문이 있는 땅에는 그들의 괴력이 모두 소멸된다. 신주가 있는 그곳에는 12유순 안으로는 일체 모든 환란이 감히 범접을 못하는 결계지結界地로 묶여 있기 때문에 일체의 나쁜 재앙 따위가 영원히 침입하지 못하니라. 그러므로 여래가 이 주문을 설하여서 미래세에 있어서 초학으로 수행을 하는 자들을 보호해서 어떠한 어려움도 없이 삼마제에 잘 들게 함으로써 몸과 마음이 태연하여 대안락을 얻게 할 것이다. 다시는 일체의 마장이나 귀신이나 시초를 알 수 없는 과거로부터 얽혀온 원수와 재앙이나 묵은 업보와 묵은 빚쟁이들이 몰려와서 괴롭히고 침해하는 일이 전연 없게 하느니라.

　또는 이 무리들 가운데서 아직 모든 것을 배워야 할 사람이나 미래세의 모든 수행하는 자들이 내가 말한 단과 도량에 의지하여 법대로 계율을 지키며 수계사受戒師도 청정한 스님을 만나서 이 주문에 의심을 내지 않고 지송하는데도 지금 그 부모가 낳아준 그 몸으로 마음을 통달하는 도를 이루지 못한다면 시방의 여래가 곧 거짓말을 한 것이 되리라."

④ 신장들이 보호함

說是語已 會中無量 百千金剛 一時佛前 合掌頂禮 而白佛
설시어이 회중무량 백천금강 일시불전 합장정례 이백불
言, 如佛所說 我當誠心 保護如是 修菩提者。
언 여불소설 아당성심 보호여시 수보리자

이렇게 말씀을 하시니 회중에 있는 한량없는 백천의 금강신장들이 일시에 부처님께 합장하고 아뢰었습니다.

"부처님께서 말씀하신 대로 저희들이 그와 같이 보리를 닦는 이를 성심으로 보호하겠나이다."

爾時梵王 幷天帝釋 四大天王 亦於佛前 同時頂禮 而白佛
이시범왕 병천제석 사대천왕 역어불전 동시정례 이백불
言, 審有如是 修學善人 我當盡心 至誠保護 令其一生 所作
언 심유여시 수학선인 아당진심 지성보호 영기일생 소작
如願。復有無量 藥叉大將 諸羅刹王 富單那王, 鳩槃茶王,
여원 부유무량 약차대장 제나찰왕 부단나왕 구반다왕
毗舍遮王, 頻那夜迦, 諸大鬼王 及諸鬼帥 亦於佛前 合掌頂
비사차왕 빈나야가 제대귀왕 급제귀수 역어불전 합장정
禮, 我亦誓願 護持是人 令菩提心 速得圓滿。
례 아역서원 호지시인 영보리심 속득원만

이때에 범왕과 하늘의 제석과 사대천왕들이 부처님 앞에서 동시에 정례하고 부처님께 아뢰었습니다.

"참으로 그와 같이 수학하는 착한 사람이 있다면 저희들이 지성으로 보호하여 그의 일생에 하는 일이 소원과 같게 하겠나이다."

또 한량없는 야차의 대장과 나찰의 왕과 부단나 왕과 구반다 왕과 비사차 왕과 빈나·야가·대귀왕과 귀사사들이 역시 부처님 전에서 합장 정례하면서 "저희들도 이 사람을 보호해서 보리심이 빨리 원만케 하기를 서원하나이다" 하였습니다.

復有無量 日月天子 風師雨師, 雲師雷師, 幷電伯等, 年歲巡官 諸星眷屬 亦於會中 頂禮佛足 而白佛言, 我亦保護 是修行人 安立道場 得無所畏。復有無量 山神海神 一切土地, 水陸空行 萬物精祇 幷風神王 無色界天 於如來前 同時稽首 而白佛言, 我亦保護 是修行人 得成菩提 永無魔事。

또 한량없는 일천자·월천자·풍사風師·운사雲師·뇌사雷師·전백電伯들과 연세순관年歲巡官, 모든 별의 권속들이 모임 가운데서 나와 부처님의 발에 정례하고 사뢰었습니다.

"저희들도 이 수행인을 보호하여 도량을 편안하게 하고 두

러움이 없게 하겠나이다."

또 한량없는 산신山神·해신海神·일체 토지와 물과 공중에 있는 만물의 정령精靈들과 풍신왕風神王과 무색계천無色界天들이 여래의 앞에서 동시에 머리를 숙이고 부처님께 아뢰었습니다.

"저희들도 이 수행인을 보호하여 보리를 이루는 데 영원히 마사魔事가 없게 하겠나이다."

爾時 八萬四千 那由他恒河沙俱胝 金剛藏王菩薩 在大會中
이시 팔만사천 나유타항하사구지 금강장왕보살 재대회중
即從座起 頂禮佛足 而白佛言, 世尊! 如我等輩 所修功業
즉종좌기 정례불족 이백불언 세존 여아등배 소수공업
久成菩提 不取涅槃 常隨此咒 救護末世 修三摩地 正修行
구성보리 불취열반 상수차주 구호말세 수삼마지 정수행
者。世尊! 如是修心 求正定人 若在道場 及餘經行 乃至
자 세존 여시수심 구정정인 약재도량 급여경행 내지
散心 遊戲聚落 我等徒衆 常當隨從 侍衛此人。縱令魔王
산심 유희취락 아등도중 상당수종 시위차인 종령마왕
大自在天 求其方便 終不可得 諸小鬼神 去此善人 十由旬
대자재천 구기방편 종불가득 제소귀신 거차선인 십유순
外 除彼發心 樂修禪者。世尊! 如是惡魔 若魔眷屬 欲來
외 제피발심 낙수선자 세존 여시악마 약마권속 욕래
侵擾 是善人者 我以寶杵 殞碎其首 猶如微塵 恒令此人 所
침요 시선인자 아이보저 운쇄기수 유여미진 항령차인 소
作如願。
작여원

이때에 팔만사천 나유타 항하사 구지의 금강장왕보살金剛藏王菩薩이 대회중에 있다가 자리에서 일어나 부처님의 발에 정례하고 부처님께 사뢰었습니다.

"세존이시여, 저희들이 닦은 공덕으로 오래전에 벌써 보리를 이루었습니다. 하지만 열반涅槃을 취하지 않고 항상 이 주呪를 따라다니면서 말세에서 삼마지三摩地를 닦는 바른 수행자를 보호하겠나이다.

세존이시여, 이와 같이 마음을 닦아 바른 선정을 구하는 사람이 도량에 있거나 다른 데서 경행하거나 내지 산란한 마음으로 취락에서 유희하더라도, 저희들이 항상 따라다니면서 이 사람을 시위하겠나이다.

비록 마왕魔王, 대자재천大自在天들이 그 짬을 엿보더라도 기회를 얻지 못하게 하며, 모든 적은 귀신들은 착한 사람에게서 10유순 밖으로 떠나게 하되, 다만 발심하여 선정을 닦으려는 이는 제외하겠나이다.

세존이시여, 이와 같은 악마나 마의 권속들이 이 착한 사람에게 와서 침해하려는 자는 저희들이 금강보저金剛寶杵로써 그 머리를 바수어 미진같이 하겠습니다. 그리고 이 사람이 하는 일이 소원대로 되게 하겠나이다."

반라밀제 편역 / 천명일 해설 / 지혜의 나무

논리학의 힘은 완벽한 구성에서 빛난다. 본질을 파고드는 귀납 추리의 논리정연함은 부처님 설법의 진수이다. 이중 최상의 지혜로 '마음과 식심(識心)의 허구성'을 파고든 것이 〈수능엄경(首楞嚴經)〉이다. 경전의 원제명은 〈대불정여래밀인수증요의제보살만행수능엄경〉.

논리적인만큼 용어 선정부터 치밀하게 구조적 연결고리를 찾아간다. 마음의 속성 분류부터 보자. 잠 깬 상태의 '의식(意識), 분별망상의 '잠재의식' 어두워져 잠든 상태의 '무의식', 이를 통칭하여 '마음(摩陰)'이라 한다. 이 구조는 도표에서 보듯이 이치의 상의상관을 보여주며 태극도와 연결된다. 그만큼 태극도는 마음이 생기게 된

원리 구조가 기본이다.

생리학과 우주질서로 마음을 분해
'마음과 識心 허구성' 파고든 논리정연

명암 차원의 의식과 무의식, 서로 오래 대립한 과정에서 음성(陰性)은 차갑고 양성(陽性)은 따뜻함이 된다. 냉성과 온성이 서로 밀고 당기는 반작용으로 행위가 생기고 만법이 일어나는 시원이 되며, 부처님은 이를 '업(業)'이라 불렀다.

무명(無明)에서 허망하게 일어난 행위에 대한 12연기와 생로병사 4고(苦)가 업력과 연결된다. 자연 만법의 기틀인 음양오행이 상보(相補)·상생·상극함으로써 신체구조도 오장(五臟) 오부(五腑)와 손발가락이 다섯 개씩으로 벌어지고, 음양오행의 성리(性理)에 의해 성리학이 파생된다.

동양의학에서 구조적 중추인 세 개의 각성(覺性) 터널로서 척추신경의 독맥(督脈)과 복중신경 자율화의 임맥(任脈), 배꼽을 중심으로 나선형으로 유주하는 대맥(帶脈)이 존재한다. 책은 '마음 가운데는 세 개 각성 터널의 존재 시스템'을 통해 머리에 이상이 생기면 반신불수나 반신마비가 오는 이치도 여기서 설명한다.

이 같은 논리 전개에서 묘각(妙覺)과 마음의 상관관계 정리가 흥미롭다. 선각자들이 쓴 월인천강(月印千江)이란 시어(詩語)에 대한 표현이 압권이다. 곧 묘각과 같은 공중에 뜬 달은 하나인데 그 하나의 달이 천 강과 만 강에 도장을 찍은 듯 비춰, 결국 달빛은 시방세계 중생들의 마음과 똑같다는 뜻에서 월인천강이라고 했다는 것이다. 인도에서 지혜를 '진리의 씨앗'과 동의어로 쓴 이유도 마찬가지다.

원래 묘각과 마음의 관계를 월인(月印) 천강(千江)으로 보고 인도(印度)라 명명했다는 것이다. 그래서 인도에서는 무수히 많은 다수의 부처님이 공존하며 핵심적 용어인 '마음'을 인간의 영혼에서 묘각과 각성의 그림자로 연결시켜 클 마(摩)자와 그늘 음(陰)자의 합성어가 된다는 것이다.

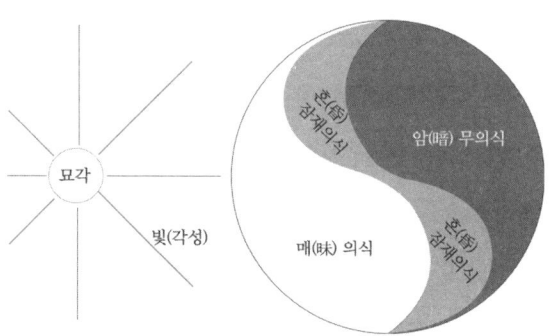

태극도 는 마음이 생긴 원리를 잘 설명하고 있다는 편역자가 도해로 그린 마음의 태극도 .

흔히 쓰는 한자어로서 '심(心)'은 마음의 속명이고 사생아이다. 시방세계를 싸고 있는 우주적인 마음의 속성 가운데는 각성이 유주하는 세 개의 터널인 삼맥에서, 같은 것은 밀어 내고 다른 것은 잡아당기는(同反異合) 상보(相補)법칙에 의해 삼맥의 심성은 양면으로 갈라지게 되는 구조가 된다.

양면성으로 갈라진 양심(兩心)은 다시 3음(陰)과 3양(陽)으로 나뉘고, 여섯 개의 구멍인 6근(六根)을 만들고 상하부로 교감이 되면서 12신경계가 전신을 중중첩첩으로 감싸게 된다.

책은 이런 구조를 통해 식심의 심(心)을 이해해야 본묘각으로 돌아가는 지혜가 열린다고 설명한다. "마음의 고향 묘각은 마음을 초월한 저쪽이다. 도피안이라는 마음 저쪽에 대광명장인 묘각이 활짝 열려 있다. 이러한 진실을 모르기에 허망한 마음을 갖고 도를 닦는다."

책은 "마음이 아닌 각성으로 묘각을 의식하는 반조회관(返照廻觀) 관법을 쓰라"고 말한다. 그래야 신기루를 쫓는 우를 벗어날 수 있다는 것이다. 그렇게 본 견성은 곧 진심이며, 혼란하지 않고 걸림이 없으며 분석이나 사량분별을 초월한다고 책은 말한다.

〈수능엄경〉 3권까지 묶은 책은 '상권'으로 나왔다. 번역 해설을 한 천명일 씨는 케이블TV에서 '산성 할아버지의 우리 민속이야기'와 '도덕경 노자의 길' 등을 강의했고, 〈대방광불 원각경〉〈침구학 기초〉 등 저서를 냈다.

불교신문 김종찬 기자.

해설 천명일

경북 문경에서 태어나 산성할아버지로 우리에게 잘 알려진 설원 선생은 한학자로, 불교경전연구가로, 또 고대전통침구학자로 많은 활동을 하고 있다.

부산 說園, 불교대학, 부산 국군통합병원 등에서 강의하였고, 부산 불교경전연구원장을 역임하였다. 최근 T-broad 케이블 TV에서 〈산성 할아버지의 신사고 한문이야기〉의 방송강연을 통해 한문을 보는 새로운 지견을 제시하여 방송가의 화제가 되기도 하였다. 월드이벤트와 새로넷에서 〈산성 할아버지의 우리 민속 이야기〉, 〈도덕경 노자의 길〉을 주제로 방송 출연하였다.

현재 하우교육방송에서 〈산성 할아버지의 신사고 한문이야기〉를 재방영, 〈산성 할아버지의 사람이야기〉를 방영중에 있다.

또한 설원 선생은 우리나라 고대 전통침구학의 최고 전문가로서 연구 저서인 『신침입문』은 심령의학적인 측면에서 혈명 명해론을 근간으로 침구학뿐만 아니라 의학계에 새로운 지평을 열었다는 평가를 받고 있으며, 대학에서 침구학을 공부하는 후학들에게 침술의학의 새로운 이정표가 되고 있다. 현재 경주 說園에서 경전 및 고대전통침구학을 연구·강의하고 있다.

저서로 『보통사람』 『空無虛』 『鍼灸學基初』 『神鍼入門』 『천수경』 『에밀레』 『이야기 천자문』 『절로 가는 길』 『배꼽 밑에 지혜의 등불을 밝혀라』 『수능엄경·상·중·하』 『무량의경』 『원각경』 『산성할아버지의 뿌리 이야기』 『한문을 바로알자』 등이 있다.

연락처 : 說園 010-4857-5275
유튜브 : 설원설법원 / 설원천명일

수능엄경·중
대불정여래밀인수증요의제보살만행수능엄경

초판 1쇄 발행 2012년 5월 25일
초판 2쇄 발행 2023년 3월 23일

해설 | 천명일

펴낸이 | 이의성
펴낸곳 | 지혜의나무
등록번호 | 제1-2492호
주소 | 서울시 종로구 관훈동 198-16 남도빌딩 3층
전화 | (02)730-2211 팩스 | (02)730-2210

ISBN 978-89-89182-81-8 04220
ISBN 978-89-89182-79-5 (세트)

* 잘못된 책은 바꾸어 드립니다.